Gestão Moderna de Produtos Digitais

O produto digital como um meio de entregar valor para o usuário e para o negócio.

Diego Eis

03/10/2022

Índice

Prefácio

Desde que entrei neste universo chamado Gestão de Produto, a pergunta que eu mais escutei foi "como gerar valor para o usuário?". Escutei essa pergunta sendo feita por CEOs, diretores, vendedores, PMs, POs, designers, CXs e, por várias e várias vezes, a resposta foi uma visão antiga e que, de fato, não levaria de maneira alguma à geração de valor.

Digo isso porque a maior parte das respostas que ouvi estava baseada em focar a entregar o máximo de coisas possíveis e contavam com um viés já até estigmatizado – o de que as pessoas que tomam a decisão do que construir se esquecem de que **elas não são os usuários** e acabam fazendo um produto com a melhor usabilidade, superfácil de aprender e cheio de funcionalidades, mas que, no final, não resolve problema nenhum. Aí não dá outra: o produto falha e, muitas vezes, as empresas também.

Dinheiro e tempo são jogados fora num mercado que evolui e muda com uma velocidade assustadora por conta dos avanços tecnológicos. Isso pode ser fator de vida ou morte para muitas empresas, principalmente para as startups, que têm muito pouco dinheiro para queimar. É neste momento que aplicar uma gestão de produto moderna, focada no comportamento do usuário, pode ser o maior diferencial que uma empresa pode ter.

Não é tarefa para qualquer um ser capaz de entender o usuário profundamente e ter ciclos de aprendizados curtos o suficiente para conseguir, de fato, identificar e resolver os problemas e as dores dos usuários – por meio da construção de soluções simples, intuitivas e inovadoras, dentro das limitações e objetivos do negócio – e sair na frente dos concorrentes (ufa!). Este livro, com certeza, pode ajudar você a chegar lá.

A visão que o Diego coloca aqui, de que o produto é somente um meio para entregar valor para o usuário e para o negócio, é, na minha opinião, a mais correta que temos no cenário que vivemos atualmente. Pode ser que no passado o foco estivesse no produto, mas essa é uma visão dos anos 70 [1]. Hoje, o foco está no relacionamento. O cliente não espera um produto: ele espera uma experiência incrível e espera isso já, agora, neste momento. Um bom produto passou a ser o básico. O tempo para errar e aprender é cada vez menor – e como você acha que vai conseguir fazer isso com uma gestão de produto dos anos 2000? Este livro é uma oportunidade: pegue-a!

Pablo Silva
Head de Produtos no iFood

Introdução

Eu trabalho com internet e tecnologia desde 2001. Comecei como desenvolvedor front-end, abri o tableless.com.br em 2003 e, mais recentemente (este texto foi escrito em 2020), depois de ter sido Diretor de Produtos Digitais na Sympla e na Jüssi, trabalhei como Diretor de Produtos em Consumer de Real Estate na OLX.

Eu sei, por experiência própria, que trabalhar em um mercado tão emergente é difícil. Faltam mentores, falta conteúdo, falta um filtro que ajude a saber o que é certo e o que é errado – ainda mais nessa área, Gestão de Produtos, algo tão novo aqui no Brasil.

No blog SVPG, liderado pelo Marty Cagan (que é considerado uma divindade neste mercado), o artigo mais antigo que encontrei e que fala sobre a área de Produtos data de 2005 (disponível em https://svpg.com/titles-roles-and-responsibilities/). Sendo bastante franco, eu só fui ouvir o termo *produtos digitais* depois de 2011. Até então eu falava que fazia sites ou apps. O termo produtos digitais não era conhecido pelos grupos e pelas empresas que eu conhecia.

Entre 2015 e 2019, uma demanda enorme em busca de Product Managers (PM) explodiu no Brasil, principalmente nas grandes capitais. Não que já não houvesse esse tipo de profissão aqui no Brasil: empresas como Locaweb e várias startups já trabalhavam corretamente com Scrum e demandavam, pelo menos, a necessidade de ter Product Owners (PO) no time.

O aparecimento e estruturação de grandes startups foi outro fator fundamental que ajudou a popularizar aqui no Brasil a profissão de Product Manager. O Brasil virou foco de grandes investidores à procura de empresas com potencial de crescimento acelerado, como Movile, NuBank, Loggi, Creditas e várias outras. Além de boas ideias, essas empresas trouxeram uma estrutura profissional de times de Produtos Digitais, organizando processos e estabelecendo um modo de operar que, até então, pouco se via em empresas de tecnologia no Brasil.

Aos poucos, o foco deixou de estar apenas em times de desenvolvedores, dando espaço para que outras especialidades ganhassem visibilidade, como Product Designers, Product Managers, Data Science e outros profissionais, que, por sua vez, compõem times multidisciplinares que constroem e mantêm produtos digitais.

Dessa forma, o poder de decisão deixou de estar concentrado nas áreas de marketing, comercial e de negócios, dividindo essa decisão com Product Managers, designers, desenvolvedores e todo o time de produto, que, por sua vez, identificam oportunidades, fazem análises de dados qualitativos e quantitativos (inclusive dados advindos do time de negócio) de comportamento de usuários e do mercado, e sugerem, juntamente com a área de negócio, qual deve ser o caminho ou a aposta que a empresa poderá fazer.

Como me tornei Product Manager

Em 2006, eu saí da Visie, a empresa que eu tinha fundado com um amigo. A Visie era uma empresa de prestação de serviços, atendendo clientes do Brasil inteiro, fazendo consultorias, treinamentos e sistemas. Foram 6 anos que aprendi muito sobre montar um negócio. Mas se você já trabalhou em empresas que prestam serviços, principalmente na área de tecnologia, sabe como a vida é intensa. Na época que abri a empresa, eu tinha uns 22 anos; quando decidi sair, eu já estava com 28. Saí por basicamente dois motivos: primeiro, eu gostaria de algo mais tranquilo e menos estressante; segundo, queria adquirir uma experiência que eu não tive antes, em um negócio totalmente estabelecido, em um mercado já explorado.

Eu tinha o intuito de lapidar melhor uma visão mais ampla sobre negócios, além de ganhar experiência tática. Depois de 3 meses sem emprego, surgiu uma oportunidade na Locaweb. Comecei na Locaweb como coordenador do time de front-end, com a missão de estruturar essa área, que não existia lá. Mas logo depois me tornei coordenador de dois times de produto: Criador de Sites e o VOiP.

A Locaweb foi uma escola em vários sentidos: estrutura, organização, tecnologia, negócio, governança. Vi muita coisa sendo aplicada lá que até então eu só tinha lido em livros de negócios. Foi lá que eu tive o primeiro contato com uma estrutura funcional de produtos. Só não era perfeito porque até então não se trabalhava com times multidisciplinares. Haviam silos de front-end, back-end, designers, marketing etc.

Como coordenador técnico, eu liderava o time técnico responsável pelo produto e ainda era responsável por rodar processos ágeis do time (esse foi o formato que eu vi dar mais certo na minha carreira: team leaders cuidarem das pessoas e do processo). Além disso, os coordenadores técnicos eram pares dos Product Owners.

Os Product Owners na Locaweb tinham alguma autonomia, mas não muita. Isso quer dizer que eles se envolviam pouco na estratégia da empresa; contudo, tinham certa autonomia para movimentar alguns dos ponteiros de produto, como: *churn*, aquisição, indicadores de funil e engajamento, além de toda a autonomia para criar novas funcionalidades e realizar mudanças para controlar os ponteiros de produto e, principalmente, de negócio. Nada ia para o produto sem a permissão do PO. Contudo, outras variáveis – como mercado de atuação, preço, estratégia de aquisição, planos de assinatura – não eram controladas pelo PO. Foi vendo esse trabalho de perto que eu quis dar uma guinada de vez e virar PM.

Depois que eu saí da Locaweb, iniciei uma jornada incrível pelas empresas que passei. Conheci PMs que não queriam interagir com desenvolvedores. PMs que não falavam com designers. PMs que não usavam dados. Percebi que todo PM tem um estilo próprio de gestão de produtos, embora todos possam usar as mesmas ferramentas. É muito difícil encontrar informações que indiquem um caminho claro e seguro para atuar na gestão de produtos – e isso se dá, em grande parte, por causa dessa diversidade de pensamento, atuação e execução. Em todas as empresas que eu passei, me deparei com ambientes, hierarquias e formatos de organizações diferentes.

Mas quando eu me tornei PM, descobri aquelas verdades que nenhum curso, palestrante ou influencer de produto vai te falar. Eu achava que sendo um Product Manager eu seria o único decisor sobre o produto. Mentira. Eu achava que eu quem definiria a direção do produto. Mais uma mentira. Eu achava que eu definiria o roadmap do meu produto de acordo com o impacto no negócio. Mentira. Eu achava que o produto era o motivo da existência dos times e da empresa. Mentira. Eu media a importância da responsabilidade de ser um PM pela relevância do pedaço de software que entregamos, achando que esse software era a coisa mais fundamental que existia na empresa. Eu achava que o produto era o fim e não o meio. Essas e outras fantasias foram felizmente destruídas durante a minha jornada e crescimento nessa carreira. Entendi que o produto é só um transporte. Um meio. Ele não é, de forma alguma, o final da linha. Depois que o usuário interage com o produto, o relacionamento com o serviço da empresa continua em vários níveis – intrínsecos e extrínsecos.

Este livro é parte do resultado da minha jornada até agora.

Por que escrevi este livro?

Não existe um manual definitivo para fazer gestão de produtos digitais e ser um(a) Product Manager perfeito(a). As decisões certas e erradas não são tão preto no branco. Toda decisão vai levar o produto para um posicionamento de mercado que pode ser pior ou melhor que a posição anterior. Geralmente, você só tem hipóteses, que precisam ser investigadas, além de ter que lidar com achismos de fundadores, diretores, gestores de outras áreas e, principalmente, de outros PMs. Boa parte do tempo do PM é dedicado exatamente para filtrar esses achismos (inclusive o seu próprio viés).

Por causa da imaturidade do mercado, várias empresas - principalmente as que não tinham tecnologia como uma essência desde o início - não entendem o papel e a responsabilidade dessa cadeira. Durante o amadurecimento dessa profissão e também do mercado de produtos digitais e tecnologia, muitas empresas acabam se comportando como se o produto construído fosse o fim. É muito por isso que stakeholders tratam os PMs como as pessoas que vão garantir que os seus pedidos sejam executados. Esse é um erro enorme. Um produto digital é só uma peça fundamental, mas não a mais importante, cujo principal objetivo é servir como um veículo para transportar o valor do serviço fornecido pela empresa para as pessoas e para o mercado. **O PM é responsável por trazer para o negócio a visão de mercado e dos usuários, unindo design e tecnologia para transformar a experiência do serviço que a empresa entrega.**

Esse é o principal motivo da criação deste livro: *mostrar que o produto digital é um dos meios, não o fim, e qual o papel do PM neste processo.* Esse primeiro motivo invariavelmente me leva ao segundo: *como fazer a gestão de um produto digital para potencializar o valor levado ao usuário?*

Pessoas diferentes chegam a conclusões diferentes, mesmo tendo à disposição os mesmos dados e fatos. Com este livro, eu basicamente mostro a forma com que eu faço gestão e construo produtos digitais, levando em consideração que o produto é só uma parte de um processo muito maior.

Ter passado por várias funções durante minha carreira - desenvolvedor front-end, Agilista e coordenador de times, Product Manager, Diretor, Head de produtos digitais e de unidade de negócios, além de empreendedor - me ajudou a formar uma visão moderna e contemporânea sobre gestão de produtos e times multidisciplinares.

Essa visão macro me ajuda a definir prioridades de negócio, entender como podemos fazer parcerias que tragam benefícios para o usuário e para a empresa, criar ciclos de entrega de valor contínuo e fáceis de manter, além de ser flexível e passível de mudanças ocasionadas pelo mercado ou reposicionamento da empresa.

Minha visão macro externa do funcionamento de um Produto Digital

Produto é ou **faz parte** de um **Serviço**	O produto digital é apenas um dos meios para facilitar a distribuição do serviço e entregar valor
Esse serviço cria uma **plataforma** para outros negócios	Outros atores baseiam seus negócios e serviços nessa plataforma.
Os atores ligados à plataforma continuamente **entregam valor** para a plataforma e para os **usuários, criando uma rede**.	Essa rede cria um ciclo virtuoso entre os integrantes, onde todos se beneficiam e entregam valor de volta para a rede
Essa cadeia de valor, cria um efeito de rede que envolve todos os parceiros e estabelecendo uma integração permanente entre elas.	O efeito de rede afeta todos os envolvidos, onde quanto mais eles agregam valor para a plataforma, mais eles usufruem dos benefícios da rede, criando valor contínuo para o usuário.

Minha visão micro sobre o funcionamento de um produto digital, apresentada de forma linear

Além disso, tentei abordar uma visão mais tática do processo. Essa visão micro é o que impacta diretamente o dia a dia do produto nas fases de planejamento, construção, monitoramento e aprendizagem.

Essa percepção operacional corresponde a, basicamente, 70% ou até 80% do trabalho diário de um PM (esse chute é totalmente meu e é pura percepção baseada na minha experiência). A visão macro estratégica não muda com frequência e depende bastante do posicionamento da empresa, que é afetado pelo mercado e decidido pelos investidores, board diretivo e outras áreas. Contudo, acredito que Product Manager e time de produtos não podem ter um contato **apenas** com o tático, mas, sim, ter uma visão mais realista, estratégica, e aproximar-se de stakeholders - que são as pessoas que realmente decidem ou influenciam muito a decisão final - com o objetivo de influenciar e estimular mudanças positivas, expondo a visão de usuário e do comportamento do mercado.

Para quem é?

Tentei abordar assuntos que surgiram nos últimos anos e estão começando a se popularizar agora aqui no Brasil. Alguns desses assuntos são facilmente buscados em blogs sobre gestão de produtos. Mas, como eu disse, a integração coerente com uma linha de raciocínio linear é o que me fez escrever tudo isso.

Aqui você vai saber quem e o que me inspirou e me ajudou a formar esse pensamento. No fim de cada um dos capítulos, tomei o cuidado de mencionar muitas referências para que você se aprofunde mais sobre os assuntos abordados. Como qualquer outro livro, provavelmente você vai passar por assuntos que já conhece de cabo a rabo, mas aqui você vai entender como eu integrei todas essas ideias em algo coerente, na torcida de que o raciocínio também faça sentido para você.

Este livro serve para Product Managers que começaram agora a exercer essa responsabilidade ou PMs que já estão no mercado e já têm um conhecimento bastante avançado sobre os assuntos, mas querem comparar a sua perspectiva com a de outra pessoa. De qualquer forma, o livro está recheado de referências para agradar todos os gostos e níveis de conhecimento.

Assim como escrever este livro me ajudou a fixar e a aprender conceitos e assuntos importantes sobre o tema, espero que eu possa ajudar você a forjar um pensamento único e pessoal sobre gestão de produtos digitais.

Aproveite!

O Product Manager

Quando se trabalha muito tempo com tecnologia (quando falo em tecnologia, quero que você pense sobre um contexto mais amplo do que só desenvolvimento e programação), você se acostuma a ver novas profissões e especialidades nascerem o tempo inteiro. Quando uma dessas profissões nasce, geralmente há uma migração natural de pessoas que compõem outras áreas para essa profissão nova. Foi assim com o Design, quando designers, principalmente de offline, migraram para fazer web. Foi assim com programadores, quando devs de software offline migraram para desenvolvimento de software para web. Foi assim com Data Science, SEO, Acessibilidade. E foi assim também com a gestão, quando PMOs e outros tipos de gestores migraram da gestão de projetos de software tradicional para a gestão de projetos para internet.

É normal que profissionais que migraram de outras áreas tragam suas práticas, costumes, técnicas, métodos e frameworks da vida antiga para o novo ambiente. Como se trata de uma responsabilidade nova, o certo e o errado ainda precisam ser descobertos.

A construção de qualquer tipo de software é algo complexo, principalmente quando incluímos os usuários reais no processo de idealização e construção, pois mudamos os planos de acordo com o comportamento e interação do usuário com o produto. Nós não esperamos o software ficar pronto para que o usuário o use, pelo contrário, cada vez que temos um pedaço funcional, nós o disponibilizamos o mais rápido possível para que possamos recolher dados e feedback do público. Isso deixa tudo muito mais complexo e imprevisível.

Além disso, há uma variável que impacta bastante: a maturidade e a senioridade do time técnico. Em uma fábrica de carros, o nível técnico dos operários pode ser bem diferente, mas a qualidade dos carros não sofrerá porque há uma especificação muito clara e um controle da manutenção do nível de qualidade do processo. Alguém que acabou de chegar à fábrica, depois de dominar o processo e as máquinas, conseguirá ter o nível de performance mais ou menos igual ao de alguém que está lá há anos.

Quando falamos de desenvolvimento de software, um dev junior vai resolver um problema com vinte linhas de código. Uma desenvolvedora sênior resolverá o mesmo problema com duas linhas. A qualidade final do software é altamente afetada se há uma variação muito grande entre o nível técnico do time ou se o time é formado por desenvolvedores com pouca experiência. Quando trabalhamos no mercado de execução de tecnologia, isso acontece em quase todas as áreas.

Nesse cenário, a pessoa Product Manager precisa ter um perfil muito diferente da figura tradicional de Gestor de Projetos. São diferenças profundas em soft e hard skills. A maneira com que PM e PMO interagem com o time, com stakeholders, com usuários, com o negócio e com os problemas dos processos são diferentes, pois os ambientes e os contextos são diferentes.

Atualmente o mercado costuma comparar os papéis do PMO *(Project Manager Office)*, do PO *(Product Owner)* e do PM *(Product Manager)*, mas são perfis totalmente diferentes – para o ambiente de construção de produtos e serviços digitais, as responsabilidades do PMO ou do PO não são suficientes.

Antes de avançar para os próximos capítulos do livro, precisamos entender um pouco mais sobre o papel de cada um deles.

Gestor(a) de Projetos

O papel de Gestor de Projetos surge lá atrás, quando a gestão de administração científica de Frederick Taylor ganhou espaço. Era uma cadeira ocupada por alguém que tinha uma visão mais administrativa e de organização, muito mais analítico do que questionador ou de alguém que pense em inovação. A visão era muito mais de administrar negócios. Por isso, existe um grande viés do gestor: o de estabelecer comando e controle por meio da hierarquização e de processos, exatamente para tentar garantir resultados.

O core das responsabilidades do Gestor de Projetos é basicamente controlar três principais pontos: **budget, escopo e prazo**.

Essa pessoa é a responsável por não deixar que o budget seja extrapolado, evitando perdas financeiras; por fazer o time cumprir todos os requisitos definidos no escopo (requisitos que muitas vezes não foram levantados pelo time técnico); e, por fim, pela entrega na data estimada ou definida como objetivo.

É muito raro que o Gestor de Projetos questione os resultados esperados e os objetivos pretendidos pelo escopo do projeto. Ele não faz qualquer análise qualitativa ou quantitativa para verificar se esse escopo faz ou não sentido, do ponto de vista de negócio ou de entrega de valor para o usuário, já que quem definiu o escopo foram os stakeholders ou o time de negócio, que têm acesso a todos os objetivos estratégicos da empresa.

Basicamente, a pessoa Gestora de Projetos só tem a obrigação de monitorar o andamento do projeto, reportando as entregas e gerenciando as expectativas de todos, mantendo uma comunicação transparente sobre a progressão do projeto. Além disso, ela prefere observar o processo e não o valor que é entregue ao usuário real. Eu estou generalizando um pouco aqui, mas eu conheci gestores de projeto que faziam muito mais do que isso, e que se aproximavam do trabalho de um PM, porque se preocupavam com o usuário e com o valor do escopo que estavam fazendo – mas isso era raro.

No mundo moderno de construção de software evolutivo, onde há autonomia para os times decidirem como devem construir o produto, responsabilidades como a priorização e criação de cronogramas, a construção de equipes, o monitoramento e controle do budget usado no projeto, a direção e manutenção do processo passaram a ser de outros papéis, mais específicos e mais independentes.

A definição e manutenção do processo ficaram a cargo dos Agilistas. A construção e escolha do time ficam a cargo dos gerentes das áreas. A priorização, roadmap, escopo e report para os stakeholders ficam a cargo dos Product Managers. A direção técnica fica com a(o) líder técnico.

Em um ambiente tão orgânico e dinâmico, o Gestor de Projetos deve ter um papel e responsabilidades diferentes. É aí que a migração de papel se faz necessária. Atualmente, eu enxergo o Gestor de Projetos tradicional indo para dois caminhos: se transformando em um Product Manager ou em um Agilista. Para mim, esses dois caminhos são as melhores alternativas, pelos motivos de que são os dois papéis que cuidam de responsabilidades já conhecidas dos PMOs: gestão do processo e das entregas. Contudo, há uma alternativa que eu julgo ser também um caminho ideal para Product Managers seniores: estratégia e negócio. Mas esse é outro papo, vamos retornar para PMO vs PM.

O Marty Cagan fala bastante sobre a sobreposição dos papéis de *PROJECT Manager* e *PRODUCT Manager* em grandes empresas como Yahoo! e Microsoft [2]. Ele diz que os Product Managers podem e devem desenvolver algumas características de Project Managers, citando:

- Senso de urgência;
- Isolar problemas;
- Pensamento claro;
- *Data driven*;
- Poder de decisão;
- Julgamento ou timing;
- Atitude.

Eu vejo muitos Product Managers que planejam demais e executam de menos; que não têm o senso de urgência necessário para acompanhar o timing do mercado, pois não querem abrir mão da excelência; que não conseguem focar e priorizar problemas.

Contudo, em ambos os caminhos, deve haver uma adaptação forte do papel. Para ser um Product Manager, o PMO deve esquecer o desejo de entregar rápido para ficar dentro do escopo. Para ser um Agilista, o PMO deve esquecer a gestão de comando e controle e focar na gestão efetiva do processo, criando um ambiente de comunicação clara e colaborativa, sem centralização de informação. Esses dois papéis não cobram nem exigem produtividade e volume de entrega; por outro lado, eles devem garantir que o time faça entregas constantes de valor para o usuário e para o negócio. Eles estão em uma esfera de facilitação, não de execução.

PO (Product Owner)

Já bem mais adequado à atuação em ambientes complexos de construção de software (pelo menos comparado com o PMO), o Product Owner surge como uma alternativa em diversas empresas que estão em fase de transição. Ele se transformou na pessoa responsável pela priorização de backlog e organização das demandas para o time técnico.

Para explicar sobre o PO, temos que entender o que é Scrum. Ao contrário do que você pode pensar, o Scrum não foi criado por Ken Schwaber e Jeff Sutherland. O termo Scrum, além do seu formato de trabalho, foi originalmente introduzido em 1986 por Hirotaka Takeuchi e Ikujiro Nonaka em um artigo bem longo e incrível, publicado na Harvard Business Review, chamado *The New New Product Development Game* [3].

Até então, o Scrum ainda não tinha sido usado para desenvolver software, o que só foi acontecer em 1995, aí sim, com Ken Schwaber e Jeff Sutherland. Naquele tempo, Hirotaka e Ikujiro estavam aplicando e estudando esse formato em empresas do Japão e dos Estados Unidos que faziam produtos físicos, como carros. As primeiras empresas que aplicaram o Scrum em sua essência foram a Fuji-Xerox, Honda e Canon.

Nesse contexto, Hirotaka e Ikujiro se referem aos times multifuncionais sendo formados por pessoas que fazem a fabricação, o desenho do hardware, a manufatura, a verificação do design, o desenvolvimento de software, a inspeção, a produção e outras especialidades do processo. Ou seja, o time inteiro era necessário para construir um produto físico, que talvez não é tão imprevisível quanto é um software, mas certamente com um grau muito elevado de dificuldade.

Se você ler o artigo publicado por Hirotaka e Ikujiro, você vai ver que o processo de trabalho que eles descreveram lá não perdeu quase nenhuma característica quando comparado ao Scrum tradicional que conhecemos hoje para desenvolvimento de software. Jeff Sutherland e Ken Schwaber adaptaram a estrutura do framework original somente o suficiente para adequar à construção e ao desenvolvimento de software.

PO é apenas um papel do Scrum

PO é apenas a responsabilidade dada para a pessoa que cuida da gestão de backlog dentro de um time de Scrum. O *Scrum Team* – o nome dado para o time que roda Scrum, de acordo com o Guia do Scrum [4] – é dividido em 3 responsabilidades:

- Product Owner;
- Time de Desenvolvimento;
- Scrum Master.

O objetivo dessas três personagens é fazer entregas de produto de forma incremental e funcional, maximizando o feedback dos usuários finais e aumentando a frequência de entrega de valor para o produto. Outra característica desse time de Scrum é que ele deve ser auto-organizável e multidisciplinar, trabalhando de forma independente e autônoma de outras áreas da empresa ou de outros times. Atualmente, há uma crítica forte do mercado sobre essa característica da "auto-organização" dos times, com questionamentos de que a auto-organização não é viável ou é só possível com times altamente maduros.

A responsabilidade do Product Owner no Scrum Team é bastante objetiva:

- Expressar claramente os itens do backlog;
- Ordenar os itens do backlog para melhor atingir os objetivos e missões;
- Otimizar o valor do trabalho entregue pelo time de desenvolvimento;
- Garantir que o backlog seja visível, transparente e claro para todos, para que o time saiba o que deverá trabalhar no futuro;
- Garantir que o time de desenvolvimento entenda os itens no backlog.

Mas essas responsabilidades fazem parte apenas de uma visão tática do processo, ainda visando a blocos de entregas e gestão de demandas do time. A posição e o comportamento de um PO são mais atrativos e adequados do que a posição de um GP, pois, nesse caso, o PO trabalha para, de certa forma, assessorar o time e amplificar a qualidade e a eficácia do que será entregue.

Contudo, meu sentimento é de que falta alguma coisa no PO. Fico preocupado quando alguém que deveria gerenciar o produto tem uma visão unicamente tática. Minha visão é de que as responsabilidades de um Product Owner não são suficientes para gerir um produto/serviço digital tendo um ponto de vista mais amplo.

Separei alguns pontos a seguir como exemplos do que não é contemplado nas responsabilidades do PO:

- Identificação das necessidades do mercado e do negócio;
- Pesquisa e análise de Benchmark;
- Unir visão da empresa com a visão da área de produto;
- Criar ou participar da definição estratégica do produto para cumprir com as necessidades da empresa e do usuário;

- Definir, acompanhar e comunicar métricas de sucesso do produto;
- Compreender profundamente o negócio e o mercado de atuação;
- Compreender profundamente o usuário e conhecer suas necessidades, a fim de identificar oportunidades para o produto;
- Definir e planejar novas features do produto, de acordo com as necessidades do usuário e do negócio;
- Trabalhar em conjunto com os setores de UXD e Dados para levantar hipóteses de melhoria de produto;
- Realizar análises qualitativas e quantitativas do produto.

Se seu time tem alguém com o papel de Product Manager, mas que não executa as responsabilidades dessa lista, então na verdade seu time tem apenas um Product Owner. Nesse caso, outra pessoa deve estar tomando as decisões e executando as responsabilidades (ou parte delas) que deveriam ser de um Product Manager.

Atualmente, o mercado faz uma confusão enorme de nomenclaturas. Então, em algumas empresas, o PO realmente faz o papel de um PM, mas o nome não condiz com a execução. Em outras empresas, há uma distinção muito clara entre os dois papéis, e o PO é como se fosse um PM Júnior. Vou falar mais sobre esse assunto mais à frente.

Com isso posto, é importante verificarmos o que diabos um PM faz da vida e quais as suas responsabilidades e limites.

PM (Product Manager)

Eu queria dizer que o Product Manager é a solução do problema da gestão moderna de tecnologia, mas não é. Por esse papel ser bastante novo, as responsabilidades ainda são confundidas em diversas empresas, inclusive nas que já nasceram digitais. A gestão em empresas modernas é dividida em pelo menos três responsáveis:

- PM, que cuida do produto;
- Agilista, que é responsável pelo processo;
- Team Lead, que cuida das pessoas do time.

Apesar de extremamente clichê, usar a seguinte imagem pode ser a melhor forma de começar a explicação do que é um PM:

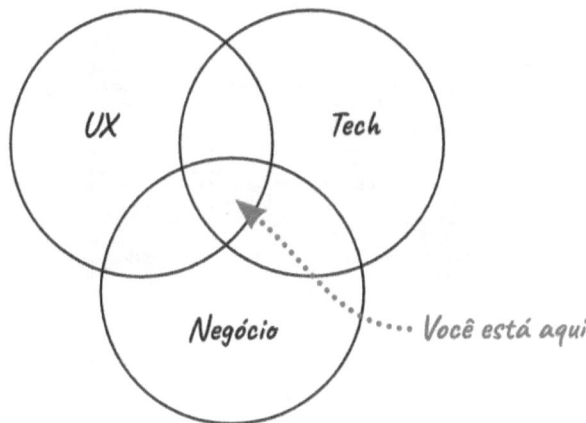

Uma vez ouvi falar (ou li) que *o Product Manager tem a autonomia de um CEO e o poder de uma cheerleader*. Parece engraçado, mas isso é superverdade. Um dos erros dos PMs novatos é que eles agem como se o produto fossem deles e que, por isso, eles decidem quando e o que será feito. Grande erro.

Outro erro enorme é o PM achar que ele cuida apenas da estratégia, delegando o trabalho administrativo para os POs. Isso forma uma hierarquia desnecessária, como um sintoma da má organização estrutural da área de produtos.

A pessoa Product Manager pode entender bem do negócio, mas ela nunca será a especialista daquele mercado ou daquele negócio (e nem é bom que ela seja). Quem define a direção do negócio é o mercado, os stakeholders, diretores, C-Levels, investidores etc. Decidir se a Apple deverá vender abacaxis em vez de iPhones é algo que nunca estará nas mãos de um PM. Contudo, ele pode ter vários argumentos, baseados em dados e em pesquisas qualitativas feitas com usuários, de que essa decisão tem uma grande possibilidade de dar errado.

O Product Manager também não pode decidir como será o design ou a jornada do usuário, bem como a disposição dos elementos da tela. Essa responsabilidade é do time de UXD. Embora o PM participe sendo o principal *sponsor* dos processos de *Discovery* e *Plan*, ele não é o dono da estratégia de design, tom de voz, nem nada disso.

A mesma coisa acontece com tecnologia. PMs não decidem qual tecnologia será usada e como deve ser implementada. Embora uma PM possa ter sido desenvolvedora anteriormente, isso não dá a ela o direito de decidir qualquer coisa da parte técnica, embora ela possa usar essa *skill* para facilitar a escrita dos requisitos do Produto para devs.

Ou seja, efetivamente, o PM não faz nada.

Contudo, a pessoa Product Manager consegue transitar com facilidade em todas essas esferas. Embora ela não seja especialista do negócio, ela sabe discutir alternativas para alcançar mais rapidamente determinados resultados, mostrando impedimentos técnicos e insights retirados das análises feitas com os usuários. **A PM é e deve ser uma pessoa profundamente generalista, mas não superficial.**

É muito perigoso um Product Manager ter o domínio muito grande sobre uma determinada área, pois esse domínio dá uma falsa sensação de que ele conhece todas as necessidades do usuário. Isso acontece muito quando o PM vem da área de negócios, por exemplo. Por saber muito do mercado e do negócio da empresa, ele acha que sabe como o usuário vai se comportar e quais os próximos passos do produto, e acaba por não balizar suas decisões em dados e análises qualitativas, mas apenas pelo seu conhecimento de negócio e pela opinião de poucos usuários. Isso gera um conflito de interesses enorme, que frequentemente causa mudanças de prioridades, escopo, projetização do produto, entre outros problemas de relacionamento com o time.

Um bom Product Manager sempre baseia suas premissas e hipóteses em dados e pesquisas com o usuário, de forma constante e contínua. É possível que pessoas especialistas em uma área tenham um viés de decisão fortemente baseado na sua bagagem de experiência, mas certamente eles terão mais trabalho para não enviesar suas próprias decisões.

Pontos importantes no escopo de um PM

Por ser generalista, é bastante difícil entender, em um primeiro momento, o que faz parte do papel do Product Manager. Se ele não executa nada tático, ou seja, se ele não escreve código, não faz captação de dados, não desenha layouts e não toma decisões de negócio, o que essa pessoa faz?

Basicamente o Product Manager vai se certificar de que os objetivos de negócio e as necessidades dos usuários sejam atendidos. Para fazer isso, ele precisa se certificar que todos os especialistas trabalhem em prol dos mesmos objetivos.

Existem alguns pontos que eu elenco como importantes (ou pelo menos mais relevantes) e que me ajudaram na minha carreira:

- Entender os riscos do produto;
- Identificar oportunidades;
- Especificação e documentação do produto;
- Gestão do produto;
- Lidar com expectativas e necessidades dos especialistas.

Vou seguir com breves descrições sobre cada um desses pontos a seguir, mas vamos abordar todos eles no decorrer do livro.

Os quatro principais riscos do produto

O papel e as responsabilidades do Product Manager são facilmente identificadas nas fases de um produto/serviço digital. Marty Cagan (o Mestre dos Magos do mercado de produtos) diz que um Product Manager deve prestar atenção em quatro pontos principais:

- *Risco de valor:* se os usuários pagarão ou escolherão seu produto pelo valor que ele entrega;
- *Risco de uso:* se os usuários conseguem entender como usar o seu produto;
- *Risco de viabilidade:* se os devs conseguem construir o produto com as tecnologias e conhecimentos que temos disponíveis;
- *Risco de viabilidade de negócio:* se o produto consegue trazer valor e se encaixa em todos os aspectos do mercado e da empresa;

Todos esses pontos vêm antes da implementação e cobrem a visão de usuário, do negócio, da parte técnica e de design. O Product Manager, por sua vez, precisa entender como a solução que será construída não perca de vista esses fatores.

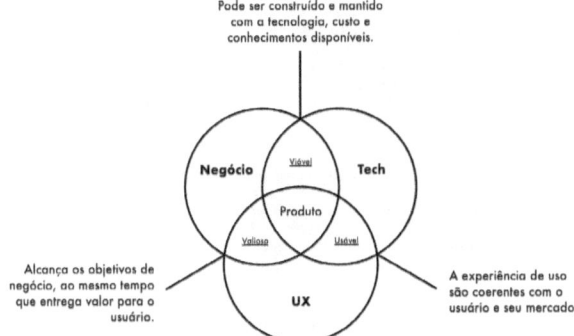

Veen das intersecções dos domínios da construção de produto

Cada um desses pontos vai depender da empresa, do mercado e da forma com que o negócio foi estabelecido. Entender o risco de valor para um produto de *fintech* é bem diferente de analisar o risco de valor de um produto de *delivery* como o iFood. Por isso, é essencial que o PM e o time montem esses riscos e também os princípios que moldam e formam a essência do produto. Isso deve ser feito, se puder, com a ajuda de outras áreas e pessoas que conhecem bem o negócio e trabalham há mais tempo na empresa.

Identificação de oportunidade

O Product Manager é um grande identificador de oportunidades. Essas oportunidades podem vir de qualquer lugar, de qualquer pessoa, a qualquer momento. É um erro pensar que todas as ideias vêm apenas do Product Manager só pelo motivo de ele ser o responsável pela viabilidade e gestão do produto. Cabe ao Product Manager curar essas ideias, descartar as que não fazem sentido, investigar as que podem fazer sentido e validar as que parecem óbvias.

Esse tipo de validação geralmente é feita no que chamamos de *Discovery*, onde a investigação é dirigida pelo Product Manager, mas conduzida pelo pessoal de UXD e Dados. O pessoal de UXD geralmente conduz a análise qualitativa. O pessoal de Dados geralmente conduz a análise quantitativa. Um erro comum é tentar validar hipóteses levando em consideração apenas uma dessas análises. Há um alto nível de certeza quando as duas análises se confirmam.

Minha opinião é sempre começar pela análise de dados e destacar ali padrões de comportamento de usuários, que nos darão perfis dos usuários que já usam o nosso produto, e aí sim, fazer a seleção desses usuários para participarem das análises qualitativas. Mas isso só serve quando tivermos um produto funcional, o que pode não ser verdade quando o produto está no seu início e não tem uma quantidade relevante de dados.

Abordo mais esse assunto no capítulo *Evolução contínua e identificação de oportunidades.*

Especificação do produto

Essa é uma parte que envolve planejamento, com base nas oportunidades que foram encontradas na análise dos dados e dos usuários. É onde um esboço da solução começa a ser materializado. É interessante ter todos os requisitos e detalhes do que pode ser o produto no futuro, suas metas e fases de progressão.

Muitos PMs escrevem um documento que se chama PRD - *Product Requirement Document* [5]. Nesse documento, estarão descritas todas as features, funcionalidades, hipóteses, especificações e descrição do comportamento do produto que será construído.

Esse é um documento vivo, acessível para os stakeholders e para o time. Abordo mais sobre a especificação do produto mais adiante neste livro.

Gestão do produto

Uma vez que o produto foi publicado, seja ele completo ou apenas uma parte, o trabalho propriamente dito de gestão de produto começa. Aqui é onde o PM vai dirigir o produto monitorando o comportamento do usuário, seus indicadores e métricas, o impacto que está gerando no negócio (crescimento de base e principalmente rentabilidade), além de se certificar de que o roadmap do produto seja cumprido, preparando as novas hipóteses e lançamentos.

Nessa fase, várias *threads* andam em paralelo: enquanto o time constrói uma determinada funcionalidade, você está com o time de UXD e Dados investigando o que será lançado no futuro (curto/médio prazo). Enquanto ocorre essa investigação, você atualiza o PRD e descreve qual o próximo épico que o time vai construir, além de se certificar de que estão todos a caminho do cumprimento do *outcome* de negócio.

Muitos novos Product Managers têm medo de que tudo isso seja demais para uma pessoa só. Algumas empresas fazem uma divisão hierárquica, colocando POs abaixo de PMs. No primeiro momento, pode ser que seja bastante coisa, mas não é: lembre-se de que você só precisa apertar os parafusos que mantêm as engrenagens funcionando. Uma vez que o produto está rodando, o trabalho se resume em pesquisa, escrita e relacionamento.

- *Pesquisa*: entender e aprender;
- *Escrita*: documentar e especificar;
- *Relacionamento*: gestão de expectativa e alinhamento.

Ser extremamente organizado é muito importante (obrigatório!) para ser um Product Manager acima da média. É essencial conseguir separar as coisas urgentes das importantes e saber o que merece foco agora e o que pode ser deixado para depois.

A principal responsabilidade dos Product Managers, na minha visão

A sua responsabilidade é movimentar indicadores de negócio por meio do produto.

Eu já estaria satisfeito com essa resposta, mas eu sei que talvez eu fosse mal interpretado ou possa estar sendo simplista demais. O "movimentar indicadores de negócio" guarda muito mais segredos do que podemos imaginar.

O principal contexto que pessoas que gerem produto devem ter bem claro na cabeça é "qual é o jogo que a empresa está jogando e como ela tenta vencer esse jogo". Esse é o pensamento mais tradicional de estratégia puxado por A. G. Lafley e Roger L. Martin (2018). Eles dizem que a estratégia deve responder 5 questões básicas:

1. Qual é nossa aspiração de vitória? (A proposta de valor da empresa, o que move a sua aspiração);
2. Onde vamos jogar? (O campo, a posição, onde nós vamos atingir nossa aspiração de vitória);
3. Como nós vamos vencer? (A forma como vamos vencer nesse campo escolhido);
4. Quais capacidades devemos ter na empresa? (Que capacidades, skills e recursos devemos adquirir ou formar na empresa?);
5. Como vamos gerir e mensurar? (Quais os sistemas e medidas que vão nos ajudar a suportar e monitorar essas escolhas?).

Nada muito difícil de entender ou que você não tenha visto anteriormente. É simples: conheça o mercado em que sua empresa atua, como ela se posiciona no mercado e, principalmente, qual a diferenciação da sua empresa perante todos as outras. Essa coisa de diferenciação vem muito do Porter[6]. Ele diz que estratégia é um conjunto de escolhas que tragam diferenciação para o que a empresa entrega como proposta de valor. Ou quase isso.

Obviamente, para que as respostas a essas questões façam sentido, você precisa entender o que vem antes: **missão/visão da empresa**. Melhor seria se a empresa tivesse uma Causa Justa, aí sim você teria uma base sólida para entender todos os porquês.

Se você não entende esse contexto, você não consegue gerir o produto. O produto, sendo um dos meios (hoje em dia, um dos principais meios) que transmite a proposta de valor da empresa para o mercado, deve ser gerido por alguém que realmente conheça como esse meio pode levar à diferenciação e causar impacto.

PMs devem conhecer o negócio e não necessariamente fazerem negócio. E aqui vai uma realidade dura para grande parte das pessoas que atuam nessa área, inexperiente ou seniores: PMs fazem parte da fase executiva e tática da empresa. É o Delivery da empresa. Embora seja uma responsabilidade que tem bastante abertura para sugerir e participar de grandes decisões, a essência dessa cadeira não é definir estratégia, tampouco o negócio.

Contudo, PMs precisam priorizar e decidir o que será construído, o que refletirá as estratégias da empresa. Precisam ajudar o time a balancear a eficiência do que será entregue, mas, acima de tudo, é necessário que decidam com eficácia.

Eficiência e eficácia: o limite entre o PM e o time
Se eu tivesse que resumir o papel do Product Manager em apenas uma coisa, eu diria que **seu papel é decidir as coisas certas que o time precisa construir**. O time cuida para que essas coisas sejam construídas do jeito certo.

Aqui entra a diferença básica do que é eficiência e do que é eficácia:

- **Eficácia:** decidir o que é certo a se fazer;
- **Eficiência:** fazer da maneira correta.

Uma boa analogia é que o PM e o time formam um arqueiro. O time são os braços, ombro, perna, dedos e tudo o que é necessário para atirar a flecha da melhor maneira possível. O PM é o responsável por mirar essa flecha.

O time consegue controlar a tensão do arco, consegue controlar a força e talvez a velocidade da flecha, consegue decidir com qual material o arco e a flecha serão feitos – tudo isso para que a flecha seja eficiente ao atingir o que seria o alvo. Contudo, não adianta nada um arco e uma flecha maravilhosamente preparados se o alvo não é atingido. É aqui que entra a eficácia. O PM é responsável para que essa flecha acerte o mais próximo possível do centro do alvo.

Alguns dos receios que um Product Manager pode ter são:

- Será que o time está construindo as coisas corretas?
- Essas coisas trarão mais impacto para o negócio e para as pessoas?
- Elas desbloquearão os próximos caminhos de evolução?

Os processos, frameworks e modelos que veremos durante o livro poderão ajudar você a não ter esses receios.

Acho que foi Peter Drucker quem falou a máxima: "Não há nada tão inútil quanto fazer de forma eficiente o que não deveria ter sido feito nunca." Não vale de nada ter um time altamente técnico e competente se o que eles estão construindo não faz sentido do ponto de vista de negócio ou do usuário. A responsabilidade do PM é fazer a empresa e o time não caírem nessa cilada.

Os relacionamentos com outras áreas
O Product Manager lida com pessoas que têm interesses e, principalmente, motivações diferentes. Por isso, é bastante comum que se absorva muita informação importante da vida pessoal das pessoas e também da maneira com que elas trabalham. Você vai precisar trocar várias vezes o escopo e a forma da conversa por causa do fórum com que você estará lidando. Em um momento você estará discutindo se Call of Duty é melhor que Battlefield com devs e, no momento seguinte, estará falando sobre rentabilidade com stakeholders e diretores. Isso é muito mais comum do que se imagina.

Com devs

A motivação de desenvolvedores é muito parecida com as de designers: eles querem resolver problemas e ver as soluções desses problemas sendo usadas pelos usuários. Simples assim.

Desenvolvedores têm um pragmatismo que pode ser difícil de entender para PMs que não trabalharam anteriormente com tecnologia. Dependendo da senioridade dos devs, esse pragmatismo pode se confundir com antipatia, mas não é. Eles prezam muito pelo *"flow"*, pela busca da solução elegante e, principalmente, com o uso de tecnologias que geralmente são emergentes.

Sua atuação aqui deve ser trazer de maneira clara e objetiva os problemas a serem resolvidos e quais os resultados esperados. Ao contrário do que muitas pessoas de negócio, designers e PMs pensam, codificar não é algo fácil e precisa de muita criatividade (não do lado visual, mas pela capacidade de encontrar soluções diferentes). Esse é um dos pensamentos mais detratores que você pode ter sobre o trabalho de desenvolvedores. Codificar certo envolve muito foco, pensamento de longo prazo e planejamento de escala e crescimento.

Elas são as únicas pessoas que podem dizer se as possibilidades imaginadas podem ser viáveis para o produto. Por isso, é importante entender quais os processos e débitos técnicos existentes que os devs estão precisando resolver durante o desenvolvimento.

Para descontrair, pergunte quem já ficou preso no servidor por não saber mexer no VIM. :-)

Com designers

Ao contrário dos desenvolvedores, designers têm um pensamento um pouco mais humano sobre os obstáculos. Às vezes isso se torna até um problema, pois precisamos moderar entre decisões que podem afetar a experiência dos usuários, mas que trarão um grande impacto para o negócio – e com certeza eles ficarão contra. Isso é ótimo, pois além de você, precisamos ter outras pessoas pensando nos impactos que os usuários sentirão diretamente por meio do produto – sem um negócio saudável, o produto não impactará de forma positiva a vida deles.

Contudo, designers são seus aliados na elaboração de boas ideias. Trabalhando na Easynvest, eu gostava de sentar ao lado do designer - Um salve para o Daniel! - para discutirmos sobre diversas ideias. Era ótimo para expandir os limites das possibilidades do produto. É importante ter em mente que várias ideias são boas, mas se essas ideias não estiverem atreladas a algum problema real de negócio e a uma necessidade real dos usuários, elas são apenas ideias legais com grandes chances de não nos levarem a lugar algum.

É muito comum (aconteceu comigo, no início da carreira) você sentir que os designers estão entrando muito na sua área de gestão, seja na sugestão de ideias de soluções e funcionalidades, seja na condução de testes diretamente com os desenvolvedores. Lembre-se de que você não é o dono ou a dona do produto: você gere os resultados. Embora eles estejam testando algo, você é a pessoa que decide a prioridade, exatamente porque você tem uma visão mais ampla do produto, que inclui não apenas design e desenvolvimento, mas também visão de estratégia de mercado e negócio. Por isso, tenha tranquilidade e deixe que eles exerçam sua criatividade e tragam ideias geniais para você.

Com stakeholders, negócio e a diretoria

Stakeholders, pessoas de negócio, diretoria, C-Level, sponsors, seja lá como você chama as pessoas da sua empresa que trazem demandas e problemas para serem resolvidos, essas são pessoas que estão preocupadas unicamente com o negócio. O produto é apenas um fim e talvez apenas mais uma linha de receita para a empresa. Então, é importante entender que eles têm uma visão de usuário mais ligada à rentabilidade do que à experiência. Eles até sabem que para a solução gerar receita para empresa, o produto precisa ter uma boa experiência, mas eles veem a experiência do Produto como um meio para conseguir mais rentabilidades. Vou lhe contar um segredo: eles não estão errados em pensar dessa forma.

Para uma empresa continuar impactando positivamente a vida das pessoas, ela precisa ser lucrativa para se manter no mercado. Obviamente, há um limite saudável aí. Mas como pessoas generalistas, precisamos ter um pensamento moderado sobre resultados de negócio e impacto para os usuários. Essa simbiose precisa ser perfeita e quem orquestra tudo isso é a PM.

Você vai precisar fazer muita gestão de expectativa para negociar datas e entrega e para quando houver resultados ruins. Vai precisar fazer bastante política para conseguir priorizar as demandas que eles trazem com as demandas que você acha importante. Vai precisar realizar muito *lobby* para conseguir obter informações importantes e, principalmente, cultivar influência. Isso tudo vai acontecer com mais ou menos intensidade, a depender da empresa em que você trabalha. Se for uma cultura muito mais corporativa, bem comum em empresas que não nasceram digitais, você precisará praticar ou adquirir sua resiliência. Se for em empresas que já nasceram no mundo digital, ou seja, que usam a tecnologia como meio para mudar um setor que não é essencialmente digital, você sentirá que o time de produto tem muito mais força e direciona boa parte das decisões da empresa.

Uma coisa é importante: essas pessoas entendem muito mais do negócio do que você. Muitas vezes esses times são formados por pessoas que trabalham na indústria há muito mais tempo do que você e que, embora não tenham experiência com tecnologia, elas conhecem os meandros do mercado como ninguém; por isso, é importante que você esteja próximo delas para adquirir conhecimento do mercado em que o seu produto atua.

Com Agilistas

Como você sabe o quanto você pode priorizar para o time? E como você sabe quanto tempo o time precisará para terminar uma determinada tarefa? Como você sabe quando você terá uma hipótese em produção para analisar os dados? Agilista é a pessoa que analisará a performance do time e lhe dará respostas importantes sobre como você poderá usar o time na potência máxima de entrega.

É muito importante que o PM trate a pessoa Agilista como um copiloto. Ela é a detentora de informações importantes sobre a saúde do time e, principalmente, sobre o impacto que o trabalho de especificação e priorização do PM está causando na performance do time. O Agilista ajuda a abreviar a entrega de valor para o usuário, fazendo com que a "esteira" (odeio esse nome) funcione sem grandes problemas. Embora essa pessoa não seja a gestora do time, ela ajuda o time a fazer o seu melhor, facilitando a comunicação, expondo problemas de gargalo e mostrando para o time quando algo está saindo do controle, mobilizando as pessoas a resolverem em conjunto um problema específico.

Um ótimo PM conhece seu papel no processo e tenta executá-lo de forma que o time não seja impactado. Você atrapalha o trabalho do Agilista se você não está presente nas cerimônias, se você cria um ambiente direcionado à entrega e não por resultados. Nesse caso, o Agilista não consegue influenciar o time a ficar do seu lado. Um PM que perde a influência perante o time já perdeu tudo.

Um bom Agilista sabe quais objetivos devem ser alcançados pelo time de produto e tenta potencializar a performance do time, ao mesmo tempo que traz consciência e relembra os princípios do mindset ágil. Você é responsável por trazer de forma detalhada esses objetivos para o Agilista, de forma que ele advogue ao lado do PM sobre o cumprimento desses objetivos.

Technical Product Manager

Um perfil mais técnico de Product Manager tem sido bastante procurado pelas empresas de produtos com o objetivo de olhar mais para dentro da empresa, para as necessidades de clientes internos, principalmente times técnicos. Um Technical Product Manager (Tech PM) é uma pessoa que tem uma visão de produto, mas com um background técnico. A Tech PM precisa ter um profundo conhecimento do stack de tecnologias que a empresa usa e tem uma integração muito grande com os times de tecnologia e outros clientes internos, como o time de atendimento ou o time comercial, por exemplo. Além de entender do negócio e entender quais as necessidades da empresa, a Tech PM precisa ter um background técnico para entender como criar produtos internos que sirvam de plataforma para que a empresa e os times aumentem sua capacidade de entrega e seu desempenho.

Além do perfil técnico, encontrar uma pessoa que exerça o papel de Tech PM se torna difícil (e por causa disso esse perfil está se valorizando cada vez mais), porque essa pessoa tem que ser apaixonada por ajudar times internos. Os PMs, principalmente os mais novos, têm um desejo muito grande de atender o usuário final. Mas há uma necessidade enorme de ter pessoas que tenham um olhar mais atento às ferramentas internas, a fim de possibilitar a escala do negócio.

Para quem desenvolve e quer dar um passo para uma posição que tem uma visão mais ampla de produto e negócio, migrar para Technical Product Manager pode ser um ótimo início. Você já tem toda a expertise técnica necessária e, por isso, consegue focar nas características de produto que provavelmente precisam ser fortalecidas. Minha opinião é que pessoas que seguem um caminho assim têm muitas chances de serem ótimos Product Managers "comuns". Já o contrário acho que não é tão mais fácil. Do meu ponto de vista, é muito melhor treinar alguém técnico a ter skills e aprender frameworks e métodos de Product Management do que ensinar um Product Manager generalista a ter conhecimento técnico. Isso é algo que se ganha com experiência de anos.

Preciso enfatizar aqui que a pessoa que exerce o papel de Technical Product Manager é um Product Manager comum. Esse personagem também pensa em estratégia de produto, product discovery, roadmaps, quais features serão criadas, quais métricas e indicadores de negócio serão impactados. Com um adendo: é necessário ter um background altamente técnico, pois essa pessoa vai lidar diretamente com os times técnicos que criam plataformas e produtos para outros times, principalmente os times de produto.

A progressão de carreira de um(a) PM

Para falar sobre carreira, gostaria que você tentasse abstrair um pouco os nomes dos cargos e níveis que são usados no mercado. Não existe um padrão claro e você vai encontrar nomes diferentes para as mesmas responsabilidades em empresas diferentes.

Aqui vai um resumo básico das nomenclaturas que você pode encontrar no mercado:

APM (Associated Product Manager): Muito comum em startups da moda. É um nome para Product Manager Junior. Essa pessoa fica mais próxima do time, geralmente exercendo muito o papel tático, o que um PO faria; contudo, é importante que comece a aprender bastante sobre o mercado e o negócio, já que um PM deve ter um olhar tático e estratégico.

Product Manager: Um PM comum. Ele pode ou não cuidar de um APM, a depender do tamanho da empresa e quantidade de pessoas. O PM é, basicamente, o responsável pela visão do produto, entendimento de mercado, alinhamento de necessidades do usuário e expectativas do negócio. Em um mundo perfeito, existiriam só PM Júnior, PM Pleno, PM Sênior. Mas, sabe como é, precisamos de faixas salariais diferenciadas para justificar investimentos, desenvolvimento profissional etc. Então, as outras camadas devem existir.

Head de Produtos: A responsabilidade de um Head de Produtos, no início, era cuidar apenas de Product Managers. Depois evoluiu para cuidar de PMs e designers. Mas hoje, é muito comum encontrar Heads (meu caso) que lideram todas as especialidades que participam da construção de um produto, liderando Tecnologia, Design e PMs – diferente do GPM, que lidera grupos de Gestores de Produto e não envolve as outras especialidades.

GPM (Group Product Manager) ou Product Lead: Líder de um grupo de Product Managers. Não cuida do produto diretamente, geralmente está mais perto da estratégia. Seu foco é organização, evolução e desenvolvimento das pessoas (no caso os PMs liderados) e direcionamento de produto. Nesse caso, ele não lidera ninguém de Tecnologia e muito raramente lidera designers – diferente do Head de Produtos.

CPO (Chief Product Office, ou Diretor de Produtos): C-Level ou diretoria. Em algumas empresas, são dois cargos diferentes. Em outras, a diretoria reporta para o C-Level. Nem sempre eles lideram Tecnologia, o que é delegado para o Diretor de Tecnologia ou CTO. Na maioria das vezes, a pessoa CPO/Diretora de Produtos lidera o time de Design e o de Produtos, mas pode liderar times de tecnologia. Contudo, existem empresas que não tem um CPO, mas o CTO faz o papel idêntico ao do CPO.

É muito difícil dizer que há um processo linear de progressão, pois isso vai depender muito da estrutura e do fundamento hierárquico da empresa. Mas uma coisa é certa: quanto maior o cargo, maior o impacto no negócio e mais afastado da parte tática do produto você fica. Quanto maior o impacto no processo e na cultura, menos você impacta a evolução direta das pessoas dos times, o que gera maior necessidade de alinhamento entre seus gestores e aumenta a necessidade de delegação de decisões técnicas.

Sobre receber e dar autonomia

Quando você se torna líder (entenda que não estou falando de cargos), a vida fornece algumas ferramentas que provavelmente não estavam disponíveis até então. Normalmente essas ferramentas são "desbloqueadas" conforme você atinge alguns pontos de experiência na sua jornada profissional. Uma dessas ferramentas se chama autonomia.

> *"A habilidade de tomar suas próprias decisões sem ser controlado por alguém." -* Cambridge Dictionary, tradução do verbete "autonomy" (disponível em: https://dictionary.cambridge.org/dictionary/english/autonomy).

A autonomia é muito mais efetiva em grupos e empresas que funcionam como sistemas complexos [7]. É por isso que em startups e empresas de tecnologia a autonomia é muito abundante, diferentemente das "empresas comuns".

Frequentemente vejo muitas pessoas que não se acostumam ou se sentem desconfortáveis em ambientes complexos, com certo nível de auto-organização e nos quais decisões podem e são tomadas sem ter o aval de alguém "superior". São ambientes onde o controle e o poder é naturalmente distribuído e pulverizado para as pontas.

É aí então que algumas pessoas se veem numa posição estranha de dar e receber autonomia.

Dar autonomia é difícil

Geralmente estamos em ambientes de comando e controle, onde a responsabilidade de decisão e suas consequências estão centralizadas em alguém do alto da cadeia.

É simples resolver problemas do dia a dia sendo um chefe "tradicional", falar apenas para as pessoas se moverem de um lugar para o outro e dar ordens como se só você soubesse de algo que ninguém mais sabe. Geralmente **as pessoas não gostam que alguém lhes diga como elas devem fazer as coisas, mas se sentem melhores quando são consultadas sobre como fazê-las.**

Em um ambiente com o nível de autonomia alto, você, como líder, cede um pedaço do seu poder para que as pessoas tomem decisões. E é muito estranho quando gestores não entendem o motivo do time estar insatisfeito com o projeto ou com o ambiente. Mesmo o motivo sendo simples: as pessoas ficam insatisfeitas quando elas são obrigadas a fazerem algo que não concordam.

Dar autonomia é essencialmente fatiar o seu poder de liderança e distribuir para todas as outras pessoas do time, deixando que elas, de acordo com as suas responsabilidades e especialidades, decidam qual o melhor caminho. Você, como gestor ou gestora, estará ali para potencializar essa decisão, facilitar a execução e guiá-los para um lugar melhor.

Quando o time trabalha empoderado com autonomia, ele vira um organismo vivo.

A velha analogia do gestor e o mago

Eu gosto muito da analogia de que um gestor é parecido com um mago. Se você perceber, em histórias de fantasia, o mago é um dos personagens que aparece pouco, mas que, quando aparece, geralmente é decisivo para a história. Geralmente o mago não é o cara que participa de todas as batalhas, não é ele quem faz o trabalho real. Não foi o Gandalf que carregou o anel durante a história. Contudo, é o mago quem ajuda o grupo a ter sucesso. É ele quem sempre aparece trazendo uma arma impressionante, fazendo um feitiço para ajudar o grupo, trazendo uma informação que só ele conseguiria obter etc. O gestor precisa ser mais como o mago.

Ah, claro… foi o Gandalf que praticamente deu a missão para o Frodo. O gestor também se encaixa nesse caso, já que é ele quem geralmente traz as demandas impossíveis. ;-)

Quando comecei a escrever esse texto, eu queria ter escrito mais sobre a arrogância dos gestores que acham um desaforo compartilhar com outros os seus poderes exclusivos de decisão. Para muitos gestores, é difícil dar a autonomia e empoderar seu time, pois eles não querem perder esse "status".

Dar autonomia é difícil, pois, além de mexer com o ego, envolve também o nível de confiança que o gestor tem nas pessoas do time, envolve o medo de ser avaliado pelo trabalho dos outros, envolve o medo de falhar, de não estar no controle etc. São motivos totalmente válidos e que dá assunto para diversos outros artigos.

Mas se dar autonomia pode ser desconfortável, receber também pode. Embora muitas pessoas desejem ter autonomia e reclamem de chefes e empresas onde o nível de autonomia é baixo, quando o desejo de autonomia se torna realidade, muitas dessas pessoas se perdem e ficam confusas. Não porque não nunca tiveram autonomia antes, mas porque a autonomia não vem sozinha.

Receber autonomia é difícil

Pessoas que trabalham em um ambiente altamente controlado demoram a se acostumar quando migram para um ambiente auto-organizável. Elas só conseguem trabalhar com limites e não restrições. É por isso que quando se recebe uma dose de autonomia, é comum se sentir sozinho e largado num deserto, onde você pode tomar qualquer caminho.

As pessoas não estão acostumadas com a liberdade de decisão.

Receber autonomia é difícil pelo simples motivo de que ela não vem sozinha. Todo mundo quer decidir coisas e não sofrer as consequências ruins caso uma má decisão for tomada. Mas não é assim que funciona com a autonomia. Você nunca recebe autonomia pura e simples: ela vem com um pacote muito mais complexo, que inclui maiores responsabilidades, consequências e impactos.

É um poder que deve ser usado com cuidado. Um time de desenvolvimento pode ter nas suas mãos a autonomia de decidir qual tecnologia a empresa utilizará; mas, e se a tecnologia escolhida ficar obsoleta em poucos anos? E se ela não resolver realmente os problemas esperados? E se ficar mais difícil encontrar pessoas para contratar? E a manutenção?

Autonomia quer dizer oportunidade

É importante notar que em ambientes com alto grau de autonomia, você também tem oportunidades únicas de crescimento. Sua proatividade (que também pode ser um problema) é, sim, avaliada pelos seus pares e gestores. Como você tem um potencial maior de impacto, é importante dosar estrategicamente até onde você quer ir com sua autonomia, dosando o impacto e as consequências que você está disposto a assumir.

Outro ponto é que com o poder de autonomia, você passa mais tempo refletindo e planejando próximos passos. O processo para tomar decisões se torna mais longo e pode te consumir muito mais do que antes. Você passa a pedir mais conselhos e opiniões, passa a observar mais. Com autonomia, todos são um pouco gestores.

É importante também deixar claro para o gestor (e ele também precisa fazer uma análise prévia das suas skills) que você pode não ter as skills necessárias para receber autonomia para executar determinadas tarefas. Você pode não ter ideia dos resultados das suas decisões. Você pode até ter as skills necessárias, mas não tem as ferramentas necessárias. Você pode precisar de mentoria para executar algumas tarefas. E tudo bem se isso tudo acontecer. Esse é o processo para que você consiga exercer seu poder de autonomia. Deixar claro esses pontos é importante para você conseguir entender suas restrições e também para a pessoa gestora dosar quanta autonomia ela lhe dará.

Em resumo...

Eu escrevi esse texto com um propósito claro: não é fácil receber nem dar autonomia. Vi tantos gestores e times que poderiam ter ido tão mais longe se a tivessem usado bem. Quando falamos sobre autonomia, encostamos em uma série de outros pontos que devem ser estudados com atenção por qualquer gestor, como alinhamento, delegação, autoridade, empoderamento, influência, liderança situacional, entre outros.

Se você é líder, tenha paciência ao dar o poder de decisões para o seu time. Geralmente eles não tomarão a mesma decisão que você e não o farão na mesma velocidade. Se isso acontecer, está tudo bem. É um exercício doloroso que você tem que praticar todos os dias. Não faça microgerenciamento. Mesmo que seja temporário. Você vai sentir a necessidade de entrar no operacional para tentar entender como as coisas estão, e, mesmo que seja para perguntar se precisam de ajuda, isso é sim microgerenciamento, ainda que superficial.

Se você recebeu autonomia agora, não tenha medo. Você agora tem um poder incrível na sua mão de decidir coisas e realmente as executar da forma que você acha melhor. Mas você não precisa fazer isso sozinho. Use seu gestor para ter conselhos e guiar melhor suas decisões. Converse bastante com seus pares e outras pessoas. Não tenha medo de tomar suas decisões. Se seu gestor te deu autonomia, é porque ele, pelo menos, confia no seu taco. Por isso, aprenda a usar essa ferramenta da melhor maneira possível.

Tenham permissão para errar.

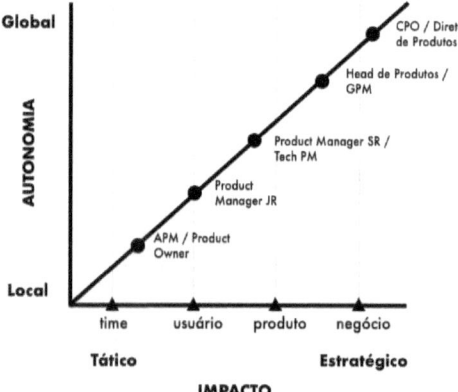

Progressão PM

Embora Diretores/CPOs tenham responsabilidades e escopos mais focados no estratégico e no negócio, isso não quer dizer que eles pararam de cuidar do time pelo contrário. Eles não estão no dia a dia do trabalho tático, decidindo processos, por exemplo, mas eles influenciam o time viabilizando decisões, motivando e fornecendo visibilidade sobre o negócio e a estratégia da empresa e direcionando as decisões. Guardadas as devidas proporções, isso acontece com todos os níveis.

Dando um exemplo bastante pessoal, foi bem importante eu construir uma carreira diversificada. Eu fui desenvolvedor, fui coordenador de times técnicos, fui Product Manager, fui Diretor e Head. Ter sido desenvolvedor me ajudou muito como PM para entender qual o timing certo de priorização de débitos técnicos, saber quando uma estimativa estava sub ou superestimada, entender qual o impacto técnico de uma história de usuário e também para saber como funcionam processos. Isso me ajudou também a liderar times técnicos, inclusive quando eu fui Diretor, onde havia um gerente de tecnologia liderando times técnicos multidisciplinares.

Ter sido PM me ajudou a entender como eu posso liderá-los e entender quais as dores e bloqueios que eles podem encontrar ao tentar se relacionar com outras áreas, ao tentar ganhar influência com o time de desenvolvimento e também ao tentar analisar o mercado. Sem ter sido PM, não haveria como eu virar Diretor ou Head. Seria um caminho bem mais difícil.

PM não é gerente, é gestor

Uma vez estava em uma *talk* online junto a outras pessoas PMs na qual o assunto era entrevistas de Product Managers. Um dos PMs participantes fez uma observação dizendo que um Product Manager tem o cargo de gerente e que por isso se esperava comportamentos de tal cargo. Esse é um assunto bastante polêmico e não gostaria de me alongar muito sobre isso aqui no livro. Contudo, meu raciocínio é de que o PM, embora tenha um Manager no nome, não é um Gerente, mas um Gestor. Odeio falar sobre cargos e hierarquia, porque eu não acho que as pessoas devem se apegar a nomes de cargos ou a qual o seu posicionamento da hierarquia como uma forma de orgulho ou sucesso, mas, nesse assunto, não há como não falarmos sobre isso.

A seguir, veja uma hierarquia organizacional muito simplificada:

A correlação não é totalmente equivalente e pode sofrer alterações, dependendo da estrutura organizacional das empresas.

Cada empresa tem uma estrutura organizacional diferente e adequada para o seu mercado e seu tamanho. Portanto, essa hierarquia pode mudar muito de empresa para empresa. Mas, fazendo um comparativo com os níveis de carreira de Produto, podemos ver que o PM está longe de ser um gerente. Embora ele participe da estratégia, e às vezes faça gestão de pessoas, o cargo dele pode variar.

Como eu disse anteriormente: isso não é uma discussão importante, o que importa realmente são as responsabilidades que você exerce na empresa. Eu já vi empresas onde o GPM era tratado como Diretor. Eu sou Head hoje, e tenho as mesmíssimas responsabilidades de quando eu trabalhava como Diretor. Então, não dá para se pautar em nomes e níveis. Contudo, cargo, nível etc., ajudam a definir faixas salariais, bônus, restrições e delimitações de escopo. No final do dia, qual o seu impacto na vida das pessoas que usam seu produto? E no time? Qual o impacto que você está causando no negócio?

Ter um cargo elevado serve para você ter possibilidades (poder) para abrir mais portas e viabilizar mais oportunidades para o seu time fazer um trabalho excepcional. Algumas pessoas usam esse poder de forma errada, outras usam para impulsionar e potencializar o resultado que o time está gerando.

Concluindo

Eu gostaria de ter uma lista definitiva do papel e das responsabilidades de um PM, com tudo o que deveria ou não ser feito no dia a dia, mas isso seria muito utópico. Os setores do mercado são tão diferentes que cada PM deverá entender como a empresa em que atua funciona. Empresas diferentes de um mesmo setor da indústria têm dinâmicas diferentes sobre como lidar com o negócio, as pessoas e os processos. Isso tudo influenciará a forma de atuação da PM. Existem lugares onde a PM participará das tomadas de decisão de negócio. Em outros lugares, ela apenas será informada das decisões.

Como PM, você precisa entender sobre o negócio e sobre a execução. Essas são as duas grandes variáveis que fazem tudo ser tão dinâmico e diferente de empresa para empresa. Por isso, aproveite o seu trabalho para adquirir o máximo de conhecimento possível sobre o negócio e sobre o seu usuário. Saiba como a empresa executa a operação que não depende da área de Produtos e Tecnologia. Esse conhecimento acumulado vai destacar você do resto.

Contextualizando melhor a questão produtos vs. projetos

De acordo com o Cambridge Dictionary, se traduzirmos a definição da palavra "projeto", temos:
É um trabalho planejado ou uma atividade que é finalizada em um período que pretende atingir uma proposta particular.

Isso quer dizer que você pode fazer um projeto tanto para construir um prédio quanto um software. Para deixar mais tangível, geralmente um projeto tem três pontos cruciais:

- **Escopo**: O escopo é tudo o que o projeto contempla. É o que deveria ser entregue ao final do deadline;
- **Deadline**: O deadline é a data limite de finalização do projeto;
- **Budget**: O budget é o limite financeiro para a execução desse projeto.

Quando vamos fazer uma obra ou construir um novo modelo de carro, é importante nos atermos ao escopo definido, nos planejarmos para não estourarmos o *deadline* e, principalmente, manter o *budget* sob controle. Em projetos desse tipo, há um começo, um meio e um fim bem definidos. Você sabe quando um prédio fica pronto e também sabe quando um carro fica pronto. Mas, se levarmos isso para o mundo do software, a coisa fica mais complexa. Por quê?

Causalidade

Como seres humanos, nós acreditamos que as coisas sairão como planejamos, pois entendemos que podemos prever o que acontecerá no futuro com base em eventos que acontecem no presente ou que já aconteceram. E isso realmente faz sentido. A ciência funciona com base na causalidade como uma das regras para prever quais serão os próximos fenômenos, levando em consideração eventos e comportamentos passados da natureza. É assim que preveem tão corretamente quando o cometa Halley vai passar para dar um "Olá" ou qual será o próximo eclipse.

Em desenvolvimento de software, isso também pode ser real. As equipes escrevem e mudam seus códigos porque entendem bem o ambiente em que o software ficará hospedado e sabem a quais processos e mecanismos esse código será submetido. A causalidade nos diz claramente o que poderá acontecer futuramente com base em coisas que aconteceram antes. Você sabe que algo pode dar certo ou errado porque você já experimentou ou porque aprendeu com a experiência de outra pessoa.

Mas nem sempre podemos contar com a precisão da causalidade. Por exemplo: mesmo sabendo o histórico de rendimentos da bolsa, nós não conseguimos prever quando ou de quanto será a próxima onda de alta (ou quando virá um Coronavírus). Mesmo sabendo os possíveis eventos que podem ocasionar a alta, você não tem como saber quando esses eventos acontecerão. É quase imprevisível. Várias crises já foram previstas, mas ninguém pode provar que uma crise realmente acontecerá, até acontecer.

Se você tem um produto, você não consegue prever quantos usuários passarão a usá-lo a partir do momento de publicação. Embora você e o time de Research tenham feito testes com usuários reais, a amostra sempre será muito pequena para saber se as pessoas usarão seu produto como o planejado. Mesmo com base em métricas e experiências de outras empresas e times de produto, não conseguimos saber com exatidão o que poderá vir a acontecer.

Ambiente complexo

Ao construir um software (e, sim, seu produto é um pedaço de software), estamos atuando em um ambiente complexo. As pessoas usam as palavras *complicado* e *complexo* como se fossem a mesma coisa, mas não são.

Algo complicado pode ser difícil e demorado para se resolver, mas geralmente pode ser resolvido seguindo processos, regras, e entendendo as restrições. Embora alguns ambientes e projetos sejam complicados, você conhece todas as variáveis (e as que você não conhece são facilmente mapeadas) e a maioria dos problemas pode já ser conhecida por causa da sua experiência e da experiência do time. Por isso, podemos prevenir que muitos problemas aconteçam (ou, caso surjam, sejam facilmente resolvidos).

Mas, quando falamos de ambientes complexos, nós não conhecemos todas as variáveis envolvidas e inter-relacionadas, de forma que os resultados dessas interações são imprevisíveis. Isso quer dizer que você não consegue prever o futuro com assertividade. Nesse ambiente, é difícil colocar métodos que trabalham com definições sem margem de replanejamento.

"Um sistema complexo é um sistema composto por partes interconectadas que, como um todo, exibem uma ou mais propriedades (comportamentos) não óbvios a partir das partes individuais." - Jurgen Appelo, 2010

Abaixo, seguem alguns exemplos de coisas que são complexas (ou seja, elas dependem da interação de várias partes responsáveis para que funcionem):

- **Seu país ou cidade:** o lugar em que você mora só funciona por causa da interação política entre governo, entidades, legisladores, organizações independentes e população. Todos têm interesses em comum, mas há divergências na forma com que as ações podem transformar esses interesses em realidade;
- **Empresas:** há interações entre as várias áreas das empresas, funcionários, clientes e fornecedores. Se a empresa não tem um objetivo claro, um direcionamento estratégico bem definido, surgem problemas que desviam as equipes do que realmente interessa;
- **Mercados:** mercados, principalmente os financeiros, são sistemas complexos em que vários fatores combinados definem a interação entre os participantes;
- **Tráfegos:** motoristas, regras de trânsito e localização fazem com que o tráfego se transforme em um ambiente complexo;
- **Propagação de doenças:** pessoas contaminadas, mutações, viagens de pessoas infectadas, tempo de incubação — todos são exemplos de fatores que fazem a propagação de doenças algo imprevisível e difícil de controlar.

Algo complexo é qualquer coisa que seja conectada intrinsecamente a outros elementos que, por suas vezes, trazem resultados imprevisíveis. Sistemas Adaptativos Complexos (SAC) são sistemas dinâmicos que sabem evoluir em ambientes de constante mudança.

Um projeto, assim como um produto, faz parte de um ambiente complexo. Não estou me referindo apenas à peça de software, mas a todo o ecossistema: empresas, clientes, usuários, stakeholders, times, ferramentas etc. Todas essas variáveis fazem com que a construção de um produto digital se encaixe na categoria de coisas complexas.

Um ponto importante é que não dá para comparar outros ambientes de projetos (em uma visão mais ampla da palavra) com o ambiente isolado de software. Em um ambiente onde o resultado do esforço é um pedaço de software, o nível técnico das pessoas faz muita diferença.

Nossas mentes preferem muito mais a causalidade à complexidade. Isso é óbvio: causalidade nos dá mais segurança. Saber que eventos futuros podem não ser totalmente desconhecidos e que podemos exercer pelo menos um pouco de controle sobre eles é bem mais tranquilizador do que os efeitos imprevisíveis e não gerenciáveis que a complexidade nos proporciona.

Contudo, embora exista um nível de previsibilidade e certeza em seu produto, as circunstâncias podem mudar e o ambiente se torna mais complexo, a ponto de você precisar lidar com situações que requerem uma variedade de decisões e respostas.

Meios para tentar entender a complexidade

Existem duas ferramentas que eu uso para entender melhor momentos de complexidade e que me permitem priorizar os problemas ou ter mais clareza sobre a situação. Ambas são usadas em diversas áreas de atuação, não são exclusivas do mundo da tecnologia. São elas: Diagrama de Stacey e Cynefin.

Em um ambiente complicado, você pode e deve controlar os eventos. Em um ambiente complexo, você não controla os eventos, mas você pode influenciar o ambiente a fim de que os efeitos estejam mais próximos do que o que você e seu time conhecem.

Diagrama de Stacey

O Diagrama de Stacey foi criado por Ralph Stacey, teórico organizacional e professor de Gestão na Hertfordshire Business School, para ajudar a guiar empresas, times e líderes a gerir melhor as decisões em sistemas complexos adaptativos. Ele se baseia em níveis de **certeza** e **acordo** perante um determinado problema.

The Spectrum of Process Complexity

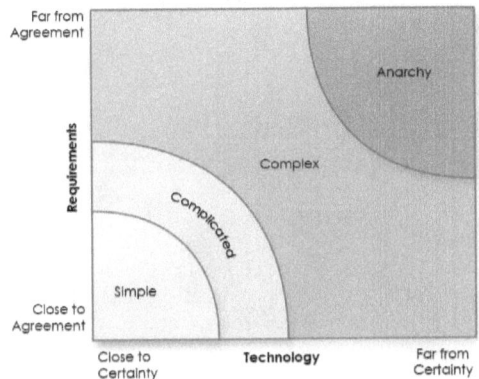

The Spectrum of Process Complexity. Fonte: https://noop.nl/2008/08/simple-vs-complicated-vs-complex-vs-chaotic.html.

Nesse diagrama, as zonas são explicadas assim:

- **Perto de acordo (agreement), perto da certeza (certainty)** significa que o grupo tem certeza do que precisa ser feito, quais são os entregáveis e como fará para chegar ao resultado esperado;

- **Longe do acordo, perto da certeza** significa que o grupo tem certeza de como vai alcançar as tarefas, mas não concorda que essas são as tarefas corretas para se fazer. Falta equilíbrio entre eficiência e eficácia;

- **Perto do acordo, longe da certeza** significa que todos concordam com os entregáveis, mas não têm certeza de como cumpri-los. Compartilhar missão e visão pode dar mais clareza para o time e parar os stakeholders pode funcionar;

- **Longe do acordo, longe da certeza** significa que você está na área de anarquia, ou caos. Nesse lugar, você tem um alto grau de incerteza sobre o que deve ser feito e como deve ser feito. Todos discordam ainda das ideias, métodos, tarefas, objetivos, visão e missão. Ter um tempo maior de investigação, negociação e entendimento dos processos é bom para descobrir novos fatos relevantes para tentar dar mais certeza de como atacar o problema.

- **Zona de complexidade (entre complicado e anarquia/caos)** é o lugar onde você encontrará a maioria dos problemas no que se refere a tecnologia e construção de produtos/serviços digitais. Mas as metodologias ágeis têm o objetivo de agir bem nesse local, para facilitar e transacionar os problemas para zonas mais confortáveis, além do pensamento de produtos digitais evolutivos, que diminui o risco e a mudanças de planos. Aqui você usa inovação, criatividade e organização para conseguir diminuir a incerteza e trazer mais acordo entre stakeholders, times, usuários e negócio.

Esse diagrama, como dito, não é usado apenas na área de tecnologia, mas em qualquer situação que lide com problemas complexos e que dependem de decisões rápidas do time, dos stakeholders e também de você, como responsável pelo Produto.

The Spectrum of Process Complexity

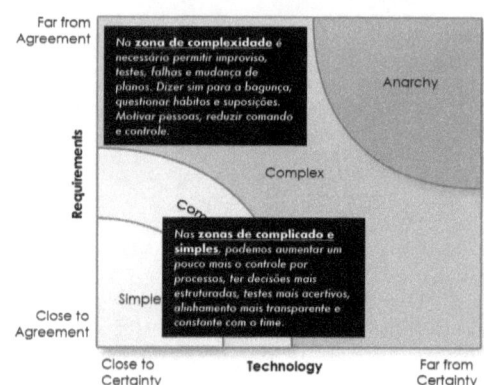

Temos mais controle nas zonas de complicado e simples; mas, na zona complexa, precisamos de improviso. Mudanças de planos são totalmente aceitáveis. Adaptado de: https://noop.nl/2008/08/simple-vs-complicated-vs-complex-vs-chaotic.html.

No capítulo sobre priorização de backlog (que eu julgo ser uma das mais importantes tarefas, exatamente porque é onde podemos controlar o impacto rápido para o negócio e entrega de valor para o usuário), o Diagrama de Stacey pode ajudar muito ao posicionar as funcionalidades e tarefas que poderão ser implementadas no produto nas zonas em que elas mais se encaixam. Dessa forma, você consegue ter uma visão mais clara de quais ideias, oportunidades e funcionalidades ainda precisam ser investigadas melhor ou que têm uma grande quantidade de dúvidas para responder.

Cynefin: o ambiente de software é complexo? Não é bem assim.

Por causa da imprevisibilidade que a complexidade traz para o ambiente de construção de software, nós não temos certeza de que os padrões desenvolvidos no passado funcionarão da mesma forma ou terão resultados similares no futuro. Mas eu tenho que dizer uma coisa: embora eu tenha dito aqui várias vezes que o ambiente de desenvolvimento de software é complexo, na verdade ele pode navegar por outros domínios além do complexo.

Para conseguir tomar decisões, priorizar problemas e seguir em frente com mais segurança, Dave Snowden (que foi diretor na IBM europeia) criou, em 1999, um framework chamado Cynefin. A palavra Cynefin é uma palavra galesa que se pronuncia "ku-nev-in". Seu significado literal é **habitat** ou **lugar**, mas que significa alguma coisa similar a "algo que pertence a vários". Você é influenciado por várias coisas (religião, cultura, sociedade, ambiente etc.) que formam o que você é, porém você não pertence a apenas uma dessas coisas, mas a todas ao mesmo tempo; logo, são múltiplos os fatores que nos influenciam no ambiente, de forma que nunca vamos entendê-los completamente.

Esse framework foi usado em diversas situações interessantes. Por exemplo, a Agência de Projetos de Pesquisa Avançada de Defesa dos Estados Unidos da América usou esse framework para combater o terrorismo [8].

Complexo

Não sabe o que não sabe.

Relações entre causa e efeito só podem ser entendidas depois que aconteceu.

Provar - Sentir - Responder

Complicado

Sabe o que não sabe.

Relações entre causa e efeito precisam ser analisadas para soluções serem aplicadas por especialistas.

Sentir - Analisar - Responder

AC
Aporético ou Confuso

Desconhecido e incerto. Incógnita.

Não há relação de padrões de conhecidos entre causa e efeito. Existem muitas variáveis desconhecidas.

Agir - Sentir - Responder

Caótico

Sabe o que sabe.

Relações de causa e feito são óbvias e simples de serem identificadas.

Sentir - Categorizar - Responder

Claro

Diagrama Cynefin.

O Cynefin é dividido em cinco domínios:

- **Contexto claro:** esse contexto é caracterizado pela estabilidade e o conhecimento claro de causa e efeito, os quais podem ser facilmente identificados. Aqui as respostas aos problemas são inquestionáveis, pois todos sabem exatamente o que pode ser feito e compartilham dos mesmos conhecimentos, além de entenderem completamente os resultados gerados;
- **Contexto complicado:** nesse contexto, não existe apenas uma decisão e a relação de causa e efeito não é tão óbvia para todos do grupo quanto no contexto claro. Aqui nós sabemos o que não sabemos. Nós entendemos exatamente como as causas e efeitos podem ser examinados e estudados. Embora possamos ter algumas respostas corretas, o todo ainda não está muito claro e não há tantas evidências diretas de correlações;
- **Contexto complexo:** nesse contexto, sabemos que existe pelo menos uma resposta correta, mas essa resposta não pode ser encontrada facilmente. Uma analogia muito usada aqui é a do carro e da floresta. Um carro é algo complicado, as partes formam a todo. Um bom mecânico consegue entender bem todas as partes para consertar um problema. Já na floresta existem comportamentos independentes de diversos fatores: clima, fauna, flora, geografia, rios etc. O todo é muito maior e sofrendo mais impacto do que a soma das suas partes. Aqui nós não sabemos o que não sabemos.
- **Contexto caótico:** nesse contexto, é impossível encontrar a relação de causa e efeito, pois eles mudam sem aviso prévio e os padrões não são gerenciáveis. Aqui é o mundo das incógnitas. Nesse contexto, nós só conseguimos tentar estancar o sangramento. Em uma situação assim, nós devemos estabelecer um nível de organização e tentar entender os sintomas e efeitos colaterais para tratá-los, mas não vamos conseguir entender os motivos e quais os gatilhos que fizeram os eventos acontecerem.
- **A/C:** esse é o contexto onde ficamos a maior parte do tempo. A/C significa Aporético e/ou Confuso. Ficamos a maior parte do tempo aqui, pois precisamos classificar em qual domínio o nosso problema se encaixa. Para isso, fazemos análises, conversamos, discutimos, investigamos. Quando descobrimos em qual domínio estamos, começamos a fazer o processo Cynefin para movimentar o problema pelos domínios até chegar ao **claro**.

O lado direito do Cynefin inclui os lados complicado e claro. Esses são os dois lados ordenados. Já no lado esquerdo estão os domínios complexo e caótico, os lados desordenados.

O grande segredo do Cynefin é: como identificamos em qual desses domínios o problema se encaixa para que façamos a transição de um domínio para o outro? Há uma ordem de movimento aí: você não consegue sair do domínio caótico e ir direto para o claro. Você precisa começar a conhecer o problema para diminuir incertezas (o que é diferente de aumentar as certezas) e o resultado disso será movimentar o problema para o domínio complexo. Depois que uma crise acontece e você aprende com os efeitos positivos e negativos, é possível caminhar para o complicado, pois agora você entende o que não sabia anteriormente e, assim, pode treinar o time e iniciar a prevenção com novas soluções e decisões para evitar que problemas similares aconteçam, transportando esses problemas para o domínio claro.

Mas o perigo ainda não terminou: esse sucesso pode fazer com que o time e os líderes caiam em uma zona de conforto, onde a impressão é a de que não existe mais nada a se fazer e que todos aprenderam tudo o que poderia ser aprendido com os problemas anteriores e, por isso, podem respirar aliviados e partir para problemas menores. Quando chegamos a esse ponto, qualquer imprevisto que acontecer pode ser um motivo para sair do domínio **claro** e ir direto para o **caótico**.

Há momentos em que não vamos conseguir identificar em qual dos quadrantes estamos e, consequentemente, não saberemos reagir ao problema. Isso quer dizer que estamos no centro, onde se localiza o A/C. É aqui que estamos na maior parte do tempo. Contudo, o desenvolvimento de software vive na transição entre os domínios **complexo** e **complicado**. Você nunca vai conseguir saber exatamente o que precisa ser feito ou prever exatamente quais os resultados negativos de determinada tarefa. São muitas variáveis para tentar controlar e por isso o seu time vai viver se movimentando por esses dois domínios.

Conforme o tempo passa e o time adquire conhecimento ao trabalharem juntos em problemas difíceis, ao passarem mais tempo se conhecendo, adquirindo confiança um no outro, alguns dos problemas serão naturalmente movidos para o domínio **claro**. Geralmente, quando o(a) PM traz novas demandas para alcançar novos objetivos da empresa, faz o time transitar de novo entre **complexo** e **complicado**.

Seu papel é tentar sempre diminuir as incertezas e mapear os resultados e processos o máximo possível, para que o time transite, no máximo, entre os domínios **complicado** e **claro**. É por isso que um trabalho *muito bem feito* no upstream, ou seja, na fase de Discovery, é essencial para que a execução seja simplificada.

Evolução: a diferença básica entre produtos digitais e projetos

De acordo com o Project Management Institute [9] (PMI), a definição de projetos é:

> *Projetos são temporários por que é definido um período de começo e de fim, com limitações de escopos e recursos.*

Vamos encurtar a história: um gestor de projeto tem como objetivo gerenciar a entrega para que ela seja feita a tempo, dentro do budget e com escopo combinado. De certa forma, o GP/PMO não precisa se preocupar se o projeto vai, de fato, **resolver o problema** do usuário, porque, no início do projeto, alguém ou um grupo de pessoas já elencou todos os objetivos que seriam cumpridos e decidiu que o projeto, feito nesse determinado escopo, alcançaria esses objetivos. Logo, a pessoa gestora deveria apenas seguir o plano e entregar na data e dentro do budget.

Muitas vezes o *pós-projeto* não é planejado e geralmente a equipe que desenvolveu não é a mesma que manterá o projeto posteriormente.

Um produto digital, diferente de um projeto, leva mais em consideração a evolução do produto como meio de solução para uma necessidade ou um problema do usuário do que a contemplação de um início, meio e fim, simplesmente porque não há fim. Um time de Produtos Digitais nunca vai parar de construir e melhorar o produto, seja do ponto de vista técnico ou de negócio. Pelo contrário, ele vai se adaptar, evoluir e se modificar de acordo com as mudanças de mercado, o comportamento dos usuários e o posicionamento do negócio.

As regras de gestão de projeto NUNCA devem ser aplicadas na sua totalidade em um ambiente de desenvolvimento de serviços digitais. Por causa do fator de evolução dos serviços digitais, a gestão é forçada a ser mais maleável, levando mais em consideração o pensamento evolutivo e adaptável do que um pensamento de mudanças bruscas.

Existem alguns pontos de atenção que mudam drasticamente a forma com que gerimos um produto/serviço contínuo em vez de um projeto com começo, meio e fim. A seguir, coloco o que eu julgo serem os pilares que marcam as diferenças entre os dois mundos:

- Começamos a ter um pensamento mais amplo voltado a **serviço** digital em vez de **produto** digital;
- Criar um produto/serviço baseado no **pensamento de plataforma**;
- Usar o **efeito de rede para amplificar o valor** do produto/serviço;
- **Decisões guiadas por dados e métricas** de engajamento e retenção do usuário;
- **Foco para entrega de valor**, e não *deadline* ou quantidade de tarefas.

Em um produto/serviço digital, o fator de evolução muda a forma com que lidamos com os resultados, com o planejamento e, principalmente, com a organização do time.

Então, durante o processo de construção de um produto digital, nós entregamos valor para usuários reais de forma contínua, o que diminui o loop de feedback. Isso tira qualquer tipo de necessidade de planos de longo prazo, exatamente porque você descobre rápido novas informações e novos comportamentos dos usuários. Essa maneira de pensar também traz mais valor para o negócio, pois conseguimos agir e mudar de direção com mais facilidade e agilidade.

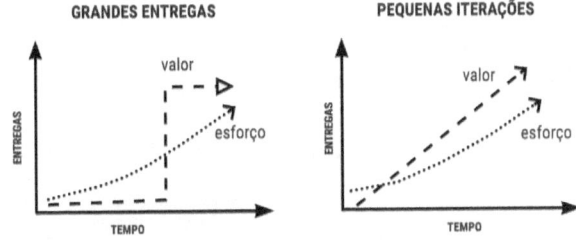

Quanto mais rápido entregamos, mais rápido os usuários percebem valor.

Obviamente existem similaridades: por exemplo, em projeto, nós temos um roadmap de entregas baseado em deadline; em serviços digitais, usamos um roadmap baseado em entregas de valor para o usuário e para o negócio. Enquanto a sequência em um roadmap de projeto é feita para chegarmos ao final sem grandes problemas ou mudanças no plano, o roadmap de um serviço/produto digital é planejado levando em consideração a **entrega de valor e o cumprimento de metas/KPIs**. Entendeu a diferença? Enquanto as entregas de um miram a completude do projeto, a do outro é o alcance de objetivos.

Há um capítulo inteiro sobre *Continuous Discovery* e Evolução Contínua que aborda com mais detalhes essa característica, que diferencia drasticamente cultura de produtos e de projetos.

O mindset ágil também influencia muito

Metodologias ágeis e os valores do mindset ágil podem ser aplicados tanto no desenvolvimento de um projeto quanto na construção de um produto digital. Até aí, tudo bem. Mas o papel do mindset ágil em um contexto de projeto serve para aumentar a performance de entregas do time, ou seja, para fazer o time entregar mais tarefas, mais rápido. Já no contexto evolutivo de serviços digitais, o mindset ágil será focado para potencializar e adiantar a entrega de valor para o usuário.

São duas formas muito diferentes de trabalhar: uma procura aumentar volume de entrega; a outra, qualidade e resolução de necessidades do usuário. Gerenciar um projeto com o objetivo de entregar valor para o usuário é estranho, porque o usuário só terá contato com o projeto quando ele estiver completo. Já em produtos digitais, a ideia é entregar pequenos pedaços que já trazem valor para o produto, que resolvem um problema para o usuário ou trazem valor para o negócio.

Em um projeto, é muito melhor organizar as tarefas para dar aos stakeholders uma percepção de completude do projeto. Já em um serviço digital, com mindset contínuo, as entregas devem ser organizadas de acordo com o seu impacto de valor no usuário.

Na construção de projetos, a priorização é importante para adiantar a progressão de entrega. A priorização deve levar em consideração requisitos técnicos e, também, expectativas dos stakeholders. É muito comum alguém começar pela tarefa mais difícil e que leva mais tempo. Isso faz com que os stakeholders fiquem muito tempo sem perceber uma progressão, e aí a gestão de expectativa fica mais difícil. É importante atacar coisas pequenas, que geralmente são menos complexas e mostram, de alguma forma, uma progressão rápida de completude.

Já a priorização de tarefas de produtos digitais deve levar em consideração o impacto para o negócio e solução para problemas do usuário. Isso quer dizer que tarefas que são pequenas, mas que trazem grande impacto, podem ser priorizadas antes. Contudo, nem sempre o maior impacto vem de tarefas pequenas. Nesse ponto, é importante que o time consiga, assim como em projetos, gerenciar as expectativas dos líderes e também dos usuários (dependendo do cenário).

Devo lembrar aqui (sem muitos detalhes) alguns princípios importantes e essenciais vistos no pensamento Lean:

- **Eliminar** o desperdício;
- **Amplificar** o aprendizado;
- **Decidir** o mais tarde possível;
- **Entregar** o mais rápido possível;
- **Empoderar** o time;
- **Construir** integridade;
- **Enxergar** o todo.

Mais à frente, no capítulo 9, *Agile para Product Managers*, falarei mais profundamente sobre métodos ágeis, explicando qual a minha opinião sobre o papel do PM nesse cenário.

Concluindo

Presencio todos os dias gestores tentando aplicar as regras de projeto na construção de produtos digitais. Na maioria das vezes, eles fracassam miseravelmente. Em vez de mudarem a maneira de pensar, eles culpam a complexidade dos grandes projetos e, claro, o time, por errar estimativas e por não manter um ritmo de alta performance. Esse tipo de gestor mal consegue perceber que o problema é que ele está tentando jogar o jogo com as regras trocadas.

Na minha experiência, planejar grandes projetos ou grandes entregas quase sempre dá errado.

Tenha sempre em mente: **pequenas entregas de valor, monitoramento das mudanças de comportamento do usuário e ponteiros de negócios.** Esses pontos são essenciais e diferenciam a construção de produtos digitais da gestão de projetos tradicional.

Entendendo o contexto do mercado de startups e scaleups

Não digo que PMs são pessoas de negócios, pois, se o fossem, viveriam em um conflito de interesses eterno. Contudo, PMs têm a obrigação de conhecer profundamente o negócio da empresa e entender suas fontes de receita, suas cadeias de valor, seus concorrentes e seu posicionamento no mercado. É importante que o PM saiba os pontos fracos e fortes do negócio e entenda como os ciclos econômicos influenciam a receita e a operação da empresa. Com isso à mesa, mas sem me apegar a um negócio ou a uma empresa específica, gostaria de fazer uma divagação sobre o estado geral das empresas de produtos digitais no mercado e sobre como as empresas de produto e tecnologia, sobretudo startups, estão operando atualmente.

A bolha dos anos 2000

Em 2001, eu estava começando a trabalhar com web, mas a web já havia chegado por aqui lá por volta de 1995. Alguns dinossauros como o Michel Lent, o Luli Radfahrer, o Fabio Seixas e vários outros já trabalhavam de alguma forma com a web desde essa época. Eles viram de perto o pré-bolha e o pós-bolha. Quando comecei, a bolha tinha estourado havia pouco tempo, por isso, nem senti o impacto. É como se fosse renda variável: tive a sorte de comprar a web na baixa.

Na época da bolha da internet, o Brasil não tinha muitas empresas que baseavam seu modelo na web. Algumas empresas conhecidas como Cadê, Buscapé e Submarino (que até 1999 era chamada de Booknet) sobreviveram. No ano 2000, em plena bolha, foram lançadas empresas como o iG e a Globo.com.

Nenhuma dessas empresas era listada na bolsa, por isso o impacto aqui no Brasil foi muito suave – não foi tão destrutivo quanto lá fora. Aqui, a bolsa chegou a cair "apenas" 25%. Para você ter uma ideia, em 9 de outubro de 2002, a Nasdaq - que é o índice no qual as maiores empresas ponto com estavam e estão listadas até hoje - fechou em 1114 pontos, uma queda de 78% em 30 meses.

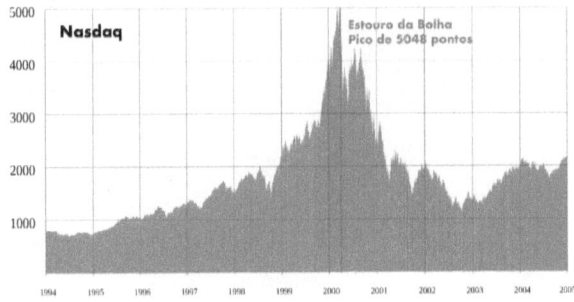

A bolha da internet. Fonte: https://en.wikipedia.org/wiki/Dot-com_bubble#/media/File:Nasdaq_Composite_dot-com_bubble.svg

Um dos grandes motivos da formação dessa bolha foi a rápida popularização e utilização da web. Os PCs já eram bem populares na época. Só para lembrar: a primeira versão do Macintosh foi lançada em 1984. Então, quando a rede mundial de computadores (adoro esse termo) foi lançada, em 1991, e depois, em 1994, o Netscape, o uso da internet subiu de 10% em 1995 para 50% nos anos 2000 (nos Estados Unidos).

Essa explosão, combinada a outros fatores como corrupção corporativa e o aumento dos juros americanos, fez com que muitos VCs (*Venture Capitalists*) e bancos americanos investissem em empresas que tinham seus negócios baseados exclusivamente em web. Com a evolução constante dos computadores (e do software que vinha embarcado), a web se popularizou rápido demais, aumentando a especulação de que empresas de tecnologias com foco em web realizariam lucros futuros. Para você ter um contexto dos números extravagantes:

- Em 1997, a Microsoft, em uma das primeiras aquisições da época pré-bolha, comprou o Hotmail por US$ 400 milhões;
- Se você acha que o Spotify é inovador, em 1999 a Broadcast.com foi comprada pelo Yahoo! por US$ 5.9 bilhões [10];
- O Yahoo! também comprou a GeoCities por US$ 3.57 bilhões em janeiro de 1999 (o GeoCities foi fechado em 2009);
- A Mattel comprou, em 1999, a The Learning Company por US$ 3.5 bilhões e a vendeu um ano depois por apenas US$ 27 milhões;
- Em janeiro de 2000, a AOL anunciou que ia comprar a Time Warner por US$ 182 bilhões [11].

Toda essa especulação fez com que uma série de empresas - sem qualquer tipo de planejamento ou modelo de negócio sustentável - fossem criadas apenas para "surfar a onda" e receber investimentos. Alan Greenspan - que então era o chefão do FED (Banco Central dos Estados Unidos) - detectou essa disparidade entre o preço e o valor das empresas em 1996, cinco anos antes de a bolha estourar. Essa "previsão" foi tão estranha que, depois que a bolha estourou, ele precisou testemunhar para um comitê do Senado americano, em abril de 2000, para dar explicações sobre como ele sabia que essa bolha estava se formando. Aqui vai um pedaço do discurso dele que tornou famoso o termo "exuberância irracional":

> *Claramente, uma inflação baixa sustentada implica menos incerteza sobre o futuro, e prêmios de risco mais baixos implicam preços mais altos de ações e outros ativos rentáveis. Podemos ver isso na relação inversa exibida pelas relações preço/lucro e a taxa de inflação no passado. Mas como sabemos quando a exuberância irracional aumentou indevidamente os valores dos ativos, que se tornam sujeitos a contrações inesperadas e prolongadas, como aconteceu no Japão na última década? (...) (GREENSPAN, 1996, tradução do autor)*

O termo "exuberância irracional" foi cunhado por ele neste momento para explicar o fenômeno da bolha da internet. Esse termo é usado até hoje para descrever o aumento irracional de preços dos papéis listados em bolsas pelo mundo. Esse termo também se tornou título de um livro do Robert J. Shiller (Irrational Exuberance, Princeton University Press), que explica um pouco sobre a formação, como a chamada Housing Bubble, que deu origem à crise de 2008.

Chart 2: History of asset bubbles past 40-years

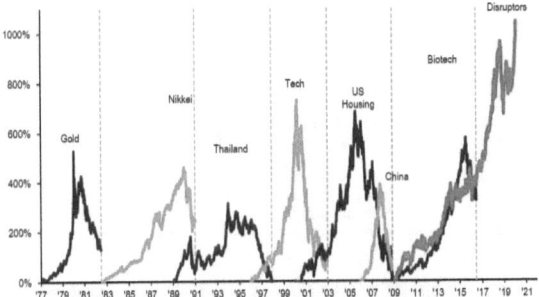

Source: BofA Global Investment Strategy, Bloomberg. Note: Gold (XAU Curncy), Japanese Equities (NKY Index), Thai Equities (SET Index), Tech (NDX Index), US Housing (SSHOME Index), Commodities (SHCOMP Index), Disruptors (DJECOM Index + NYFANG Index constituents, equal weighted)

Bolhas nos últimos 40 anos. Fonte: https://twitter.com/fernandoulrich/status/1230834379196424193

Depois da bolha ponto-com as empresas que sobreviveram ficaram mais fortes e ricas, vide a Amazon e o Google. Mas um novo advento se iniciou desde então e o Silicon Valley - que foi praticamente concebido lá atrás em 1957 a partir da fundação da Fairchild Semiconductor - continuou a crescer mais e mais [12]. Sua cultura e a sua forma de fazer tecnologia começou a se espalhar pelo mundo, principalmente o Brasil.

Atualmente estamos vivendo a era dos Unicórnios. As evidências mostram que estamos revivendo momentos da bolha de 2000, vídeo as aquisições e investimentos exorbitantes de empresas que não geram rentabilidade real, se focando em crescimento e não em sustentação. A pergunta é: estamos vivendo uma nova bolha? A bolha dos Unicórnios?

A Bolha dos Unicórnios

Para o Brasil tudo é muito novo. Não estamos acostumados a trabalhar em empresas que têm seu valor de mercado acima dos USD$ 1 bilhão. Essa é uma nova realidade e, não se engane, todos estão se acostumando. Se lá fora os Bancos e os Venture Capitals nadam de braçada em oportunidades, reais ou não, aqui ainda é muito difícil que os grandes Bancos invistam em empresas de tecnologia, embora bancos e investidores estejam cada vez mais se aventurando.

O Itaú tem iniciativas na área, como o Cubo, que em parceria com a Redpoint eVentures, serve como uma centralizadora de empreendedores, investidores e grandes empresas, de forma que oportunidades sejam fomentadas. O Itaú também comprou a Zup, uma empresa mineira de tecnologia e transformação digital[ITAÚ Unibanco compra Zup Serviços em Tecnologia por $R575 milhões. Valor, 2019. Disponível em: https://valor.globo.com/financas/noticia/2019/10/31/ita-unibanco-compra-zup-servios-em-tecnologia-por-r-575-milhes.ghtml. Acesso em 22 set. 2022.]. A própria Locaweb, que é uma grande empresa de tecnologia base a$ 1.3 bilhão [13]. Fechando 2020, ela ficou entre as ações (smallcaps) que mais se valorizaram, acumulando algo em torno de 600% [14]. A Locaweb tem como principal plano de crescimento a aquisição de várias empresas de tecnologia, atuando em duas principais vertentes: SaaS e E-Commerce. Algumas das aquisições foram:

Saas:

- All iN
- KingHost
- Cluster2Go

- Delivery Direto

Commerce e Payments:

- Tray
- Tray Corp
- Yapay
- Vindi

Contudo, nenhuma delas é uma unicórnio ainda. O termo unicórnio foi cunhado por Aileen Lee, em 2013. As empresas chamadas Unicórnios valem mais de USD$ 1 bilhão, geralmente antes de abrirem seu capital na bolsa.

A CBInsights tem uma lista de unicórnios pelo mundo: https://www.cbinsights.com/research-unicorn-companies. Você vai perceber que a maioria vem dos Estados Unidos e China (que em Outubro de 2019 ultrapassou os EUA em quantidade de unicórnios [15]. Algumas dessas empresas vêm da Índia e podemos contar nos dedos as empresas brasileiras que fazem parte desse grupo de unicórnios.

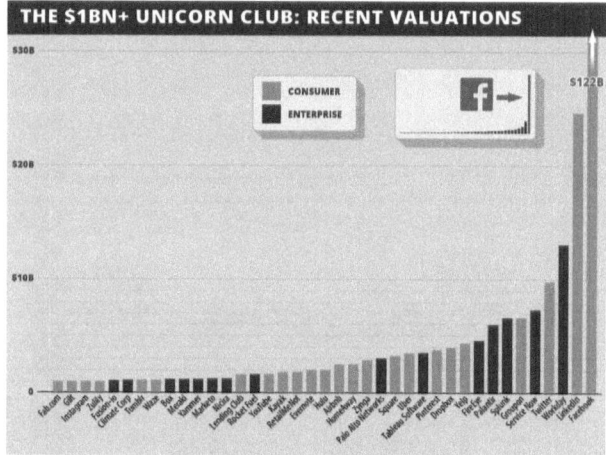

Valuation das principais startups em 2013 - Fonte: https://techcrunch.com/2013/11/02/welcome-to-the-unicorn-club/

Direto da planilha da CBInsights, há dados de 15 unicórnios brasileiros:

Company	Valuation ($B)	Date Joined	City	Industry	Select Investors
QuintoAndar	$5.1	9/9/2019	Campinas	E-commerce & direct-to-consumer	Kaszek Ventures, General Atlantic, SoftBank Group
C6 Bank	$5.05	12/2/2020	Sao Paulo	Fintech	Credit Suisse
Nuvemshop	$3.1	8/17/2021	Sao Paulo	E-commerce & direct-to-consumer	Kaszek Ventures, Qualcomm Ventures, Accel
Wildlife Studios	$3	12/5/2019	Sao Paulo	Other	Benchmark, Bessemer Venture Partners
Loft	$2.9	1/3/2020	Sao Paulo	E-commerce & direct-to-consumer	Monashees+, Andreessen Horowitz, QED Investors
1	$2.15	9/0/2021	Sao Paulo	Fintech	Plug and Play Ventures, Valor Capital Group, DST Global
Loggi	$2	6/5/2019	Sao Paulo	Supply chain, logistics, & delivery	Qualcomm Ventures, SoftBank Group, Monashees
Creditas	$1.75	12/18/2020	Sao Paulo	Fintech	Kaszek Ventures, Amadeus Capital Partners, Quona Capital
Olist	$1.5	12/15/2021	Curitiba	E-commerce & direct-to-consumer	Redpoint eventures, Valor Capital Group, SoftBank Latin America Fund
Movile	$1	7/12/2018	Sao Paulo	Mobile & telecommunications	Innova Capital - FIP, BG Capital Management, Prosus Ventures
iFood	$1	11/13/2018	Osasco	Supply chain, logistics, & delivery	Movile, Just Eat, Naspers
EBANX	$1	10/10/2019	Curitiba	Fintech	FTV Capital, Endeavor
MadeiraMadeira	$1	1/7/2021	Parana	E-commerce & direct-to-consumer	Flybridge Capital Partners, SoftBank Group, Monashees+
Unico	$1	8/3/2021	Sao Paulo	Artificial intelligence	Big Bets, General Atlantic, SOFTBANK Latin America Ventures
CargoX	$1	10/21/2021	Sao Paulo	Supply chain, logistics, & delivery	Valor Capital Group, Lightrock, SoftBank Group

Fonte: https://www.cbinsights.com/research-unicorn-companies

A SoftBank iniciou uma série de rodadas de investimentos em 2019. Eles criaram um fundo com USD$ 5 bilhões para investimentos em startups no Brasil e America Latina [16]. Abaixo, segue uma lista resumida de empresas que tem participação da SoftBank aqui no Brasil [17]:

Empresa	Valor investido	Ano
99	USD$ 100 milhões	2017
Loggi	USD$ 100 milhões	2018
Banco Inter	USD$ 330 milhões	2019
Rappi	USD$ 1 bilhão	2019
QuintoAndar	USD$ 250 milhões	2019
Gympass	USD$ 300 milhões	2019
MadeiraMadeira	USD$ 110 milhões	2019
Olist	USD$ 47 milhões	2019
Buser	USD$ 73,88 milhões	2019
Volanty	USD$ 17 milhões	2019
Creditas	USD$ 231 milhões	2019
VTEX	USD$ 140 milhões	2019

Uma curiosidade: muitas grandes startups (unicórnios ou não) não foram fundadas por brasileiros. Só para citar algumas:

- **Loggi**, fundada por Fabien Mendez, francês;
- **Nubank**, fundada por David Vélez, colombiano. Fundou com uma brasileira e outro americano;
- **CargoX**, fundada por Federico Vega, argentino;
- **Rappi**, fundada por Felipe Villamarin, Sebastián Mejía e Simón Borrero, colombianos;

A Europa não fica atrás nessa guerra de startups como você confere na próxima imagem. Embora a China e os EUA liderem essa lista de empresas ultra valiosas, a Europa tem corrido atrás do prejuízo. Em um artigo da Bloomberg, mostra que a Europa passou os $100 Bilhões em funding de startups no ano de 2021 [18].

E quando se trata de startups em early-stage, a Europa já alcançou os Estados Unidos no último ano, dominando 33% de todo o capital investido globalmente.

Distorção e distopia no mercado de trabalho

Aqui no Brasil ainda estamos nos acostumando em como lidar com esse tipo de fenômeno. O efeito desses grandes investimentos é uma distorção muito grande para ser ignorada e que pode causar distopias permanentes e dolorosas em um mercado que estava crescendo de forma saudável (embora devagar), mas que de repente se viu em uma evolução exponencial.

> *Em segundo lugar, de repente você vê pessoas em profissões tradicionalmente de alto salário (baixo risco), como banco de investimento, consultoria de gestão e direito abandonando o barco e fundando ou ingressando em start-ups. Muito feliz por eles se verem uma oportunidade de "viver o sonho empreendedor", mas eu já vi isso antes e, em muitos casos, infelizmente é apenas um sinal de inveja de todo o dinheiro que dizem ser feito no início - acredite, não é tão fácil quanto parece. — Nicklas Bergman, https://www.forbes.com/sites/cognitiveworld/2019/02/25/tech-startups-is-it-a-bubble-wrap/#2c2fe4306d37*

A cadeia inteira é impactada quando avanços tão grandes acontecem em tão pouco tempo: desde funcionários que saem de suas atuais empresas seduzidos por salários estratosféricos e até a liderança que precisa, em pouco tempo, fazer as empresas crescerem de forma acelerada. Os salários para bons desenvolvedores e designers já são relativamente altos pois há uma competição com empresas gringas. Muitos ótimos desenvolvedores e designers que conheço foram para o Canadá, Alemanha, Holanda, EUA e Portugal. É muito difícil competir com uma empresa fora do Brasil por causa do câmbio, além do desejo bastante comum no mercado de tecnologia de morar no exterior.

Ofertas e Salários

Para Product Managers, a procura por empresas gringas ainda é bastante pequena, por ainda haver vagas suficientes e ainda há profissionais que migraram de outras áreas para serem PMs.

A Robert Half, uma grande empresa de recrutamento, faz anualmente uma grande pesquisa de salários em várias áreas do mercado. Uma dessas áreas é a de Tecnologia. Eles dividem os salários em quatro percentis: 25%, 50%, 75% e 95% [19]. Esses percentis foram definidos levando em consideração o nível de qualificação e experiência do candidato, bem como pela complexidade de seu cargo. Leve em consideração que essa pesquisa foi feita entrevistando profissionais de diversas empresas. Infelizmente a Robert Half não cita de quais empresas os profissionais foram entrevistados, então, não dá para dizer se forma de grandes empresas ou se houve uma mistura de empresas grandes e pequenas ou empresas que receberam ou não aportes de investimentos.

A seguir veja a tabela de 2020. Eu adicionei os salários de Scrum Master e Agile Coach apenas para termos algum nível de comparação com uma especialidade próxima:

Job Title	25%	50%	75%	95%
Product Manager (PM)	12.350	16.000	20.650	25.152
Product Owner (PO)	7.750	10.000	12.950	15.720
Scrum Master	7.750	10.000	12.950	15.720
Agile Coach	9.250	12.000	15.500	18.850

Explicando rapidamente como ler Percentis pela própria Robert Half:

Característica	25%	50%	75%	95%
Nível de experiência	Menor que a típica	Experiência média	Mais experiência que a típica	Experiência significativa e altamente relevante
Habilidades e conhecimentos	Necessidade de desenvolvimento para atender às exigências da vaga	Habilidades necessárias	Forte conjunto de habilidades e pode incluir especializações e certificações	Alta especialização, incluindo certificações. Conjunto de habilidades difícil de encontrar

Característica	25%	50%	75%	95%
Complexidade do trabalho/indústria/setor	A posição pode ser em uma área e/ou segmento com baixa competição por talentos ou em uma organização ou departamento menor ou menos complexo	A posição pode ser de complexidade média ou em uma indústria onde a competição por talentos é moderada	A posição pode ser bastante complexa ou em um setor razoavelmente competitivo	A posição é mais complexa ou estratégica; em uma indústria competitiva com grande demanda por talentos

Peguemos como exemplo o Product Owner: Product Owners que foram entrevistados do percentil 25%, que têm pouca experiência na área e que precisam se desenvolver na responsabilidade, recebem R$7.750 ou menos. Já os Product Owners do percentil 50%, que têm uma experiência média mas têm as habilidades necessárias para exercer o cargo, recebem um salário de R$10.000 ou menos. Isso nos dá um panorama interessante, veja bem: analisando o percentil 95% dos Product Managers, que mostram os profissionais mais experientes do setor, quer dizer que apenas 5% dos PMs mais experientes têm um salário a partir de R$25.152 e os outros 95% ganham menos que isso.

A Revelo - empresa bastante conhecida no mundo de tecnologia de produtos - também fez um estudo de salários no mercado de tecnologia em 2018 [20]. Uma pena, eles poderiam atualizar esse relatório para compararmos de maneira mais similar com o relatório da Robert Half. Neste estudo da Revelo temos apenas os salários dos Product Owners, divididos por anos de experiência. Fica mais ou menos assim:

Tempo de Experiência Salário

+6 anos	9.276
3-6 anos	7.970
1-3 anos	7.954
0-1 ano	4.353

O Product Owner, geralmente, é tratado como um PM Junior. As empresas entendem que a progressão de carreira de um Product Owner é se tornar um PM. Eu não gosto muito dessa abordagem. Mas, o mercado é um lugar estranho e demora para aprender.

Nada contra ganhar um bom salário, mas não é saudável quando esse salário é totalmente fora do padrão de mercado. Startups investidas geralmente costumam inflar os salários no mercado. Profissionais sem experiência passam a ganhar muito mais do que valem. Não é bom também para as empresas menores (e talvez até melhores que os unicórnios) que não têm o luxo de ter investimentos milionários, mas que precisam contratar profissionais essenciais para sua operação a peso de ouro.

A COVID-19 mostra a realidade

Essa parte do livro está sendo escrita do interior de São Paulo, em Boituva. Eu já escrevi o livro inteiro e a editora está revisando os capítulos escritos. E neste momento o mundo está em quarentena por causa da COVID-19, o novo coronavírus.

Não quero entrar em detalhes sobre o vírus em si, quero falar mais sobre os impactos que ele tem causado. O mundo inteiro está parado e todos os setores da indústria estão sofrendo, principalmente empresas de produtos. A Gympass demitiu 400 pessoas no início de Abril 2020 por causa dos impactos do isolamento social [21]. Uma empresa que vale mais de um bilhão de dólares não conseguiu manter o emprego dos seus funcionários. Isso aconteceu também com a MaxMilhas, que cortou 42% da sua equipe [22]. A C6 Bank também demitiu 8% dos funcionários [23].

Quando eu abri minha empresa, há muito tempo atrás, contratamos um consultor que sempre falava: empresas não quebram por falta de lucro, **elas quebram por problemas de liquidez.** Elas quebram por falta de caixa.

Valuation bilionário é uma coisa, ter caixa é outra. Os investimentos que essas empresas ganham são baseados em dois fatores simples: o que foi entregue até o presente momento e o potencial de entrega que gerará um crescimento futuro. Isso não quer dizer que essas empresas tenham disponível 1 Bilhão no seu caixa. Isso também não quer dizer que elas tem disponível, logo que imediatamente, todo o dinheiro que a imprensa disse que as VCs investiram.

Tento mostrar neste capítulo que saber usar o dinheiro que entra é importante para manter a empresa funcionando em vez de comprar crescimento. Crescer de forma sustentável é uma obrigação de todas as startups. Eu sei que vai totalmente contra a cartilha de gastar dinheiro dos investidores na fornalha do crescimento exponencial. O objetivo deve ser crescer, mas de forma fundamentada e principalmente controlada. É um papo bem careta, mas é tão simples quanto isso.

Às vezes o inesperado pode ser uma pandemia, mas também pode ser um concorrente, ou pode ser a estratégia que não dá mais certo... você nunca vai saber. Mas quando o inesperado (o famoso cisne negro) acontecer, o crescimento vai precisar continuar. Se o crescimento depende de um fluxo infinito de dinheiro, algo está errado. Se o crescimento não dá espaço para geração de lucro sustentável e previsível, algo está errado. **O lucro não é o objetivo**

Há um ponto bastante importante, além da distopia causada no mercado pela valorização das empresas com dinheiro infinito: em empresas que receberam aportes astronômicos, o importante não é gerar lucro, mas crescimento. O investimento recebido não é para montar o futuro, pelo contrário, ele deve ser usado para garantir que a visão de futuro seja trazida para o presente e isso não quer dizer que a estrutura precisa ser forte e à prova de balas. A empresa precisa alavancar seu marketshare, criar rapidamente as defesas do seu "império", dificultando a competição dos concorrentes já existentes e desestimulando a entrada de novos possíveis players.

Mas até aí, a essência de qualquer startup é crescimento. A diferença entre uma startup e o resto das empresas é que ela é feita para crescer rápido. E para crescer rápido, ela deve ser leve, se desvencilhando de burocracias, se livrando de pesos como times inflados, entregas demoradas e planos de longuíssimo prazo. Qualquer coisa que uma startup se envolva nos seus primeiros anos, deve objetivar a potencialização do seu crescimento, nada mais.

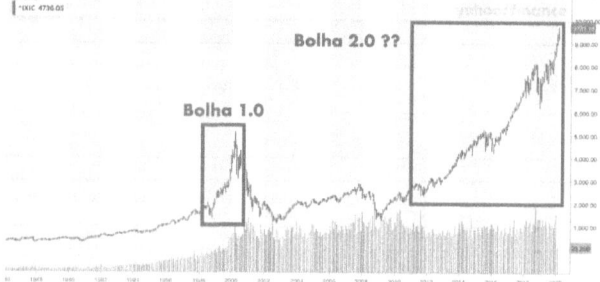

Índice Nasdaq. Será que estamos entrando em uma segunda bolha? https://tinyurl.com/nasdaq-bolhas

Isso quer dizer que uma startup não precisa, de forma nenhuma, fazer caixa neste tempo. Ela já tem disponível uma fábrica de dinheiro dos investidores para se preocupar exclusivamente com o crescimento da sua base de usuários, marketshare e construção de serviços e produtos.

Veja o Nubank, que estando em uma fase de crescimento progressivo, informou em Janeiro de 2020 que atingiu o número de 20 milhões de clientes [24].

Entre os meses de janeiro e junho de 2018, o prejuízo era de R$51 milhões. Ao todo, ela fechou o ano de 2018 com prejuízo de mais ou menos R$100, 3 milhões. Em 2017 foi uma perda de R$ 117 milhões. O prejuízo acumulado nos 5 anos de vida da Nubank somavam algo em torno de R$ 380 milhões [25].

"Nosso resultado líquido é diretamente ligado ao nosso ritmo de crescimento: escolhemos investir, crescer e oferecer serviços a mais pessoas. Se o Nubank tivesse mantido o ritmo anterior, o resultado ajustado de 2019 seria positivo – mas, de novo, se trata de escolhas" — Gabriel Silva, VP de Finanças da Nubank. Fonte: https://blog.nubank.com.br/balanco-nubank-2019/

Em 2019, entre os meses de janeiro e junho do ano de 2019 o Nubank viu sua receita praticamente dobrar em relação ao ano anterior, saindo de R$ 503 milhões e indo para R$ 1 bilhão [26]. Mas neste mesmo período, o prejuízo foi de R$139 milhões. A Nubank reportou no dia 26 de fevereiro de 2020 um prejuízo total de R$312,7 milhões. No primeiro semestre de 2020 ela fechou com um prejuízo muito menor: R$95 milhões, uma queda de 32%.

Só para dar outro exemplo com uma empresa (que talvez nem podemos chamar de startup) que até então está operando no prejuízo em seu primeiro ano de vida é a C6 Bank. Eles operaram o ano de 2019 tendo um prejuízo líquido de R$186,9 milhões por conta de investimentos no seu aplicativo e na evolução dos seus produtos e serviços [27]. Em 2020 foi injetado mais R$525 milhões de dinheiro novo no banco [28].

Como o Gabriel Silva da Nubank disse, eles estão escolhendo investir para crescer. Essa é a decisão que praticamente toda Startup faz: elas preferem comprar crescimento.

Comprar fidelidade ou crescimento?

Embora a Nubank (Amazon e outros) tenham escolhido comprar crescimento, eles conseguem o que poucas startups conseguem: clientes fiéis. Pelo menos é o que seu marketing transparece para o público. Contudo, nem todas as startups conseguem essa façanha: geralmente elas precisam optar por comprar crescimento em detrimento de fidelidade. A fórmula é simples:

- CAC > LTV: investimento em crescimento de usuários.
- CAC < LTV: investimento em engajamento e retenção.

Há uma fase da startup onde você precisa ter um crescimento de base de usuários e também de marca. Isso é necessário para que a empresa cresça e se fortaleça rápido. Essas empresas geralmente rodam com o CAC muito maior que o LTV. Essa é a formula de crescimento. Isso é normal, exatamente por que no início você precisa gastar mais dinheiro para trazer usuários e então fazer a roda girar com os usuários que provavelmente ficarão na plataforma. Essas empresas compram crescimento em vez de comprar sustentabilidade.

Contudo, comprar crescimento não é ruim em curto e médio prazo. O problema é quando as empresas se estruturam contando que esse dispositivo ficará ativo para sempre. Startups, por ter menos "o que carregar", são mais leves do que empresas que tentam fazer crescimento tradicional e mais racional. Estas empresas levam mais tempo, pois querem mitigar riscos, mas isso gera perda de velocidade de crescimento. A ideia, então, é crescer rápido, mesmo que isso signifique assumir riscos e débitos no meio do caminho. As melhores startups conseguem fazer bem essa moderação de risco *versus* débitos. Mas o comum é que você entre numa startup de alguns anos de vida e comece a trabalhar em enforcamento de legado, quebra de monólito e coisas desse tipo. Além disso, há uma vantagem nesse jogo: a startup pode se tornar um líder de escala. Em um jogo onde o vencedor leva tudo, chegar em primeiro é SUPER importante, mesmo que isso signifique ter que fazer reformas profundas no futuro.

Fuja da repetição de negócio

Simon Sinek, em seu livro *Comece pelo porquê*, chama a prática de comprar crescimento de **manipulação**. Isso inclui qualquer tipo de promoção, oferta, cupom, incentivo que tente influenciar a todo custo o comportamento dos usuários a fazerem mais negócios no seu serviço por puro impulso. Essas manipulações, no curto prazo, dão bastante certo, aumentando o número de negócios que os usuários fazem, mas não é tão efetivo para aumentar o número de usuários fiéis. Quando esses incentivos acabarem, quantos usuários ficarão realmente usando o seu produto? Quantos usuários ficarão dependentes dessas manipulações e só serão ativados novamente se houver novos incentivos? Essa manipulação, muitas vezes, se traduz em insistências que minam a imagem e a marca da empresa. Veja o exemplo da próxima imagem:

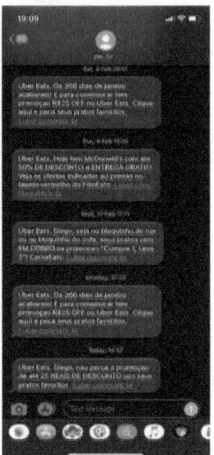

Exemplo de manipulação (e encheção de paciência) de uma dessas empresas. Um exemplo de como queimar dinheiro para fazer com que o usuário faça pelo menos uma utilização na plataforma. (Imagem do flood de SMS do UberEats foi gentilmente cedida pelo Diego Almeida.)

"Há uma grande diferença entre a repetição de um negócio e a fidelidade. Repetição de negócio é quando pessoas fazem negócio com você várias vezes. Fidelidade é quando elas estão dispostas a abrir mão de um produto melhor ou de um preço melhor para continuar a fazer negócio com você. Clientes fiéis muitas vezes nem se dão o trabalho de pesquisar a concorrência ou considerar outras opções. Não é fácil conquistar fidelidade. Mas a repetição de negócios, sim. Bastam mais manipulações." — Sinek, Simon. Comece pelo porquê. Sextante. Kindle Edition.

As manipulações são ótimas para criar crescimento acelerado, mas ruins para fidelizar clientes. Elas se transformam em uma prática enraizada na estratégia da empresa, o que se torna muito difícil de se desvencilhar em médio e longo prazo.

Essa próxima imagem foi feita pela Greylock Partners (uma VC bem respeitada) que mostra como o Uber subsidia as unidades do seu negócio:

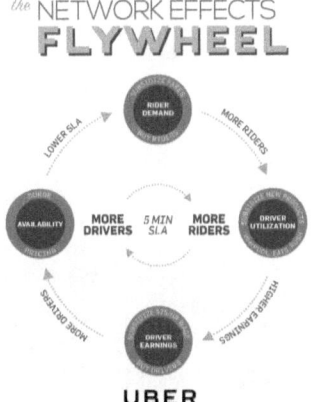

Exemplo de efeito de rede ou "flywheel" do Uber - Fonte: https://news.greylock.com/why-uber-won-5598a2a66561

Nessa imagem, temos um flywheel que mostra a essência do negócio do Uber. O Flywheel também é conhecido como Efeito de Rede. Nesse do Uber, é mostrado como existe uma sinergia direta com quantidade de motoristas, demanda de passageiros, disponibilidade e ganhos para o negócio.

Veja que no início (e às vezes por tempo indefinido) a empresa precisa subsidiar muito as fases do negócio para que com o tempo essas unidades funcionem sozinhas. É como aquele tranco no carro com a bateria arriada ou como ligar uma serra elétrica.

"Na próxima era, crescer será o caminho para a lucratividade. Alavancar capital será o caminho para alavancar pessoas e produtos. Focar será um movimento de balanceamento de receita. O centro da gravidade irá expandir a partir do financeiro para o estratégico. — Simon Rothman, https://news.greylock.com/why-uber-won-5598a2a66561"

É necessário que as empresas encontrem uma forma sustentável para escalar seus modelos de negócio. O pessoal da Greylock Partners fala uma coisa muito importante sobre isso: comprar engajamento e retenção, com foco em médio e longo prazo, não impressiona muitos investidores no curto prazo, mas com certeza vai criar uma empresa forte e verdadeiramente fundamentada durante seus próximos anos de vida.

"Quem está acostumado a ver balanços de bancos talvez estranhe o fato de uma instituição financeira não gerar lucro, mas isso é consequência do crescimento, e esperado. O lucro poderia chegar amanhã, se decidíssemos que este é o momento. Mas não é. Crescer de forma sustentável e, portanto, não gerar lucro neste momento, é uma escolha do Nubank." — Nubank, https://blog.nubank.com.br/nubank-divulga-seu-balanco-financeiro-um-semestre-incrivel/

Essa característica absurda de queimar pilhas de dinheiro em busca de crescimento sem foco na rentabilidade não é uma característica apenas da Uber. Basicamente todas as startups unicórnios rodam dessa forma. Quem nunca recebeu notificação de descontos do Rappi, viagens grátis na 99? Algumas das empresas mais bem sucedidas do mundo tem a estratégia de inflar, dominar mercado e só bem depois de se estabelecer, gerar lucro. O próprio Twitter só começou a registrar lucro depois de 12 anos da sua criação [29].

IPOs de empresas com prejuízo *
Nos EUA (em % do total)

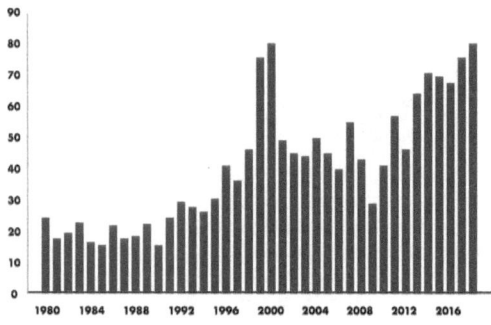

* Nos 12 meses anteriores à oferta de ações

Fonte: IPO statistics for 2018 and earlier years/Jay R. Ritter   BBC

Fonte: https://www.bbc.com/portuguese/geral-49858418

Neste artigo [30], a BBC mostra a quantidade em porcentagem de IPOs que aconteceram a partir de 1980 de empresas com prejuízo. Se você perceber, nos anos mais atuais, a quantidade de empresas que não geram caixa e entraram na bolsa é muito semelhante aos anos 2000, que foi quando houve o estouro da bolha ponto-com.

> *"Elas valem tanto primeiro porque as pessoas que investem nessas empresas acreditam que elas tenham potencial para gerar muito dinheiro no futuro e, mais importante, porque elas acreditam que podem vender (sua participação) para outra pessoa por um preço ainda mais alto", escreveu à BBC News Brasil o professor da Universidade de Nova York (NYU) Aswath Damodaran, https://www.bbc.com/portuguese/geral-49858418*

Esses investimentos exponenciais têm um preço. Da mesma forma que a bolha dos anos 2000 foi formada com a ajuda de especulações de ganhos futuros, é possível que uma segunda bolha esteja sendo criada exatamente da mesma forma que a bolha dos anos 2000. Mas essa nova bolha envolve mais dinheiro e tem um impacto bem maior, dado que as empresas envolvidas não estão só centralizadas nos EUA como anteriormente, pelo contrário: como vimos antes neste capítulo, os VCs (Venture Capitalists) estão injetando dinheiro em startups no mundo inteiro, em especial o Brasil, Canadá, China e India. Além disso, essas empresas não trabalham apenas com internet e web, elas modificam o comportamento rotineiro das pessoas.

Neste próximo gráfico, Jesse Colombo, analista econômico, compara o gráfico de crescimento da Nasdaq em relação com as negociações de investimento (USD$100 milhões ou mais) de VCs no mundo todo, desde 2007 até 2018 para investimento em startups:

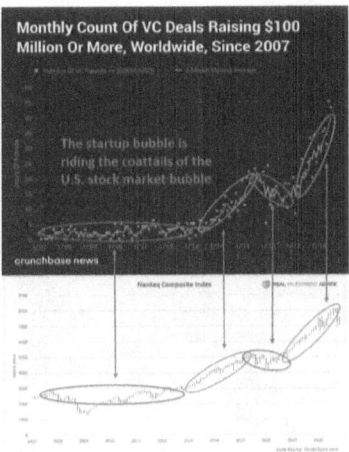

Correlação do índice NASDAQ e investimentos de Venture Capitalists - Fonte:
https://realinvestmentadvice.com/the-startup-bubble-is-a-derivative-of-the-stock-market-bubble/

Infelizmente eu não consegui encontrar um gráfico mais atualizado do Crunchbase para fazer uma comparação mais atual. Contudo, você pode verificar neste artigo os números mais atualizados (até segundo quarter de 2019) sobre os investimentos em startups no mundo inteiro [31]:

Por exemplo: falei bastante da atuação bilionária da SoftBank aqui no Brasil. Mas olha só o gráfico de ranking das VCs, que mostra que em 2019 a SoftBank fica em último lugar - empatada com Sequoia Capital India/China e Qiming - no número de rounds de investimento que participou globalmente no Q2 2019.

Most Active Lead Investors In Early And Late-Stage Rounds For Q2 2019, Globally

■ Count Of Rounds

Investor	Count Of Rounds
Tiger Global Management	16
Accel	12
Tencent Holdings	12
Insight Partners	12
Andreessen Horowitz	11
Intel Capital	11
New Enterprise Associates	9
Sequoia Capital	9
Northpond Ventures	8
SoftBank	8
Bessemer Venture Partners	8
Qiming Venture Partners	7
Sequoia Capital India	7
Sequoia Capital China	7
SoftBank Investment Advisers	7

crunchbase news

Investidores mais ativos até 2019 - Fonte: https://news.crunchbase.com/news/the-q2-2019-global-venture-capital-report-a-market-gone-sideways/

Outro assunto muito importante e que eu não estou me aprofundando aqui é o impacto que esse tipo de "progresso" traz para as cidades e as pessoas "comuns". Veja por exemplo o problema de gentrificação de São Francisco, na California [32]. O Vale do Silício sempre atraiu muitas novas contratações além das migrações que acontecem entre as próprias empresas do local. Os salários altíssimos pagos para os funcionários dessas empresas geraram uma super valorização dos aluguéis e preços de produtos de consumo rotineiro. O que acontece é que pessoas "comuns", ou seja, que não trabalham em empresas multibilionária, não tem cacife para se manter em uma cidade de alto custo. Pessoas que moravam há anos em São Francisco estão sendo praticamente expulsas por causa do contexto e ambiente financeiramente agressivo que foi criado. Será que isso pode acontecer em grandes cidades brasileiras como São Paulo, Belo Horizonte ou Rio de Janeiro?

Investidores adoram crescimento. O dinheiro dos aportes de investimento é queimado para dar tração à empresa. A ideia é que os fundadores mostrem para os investidores que a empresa tem potencial de crescimento rápido, aumentando e acelerando a aquisição de usuários, volume de transação e também expansão geográfica. A matéria prima de startups é a sua base de usuários. Essa base de usuários deve ser grande o suficiente para praticar manobras de crescimento e domínio de mercado. Como veremos nos próximos capítulos, o problema é que crescimento rápido se tornou um proxy de sucesso.

As startups estão resolvendo problemas e necessidades de mercados complexos. Problemas que convivíamos durante muito tempo, sob regras e restrições controladas pelas empresas convencionais. As grandes startups quebram o status-quo, explorando novas maneiras de fazer os mercados funcionarem a fim de trazer mais vantagens para seus clientes e usuários.

Elas são chamadas de Tech Companies justamente por tentarem mudar um mercado já existente por meio da tecnologia, deixando os serviços tradicionais mais acessíveis, com regras mais claras e experiências mais confortáveis para as pessoas. As Tech Companies resolvem problemas difíceis por meio da tecnologia, explorando gaps e oportunidades escondidas que empresas tradicionais até sabem que existem, mas não tem agilidade de explorar da maneira correta.

Você, como um Product Manager, precisa entender os contextos de negócios em que esses novos tipos de empresas têm mergulhado. Saber quais são os caminhos alternativos explorados, que tragam segurança e crescimento rápido para o negócio ao mesmo tempo que resolve um problema do mercado e dos usuários. E para isso, podemos usar um conceito velho, mas muito simples chamado *Golden Circle*, que vamos ver a seguir.

Por que o seu produto existe?

Em sua palestra no TED, Simon Sinek diz que grandes líderes e grandes empresas - aqueles que realmente sabem impactar as pessoas, fazendo essas pessoas mudarem de opinião e lutarem por suas causas e defenderem suas marcas - se comunicam exatamente da mesma maneira.

Muitas empresas conseguem entender claramente **o que** elas fazem. Descrever os produtos e serviços que são entregues para o mercado é uma parte que praticamente 100% das empresas e seus funcionários sabem explicar. Já a forma **como** isso acontece, somente algumas empresas conseguem explicar. O **como** seria a proposta de valor entregue para os seus clientes. Em muitas empresas nem existe uma proposta de valor. E pouquíssimas empresas e seus funcionários sabem explicar **por que** elas fazem o que fazem. E é aqui que criamos a verdadeira diferença entre nossa empresa e o resto do mundo.

Trazendo isso para nossa realidade de Produtos Digitais: o Produto que você ajuda a construir é um **meio** para um fim. Pense que o **por que** é o tema que dita todos os comportamentos e iniciativas da empresa e consequentemente do Produto. Assim como os filmes têm um tema central (ação, romance, comédia), a empresa precisa ter um tema (por que), para que todo o resto seja coerente.

O exemplo clichê: Apple

É um clichê enorme usar a Apple como exemplo. Mas seus produtos e sua fama são conhecidos por todos, seja cliente ou não cliente, as pessoas são impactadas pela sua mensagem. Esse impacto acontece, porque seu discurso é diferente da concorrência. A maioria das empresas que vendem computadores e gadgets faz um discurso parecido com este:

Golden Circle incompleto

E é mais ou menos assim que empresas tentam se comunicar com seus clientes e também pessoas tentam se relacionar: nós dizemos o que nós fazemos e como fazemos, mas não dizemos por que somos melhores ou diferentes dos outros.

A Apple (e pessoas que são grandes líderes) agem de uma forma um pouco diferente, mas que faz toda a diferença:

Exemplo do Golden Circle da Apple

Pessoas não compram o que você vende, mas o motivo pelo qual você vende. Depois que as pessoas entendem isso, você não perde tempo tendo que criar subterfúgios para que elas olhem para o seu produto. O **Porquê** deve direcionar tudo o que a empresa e o time de produtos faz, caso contrário, há uma boa chance de os times não terem um alinhamento claro sobre onde elas devem focar seus esforços. Todas as decisões, seja uma funcionalidade ou até um reposicionamento de mercado, deve partir de **por que** fazemos o que fazemos.

Eu gosto bastante do Golden Circle, porque ele é uma simplificação eficaz do principal problema que muitas empresas enfrentam atualmente, independente do tamanho. Muito por isso, várias dessas empresas correm desesperadamente para fazer suas "transformações digitais", para entender como elas podem causar uma "disrupção" no mercado. Elas acham que implementar métodos ágeis e contratar um time inteiro de produtos digitais, rodar usando Squads e fazer confraternizações offsite vão realmente causar um impacto profundo. Isso tudo é cosmético caso a empresa e seus funcionários não entendam o **porquê**.

Quem?

O Golden Circle é uma maneira de descobrir o propósito da empresa (e do produto) e como você alcança aquele propósito. Quando eu trabalhava na Jüssi, em um planejamento de reposicionamento da empresa, usamos um Golden Circle modificado. Nele, inserimos mais uma camada de WHO (quem), além das de WHY (por quê), HOW (como) e WHAT (o quê).

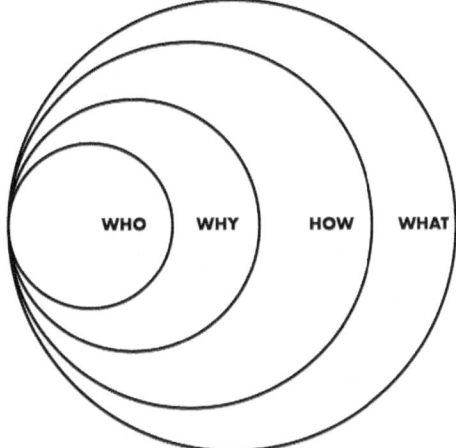

Golden Circle Modificado acrescentando a camada de WHO

- **Who:** Quem você quer atingir? Pessoas, empresas, mercados...
- **Why:** Por que existir? Para que fazer isso? Por que fazermos o que fazemos?
- **How:** Qual o processo usado? Como você executa o *why*?
- **What:** O que você oferece? Qual o seu serviço? O que vai disponibilizar? O que vai produzir? O que vai criar?

Quando eu dirigia a área de Produtos Digitais da Jüssi, fizemos um exercício para definir nosso Golden Circle. Segue o resultado:

Golden Circle da área de Produtos Digitais da Jüssi

- **WHO:** Negócios e Pessoas;
- **WHY:** Potencializamos resultados;
- **HOW:** Impactando positivamente empresas e pessoas com cultura de produtos digitais;
- **WHAT:** Criando e entregando produtos e serviços por meio de Design e Tecnologia, otimizados por Processos Ágeis.

Entender **quem** você quer impactar ajuda na tomada de decisão e nas customizações que você deverá fazer para impactar os diferentes públicos da forma correta. Não entender quem você impacta é enxergar apenas uma parte do propósito. Nem todas as soluções fazem sentido para todas as pessoas.

Sugiro fortemente que você leia o livro que já mencionei, do Simon Sinek, o *Comece pelo porquê*. Eu estava com expectativas muito baixas quando comecei a ler o livro, achando que ele usaria duzentas páginas para explicar o simples conceito do Golden Circle. Mas eu tive uma incrível surpresa sobre como o livro é profundo, gerando vários insights. Sim, o livro poderia ter a metade do tamanho, contudo, ele apresenta um conceito muito importante para que qualquer Product Manager entenda profundamente a essência do produto que está trabalhando atualmente ou na gestão de produtos posteriores.

Diferenças entre disrupção e inovação

Algumas palavras foram tão banalizadas no mundo de produtos e tecnologia que às vezes elas só fazem sentido em piadas pejorativas sobre coaches quânticos. Esse é o caso das palavras disrupção e inovação. Você já deve ter participado de várias entrevistas em empresas que se diziam estar *"disruptando"* o mercado ou eram *direcionados pela inovação*.

O significado original da palavra "disrupção" foi dada por Clayton M. Christensen no artigo *Disruptive Technologies: Catching the Wave* [33]. O significado é relacionado a como uma empresa pode usar a tecnologia para mudar um produto ou um serviço já existente, superando as empresas que anteriormente já estavam neste mercado e que poderiam ser líderes no setor.

No artigo (que eu recomendo fortemente que leia), Christensen fala muito sobre como as empresas que inicialmente mudaram mercados, perderam o momento de *disrupção*, por estarem focados nos clientes e produtos atuais, não dedicando atenção necessária para criar novos produtos, serviços ou tecnologia que realmente iriam liderar o mercado em anos posteriores. Foi assim com a Apple, que, embora tenha sido uma das primeiras empresas a dominarem o mercado de computadores pessoais (desktops), perdeu o *timing* de mercado dos notebooks.

Se você pensar muito rápido, pode achar que disrupção e inovação são a mesma coisa. Toda disrupção contém inovação, mas nem toda inovação é uma disrupção. A disrupção quebra paradigmas, resolve problemas existentes e cria novos. Geralmente nós usamos a palavra disrupção de uma maneira muito abrangente e genérica, o que faz confundir com inovação.

"No entanto, disrupção recentemente se metamorfoseou em um jargão autocongratulatório para qualquer coisa que se faz passar por nova e moderna. Esse modismo aparentemente trivial importa porque distorce a autocompreensão de um empresário de uma forma intrinsecamente competitiva." — Masters, Blake. De zero a um . Objetiva. Kindle Edition.

O Uber não é uma empresa disruptiva. Eles certamente transformaram o mercado de táxi no mundo inteiro, mas isso não faz dela uma empresa disruptiva, mas sim inovadora. Christensen diz que *"as realizações financeiras e estratégicas da Uber não qualificam a empresa como disruptiva - embora a empresa quase sempre seja descrita dessa maneira."* [34]. Ele cita dois motivos pelo qual a Uber não é disruptiva:

• As inovações disruptivas são originárias de uma base de produtos/serviços baratos ou de novos mercados;
• As inovações disruptivas não alcançam os clientes comuns até que a qualidade atinja seus padrões;

É interessante saber que a tecnologia inova muito mais rápido do que a capacidade que as pessoas têm de consumi-la, seja por causa de expectativas não alcançadas ou por que os produtos não chegaram no nível de preço acessível ideal para consumo.

Contudo, eu ainda queria adicionar que a ideia de disrupção não é apenas lançar no mercado um novo produto mais barato, com menor custo e com mais tecnologia, mas sim quebrar o que antes se conhecia, criando uma nova realidade. A partir do momento que uma disrupção nasce, ela muda o comportamento e a forma de viver das pessoas. É um caminho sem volta. Tudo se divide no antes e no depois dessa disrupção. Foi assim com microcomputador, com a internet, com o carro e com o choux cream. Uma vez que as pessoas experimentam, elas não sabem mais viver sem.

A inovação geralmente vem com algum esforço, dinheiro e foco. Disrupção geralmente não vem tão fácil assim. A NuBank **inovou** a indústria de cartão de crédito, repensando toda a forma de atendimento, e se focando em fazer o pouco mas muito bem feito tudo aquilo que os grandes bancos e empresas faziam sem tanto esmero. Ela não *disruptou* o mercado de cartões de crédito. Se ela tivesse alcançado a disrupção dessa indústria, nós não estaríamos usando ainda um pedaço de plástico para pagar nosso misto quente.

O Musk inovou a forma de enviar foguetes para o espaço e na produção de carros elétricos. Mas ainda precisamos entrar em caixas de metal, com quatro rodas para sair do ponto A e chegar no ponto B. Se ele tivesse criado o teletransporte, aí sim ele teria *disruptado* o mercado e a vida das pessoas. Nunca mais o setor de transporte seria o mesmo. Nunca mais a sua vida seria a mesma.

Existem boas discussões sobre quais empresas são disruptoras ou inovadores. A Netflix por exemplo, é disruptora ou inovadora? Ela transformou um mercado inteiro. Por causa dela você não paga mais multas por atrasar a devolução dos DVDs (ou fitas VHS, depende da sua idade) na locadora. O YouTube é inovador ou disruptor? Eu não me lembro como ou onde assistia vídeos na internet. Até onde eu sei, não existia um lugar que centralizava esse tipo e conteúdo. A própria TV foi disruptora? O que havia antes dela que deixou de existir depois que ela apareceu? Será que algumas tecnologias são disruptoras apenas do ponto de vista de mudança de comportamento?

Seja como for, seu foco como PM deve ser trazer inovação todos os dias para o produto e consequentemente para o mercado, contudo, você precisa buscar uma disrupção ou pelo menos ficar atento a possibilidades de disrupção. Muitas vezes, PMs e o time de produto têm toda a autonomia para fazer inovações grandes ou pequenas. Mas é muito incomum e raro PMs e times de produto terem tanta autonomia que eles, sozinhos, possam tomar decisões que causem uma disrupção no mercado. Contudo, eles podem ser o estopim para que a empresa enxergue as oportunidades necessárias para direcionar o negócio para algo realmente impactante.

Antes do OKR: SWOT + BSC

Enquanto o Golden Circle se propõe a identificar pontos mais filosóficos e existenciais da empresa, existem duas outras ferramentas que são mais práticas e diretas para materializar a estratégia e o tático de maneira macro e global. O OKR, que você já deve conhecer, se desdobra lá no tático, tendo em vista os objetivos definidos. Esses objetivos são definidos anteriormente à execução do OKR, então, a utilização das matrizes SWOT e BSC, ajudará a empresa a encontrar os objetivos que devem ser atingidos.

Eu não vou entrar no detalhe se as duas matrizes funcionam. Com uma busca no Google e mais 10 minutos de leitura você entende todos os pontos principais.

Nós começamos trabalhando com a SWOT, exatamente mapeando todas as forças, fraquezas, oportunidades e ameaças. Não tem limite de quantos itens você pode listar em cada quadrante. Minha sugestão é colocar do mais importante para o menos importante.

Outro ponto é que essa matriz deve ser atualizada de tempos em tempos. Sua fraqueza não pode ser fraqueza para sempre e seus pontos fortes podem se tornar fracos por causa dos movimentos de mercado e dos concorrentes. Então, é importante ter a disciplina de juntar os líderes para revisar essa Matriz SWOT com regularidade.

Kotler, no seu livro *Administração de Marketing* (Pearson Universidades, 2019), diz que:

- Um negócio ideal apresenta muitas grandes oportunidades e poucas ameaças importantes
- Um negócio especulativo tem grandes oportunidades e ameaças importantes
- Um negócio maduro apresenta poucas oportunidades e poucas ameaças
- Um negócio com problemas apresenta poucas oportunidades e muitas ameaças.

Além da análise externa que a Matriz SWOT já fornece, algumas empresas que gostam de complementar a análise externa SWOT com outra análise chamada PEST+A. Mas aí é uma análise muito mais ligada a fatores políticos e macro-econômico.

Depois de formar um consenso sobre a Matriz SWOT, está na hora de criar iniciativas acionáveis e executivas que tem como objetivo:

- Fortalecer mais ou manter os ítens fortes;
- Fortalecer, mitigar ou acabar com os pontos fracos;
- Transformar oportunidades em pontos fortes;
- Se defender ou remover os pontos que estão em ameaças;

A Matriz BSC (Balanced Storecard) irá ajudar o grupo de líderes a categorizar as iniciativas que terão como objetivo impactar os quadrantes da Matriz SWOT em quatro perspectivas:

- Financeira;
- Mercado;
- Processos internos;
- Pessoas / Aprendizados;

A Matriz BSC é bastante simples de visualizar:

Perspectiva **FINANCEIRA**	Aumento de Receita	
Perspectiva **CLIENTES**	Aumentar retenção	Aumento de engajamento
Perspectiva **PROCESSOS INTERNOS**	Aumento de base cadastrada	Aumento de Tempo de uso/permanência
Perspectiva **PESSOAS / APRENDIZADO**	Entender perfis dos usuários que convertem	Ter visibilidade da jornada do usuário

Matriz BSC

Definindo o grande goal que a empresa quer alcançar com a ajuda da SWOT, colocamos dentro dessas perspectivas os objetivos que devemos alcançar para cumprir com o goal principal.

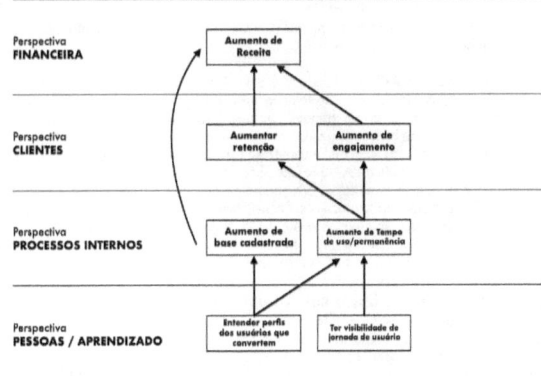

É importante notar que há uma visualização de causa e efeito. O que você aprendeu ou executou em pessoas, precisa refletir na perspectiva de processos, que precisa refletir em entrega de valor para o mercado/clientes, que finalmente precisa se refletir em resultado financeiro. O desdobramento para algo mais tático pode ser feito assim:

OBJETIVOS	METAS	INDICADORES	INICIATIVAS
Perspectiva **FINANCEIRA**	**Aumento de Receita**	Aumentar em 123% a receita bruta	Ticket Médio / Aumento de LTV	Desenvolver uma nova funcionalidade
Perspectiva **CLIENTES**	**Aumentar retenção**	Diminuição de Churn em 23%	Aumento de base cadastrada	Revisão da segmentação de mídia / Criação de funcionalidade mais pedida
	Aumento de engajamento	Aumentar em 30% a quantidade de execução de X tarefa no produto	Quantidade de vezes tarefa X completada	Refazer UI da funcionalidade X
Perspectiva **PROCESSOS INTERNOS**	**Aumento de base cadastrada**	Diminuir tempo de cadastro p/ 30 segundos	Aumento de cadastros completos na semana	Login com redes sociais / Resolver bugs mais críticos / Aumentar fator de compartilhamento
	Aumento de Tempo de uso/permanência	Aumentar quantidade de abertura do app para 3 vezes no dia	Tempo de uso do produto / Quantidade de vezes que executa uma tarefa	Ampliar visibilidade do usuário na rede
Perspectiva **PESSOAS / APRENDIZADO**	**Entender perfil dos usuários que convertem**	Criar 4 perfis de buyers personas	Quantidade de personas criadas	Fazer pesquisa qualitativa com usuários / Criar personas no GA
	Ter visibilidade da jornada do usuário	Taguear tragueamento de eventos na jornada de compra	Quantidade de fases da jornada tagueadas	Criar mapa de tags / Implementar eventos diretamente no Back-end

Desdobramento dos objetivos em metas, indicadores e iniciativas

É aqui que você vê uma semelhança com OKRs, onde temos a descrição das Metas e o acompanhamento dos indicadores.

- **Objetivo estratégico:** O que é crítico para a organização e o que deverá ser alcançado;
- **Indicador:** Qual é o indicador de sucesso que será acompanhado e medido durante a execução?
- **Meta:** Nível de desempenho da melhoria;
- **Iniciativa:** Iniciativas acionáveis ou planos de ação que serão feitos para movimentar a meta e o indicador que farão alcançar o objetivo;

Na Locaweb usávamos OKRs, mas tínhamos o SWOT para guiar nossa visão estratégica. Na Jüssi, em 2019, estávamos no processo de também usar OKRs, tanto para clientes, quanto para estratégias internas. Existem algumas grandes startups brasileiras que usam exatamente esse modelo de SWOT + BSC e são bem organizadas em suas estratégias de curto e médio prazo.

Geralmente gente nova na área acha que o uso desse tipo de Matriz é algo totalmente old school, usado apenas em empresas tradicionais que são direcionadas por objetivos financeiros e que seguem um estilo de gestão mais engessado e antigo. Minha opinião sobre isso é que: 1) tudo, absolutamente tudo é direcionado a objetivos financeiros. Pois é... Capitalismo selvagem. 2) o mercado e a profissão de gestão de projetos está aí há mais tempo do que a maioria dos PMs atuais para provar que não há uma metodologia/ferramenta "errada", mas há aquela metodologia ou ferramenta que melhor se encaixa no estilo da empresa em que trabalha.

Últimas considerações: dinâmicas internas e externas

Todo negócio surge para resolver um problema. No livro *De Zero a Um* (Editora Objetiva, 2014), Peter Thiel diz que uma grande empresa de sucesso precisa descobrir e buscar um segredo. Esse segredo é algo importante e desconhecido pelo resto das empresas e pela maioria das pessoas, e além desse segredo ser difícil de achar (por isso é um segredo), ele é algo difícil de se executar, mas totalmente possível. A quantidade de empresas revolucionárias e incríveis que serão criadas daqui para frente, depende da quantidade desses segredos que ainda existem, mas que se tornam cada vez mais raros ou difíceis de identificar. Se existem muitos segredos para serem descobertos ainda, quer dizer que muitas empresas revolucionárias ainda serão criadas.

As grandes *tech companies* do mundo procuram sempre por esses segredos, que geralmente são gaps e/ou problemas enormes que o mercado e/ou empresas já estabelecidas não resolveram de verdade. Você, como PM, antes de pensar no Produto em si, deve entender profundamente o segredo que a sua empresa está tentando resolver, conhecendo quais os seus objetivos e propostas de valor, pois esse é o fio condutor que causa impacto ao mesmo tempo no negócio e nas pessoas.

Quando você é novo na empresa, invista o tempo que for necessário pesquisando e entendendo as dinâmicas internas e externas da empresa. Não tenha pressa para mostrar seu trabalho. Aprenda tudo o que puder da empresa e dos seus times, principalmente comece a tecer relacionamentos com pessoas chave, que provavelmente ajudarão você a cumprir com seus objetivos futuramente. É hora de ser uma pessoa diplomata e política, estratégica e planejadora.

As **dinâmicas internas** são como as coisas dentro da empresa funcionam. É aqui que você vai configurar seu modo de se comportar. Eu sempre tento pensar nos seguintes pontos:

- Quais os valores, propósito e visão da empresa?
- Os stakeholders seguem esses pontos?
- Os times seguem esses pontos?
- Os gestores, diretores, stakeholders e RH conseguem manter esses pontos como parte da cultura?
- Se eu perguntar para alguém "comum" qual o propósito e visão da empresa, ele saberá me responder?
- Quais os processos e quem são os guardiões desses processos?
- Quem são os principais stakeholders e quais os seus perfis e personalidades?
- Quem conversa com quem, quem tem mais afinidade com quem?
- Quais as intrigas, conflitos de interesse? Ou seja, o Game of Thrones velado.
- Quem tem contato com o usuário final?
- Quem está com excesso de trabalho por estar sendo muito pró-ativo?
- Quem é mais produtivo?
- Quais os problemas de comunicação?
- Como é a dinâmica de comunicação entre as áreas?

É importante entender esses pontos para que você tenha um breve contexto dos pontos fracos e fortes da empresa e quais caminhos você deve percorrer para destravar problemas e ajudar o time.

As **dinâmicas externas** são como as coisas funcionam fora da empresa. Aqui é importante entender se a percepção de fora reflete o que se constrói dentro da empresa. Tento prestar atenção em alguns pontos como:

- Quais as personas que atacamos?
- Essas personas são confirmadas pelos dados da empresa?
- Quais os concorrentes? Os concorrentes veem a gente como concorrentes?
- Quais os canais de comunicação com o usuário?
- O usuário se sente satisfeito com os canais de comunicação existentes?
- Como o nosso marketing expõe o produto e a empresa?
- Como nos posicionamos no mercado? Essa posição foi conquistada de forma deliberada ou nos encaixamos de maneira orgânica?
- O propósito, a visão e os valores são percebidos por nossos clientes?
- Os clientes/usuários dão feedbacks positivos nos canais oficiais e redes sociais?
- Já existe um desenho ilustrando como o serviço da empresa cria uma plataforma?
- Qual o efeito de rede que os serviços da empresa criam?
- Outras empresas estão tentando atingir/solucionar o mesmo objetivo/problema que a nossa empresa identificou?

Concluindo

Empresas incríveis contratam pessoas que acreditam nas mesmas coisas que elas acreditam. Para isso, é necessário que os princípios, valores e o motivo da existência da empresa estejam claros.

Isso atrai talentos que procuram uma causa e não só mais um trabalho. Se as empresas contratam pessoas que não acreditam em um mesmo propósito, essas pessoas trabalharão apenas pelo dinheiro. Se a empresa contrata pessoas que acreditam na sua causa, na sua proposta de valor, no seu **porquê** de existir, então ela contratará também a lealdade das pessoas.

Grandes empresas sabem por que seus funcionários são seus funcionários. Eles sabem por que seus clientes são seus clientes. Poucas empresas sabem o porquê da sua existência e pior, poucas empresas têm funcionários que sabem o porquê da sua existência. É como se fosse um corpo sem alma. Vazio. Sem promessa de que algum dia seja preenchido de verdade. Não passa de uma empresa artificial, com pessoas trabalhando em uma empresa que não conhece suas principais características, sem vontade real de fazer a diferença.

É fundamental que o Product Manager entenda a importância essencial com a cultura e com o real motivo da existência da empresa em que trabalha. Isso vai mostrar ao Product Manager o real valor do serviço percebido pelo usuário. Quando o usuário percebe essa entrega de valor para sua rotina diária, o time de produto e o Product Manager cumpriram com seu principal objetivo. A pergunta então é: onde está o valor do seu produto? Quando ele é entregue? Como ele é percebido?

Construindo um Serviço, não um Produto

Você não é dono das informações que posta no Twitter. Nem das suas músicas no Spotify. Nem dos seus livros no Kindle[35]. Você não é dono de praticamente nada da sua vida digital. Você tem uma licença de uso.

Essa é uma característica de uma época onde o valor não está mais no que se possui. A tecnologia mudou a forma com que lidamos com nossas memórias, nossos filmes e livros prediletos, a forma com que ouvimos música e pedimos comida. Esse é o dilema que vivemos caso a Amazon morresse, para onde vão nossas coisas?[36]

O que é valor no marketing tradicional?

A fundação do Marketing tradicional era de se focar na distribuição e na troca de mercadorias e produtos manufaturados, sendo esta a base do que entendemos por economia: você tem algo para vender, eu preciso desse algo e tenho dinheiro para dar em troca, nós entramos em acordo e saímos felizes ao final do processo. Philip Kotler em seu livro *Marketing 3.0* (KOTLER, P. **Marketing 3.0**) diz que o Marketing 1.0 era muito centrado no Produto, sendo que o principal objetivo do produto industrial era ser distribuído para o maior número de pessoas possível. Por causa disso, os produtos eram básicos. Henry Ford tem uma frase épica que resumia bastante esse pensamento: "O carro pode ser de qualquer cor, contanto que seja preto".

Contudo, na revolução industrial, a qualidade dos produtos aumentou, embora eles continuassem bem básicos, e a distribuição em massa começou a se tornar realidade. Logo, a vontade, o desejo ou a necessidade de ter alguma coisa é o que movia esse processo. O valor então, não estava na "coisa" que foi adquirida, mas em **possuir** essa coisa. Esse sempre foi o trabalho do marketing tradicional: embutir valor no produto em si, seduzindo as pessoas a comprarem esses produtos simplesmente pela necessidade de possuí-lo.

Isso acontecia já por volta de 1920, e é bastante conhecida como economia clássica ou neo-clássica. Foi aqui que basicamente a **sociedade de consumo** nasceu ou pelo menos recebeu mais visibilidade e atenção. Nessa época - e eu diria que até hoje - a medição do status e também da riqueza das pessoas era medida pela aquisição de coisas tangíveis, que são físicas e palpáveis. Não é à toa que ainda medimos e definimos classes sociais - pelo menos aqui no Brasil - pela quantidade de bens que possuem, como TV a cores, rádio, geladeiras, automóveis e assim por diante[37].

Nesse meio tempo, ficou cada vez mais comum embutir valor nos produtos por meio do seu processo de manufatura e distribuição. Aqui, muito foco era dado na forma que o produto era produzido, em quais materiais eram usados, formatos de pontos de venda e tudo mais. Quem nunca achou maravilhoso os bancos de cada Ferrari serem costurados a mão?

A partir de 1950 o marketing se modificou e passou a focar suas decisões nas necessidades e desejos dos usuários. Os pontos de esforços das empresas como vendas, propaganda, gestão e liderança de produtos, precificação e distribuição eram focados em sanar as necessidades e desejos dos clientes. Por isso, pesquisas, análises e entrevistas de campo ficaram mais comuns, focando em entender o comportamento das pessoas em relação ao produto vendido, com o objetivo de vender certo e melhor.

Mas entre 1980–2000 as empresas e os marqueteiros sacaram que o marketing ia além do processo econômico, causando impacto social por meio da mudança do comportamento das pessoas. Em um ambiente que enaltece o consumismo, o marketing molda a opinião e controla o desejo das pessoas, modificando uma sociedade que mede o status pelo preço que se paga nos produtos e que muitas vezes o valor do produto não está em possuí-lo e nem na sua atividade fim, mas em características totalmente intangíveis. Por exemplo, achamos que podemos medir a riqueza e o status de alguém pelo relógio ou pelo carro que essa pessoa possui.

O processo de onde se localiza o valor do produto, seja ele digital ou físico podem ser distribuídos nessas fases:

- Valor em possuir algo;
- Valor na manufatura;
- Valor na distribuição;
- Valor intangível de marca e outros fatores;
- Valor nas necessidades e desejos dos usuários;

Um exemplo de empresa que faz uso de *todos* esses gatilhos é a Apple. Ao lançar um produto, a Apple sempre expõe o processo de fabricação desse produto (fase de manufatura), mostrando todos os materiais raros e complexos que eles usam para produzir desde o parafuso até o corpo do dispositivo. Depois de pronto, esse produto é colocado em uma embalagem maravilhosa e vendido em uma loja que realça ainda mais o design e os materiais do produto (distribuição). Com tudo isso junto, a Apple fez com que as pessoas desejassem seus produtos, criando fãs da marca (valor intangível), porque por meio do design e da tecnologia, eles focam nas necessidades das pessoas (valor nas necessidades e desejos dos clientes).

Mas embora todo o processo esteja embutindo valor no produto final, às vezes até banalizando e diluindo a potência desse processo, será que o valor percebido ainda continua no produto final e nas coisas que possuímos?

O valor está no uso?

Se o valor era colocado nos produtos por meio dos processos de produção, distribuição e manufatura, como o marketing contribuía para agregar mais valor ao produto? É aqui que a discussão começa a ficar muito mais importante, pois o debate vai para um campo que envolve muito mais a utilidade que o produto fornece para as pessoas do que possuir o objeto em si.

> *"O que é necessário não é uma interpretação da utilidade criada pelo marketing, mas uma interpretação mercadológica de todo o processo de criação de utilidade."* — Wroe Alderson - **Service-Dominant Logic & Business Models**. [s.l.: s.n.], 2013. Disponível em: https://www.sdlogic.net/uploads/3/4/0/3/34033484/helsinki_business_model_prsentation_2013.s Acesso em: 24 set. 2022.

Wroe Anderson foi um dos teóricos do Marketing que pregava que o **valor dos produtos estava no seu uso**. Então, o valor não está apenas presente ao adquirir ou possuir o produto, mas principalmente no momento do seu uso, que é onde o usuário realmente percebe que a sua necessidade era atendida (taí o termo "valor percebido").

Com o advento do digital, essa questão fica mais importante e sensível. Quando adquirimos a assinatura do Spotify, nós não estamos comprando as músicas ou os CDs dos artistas, mas nós estamos comprando a **possibilidade de acessar** esse material. O iTunes iniciou sua dinastia ainda com o pensamento de possuir música. Você comprava as suas músicas prediletas por centavos e elas eram suas. Mais uma vez levando a analogia do mundo físico para o digital.

Essa nova forma de pensar no valor tem uma série de pontos escuros, principalmente quando se trata de comportamentos humanos: todo mundo possui algo físico que remete a uma memória afetiva ou por um sentimento de conquista. Isso some totalmente ou em partes quando essa coisa deixa de ser física e está no mundo digital. Suas músicas e livros se perderão com o seu login quando você morrer, se a empresa falir ou descontinuar o serviço.

Contudo, este século tem evidenciado uma mudança grande na vida das pessoas, principalmente da geração dos millenials para a frente, onde possuir coisas começa a ser algo irrelevante, sendo uma tendência sempre ter menos coisas — como carros e casas, por exemplo — fundamentando uma mudança de comportamento, tanto na vida pessoal quanto no trabalho. Os princípios e os valores de vida se transformaram. Se antes comprávamos um carro para sair do ponto A para o ponto B, hoje podemos pedir um Uber. Isso significa que o valor está muito mais no serviço prestado (ir do ponto A para B) do que no produto em si. O produto, neste momento, passa a ser um meio de execução do serviço. Quando compramos uma furadeira, na realidade estamos comprando um (ou vários) furo na parede ou pelo menos a possibilidade de ter furos na parede a hora que quisermos. Nós pagamos pela **possibilidade** não pela **aquisição**.

Aqui, poderíamos entrar em outro assunto bastante complexo sobre as diferenças entre inovação e disrupção. Em um papo com meu amigo Conrado Cotomácio, discutíamos sobre a sutileza dessa diferença. Do nosso ponto de vista, o carro autônomo é uma inovação. Você ainda continua precisando entrar em um objeto de metal com rodas para que essa coisa te leve para os lugares. Mas um sistema de teletransporte é uma disrupção. Ele é um sistema disruptivo pois quebra muitos paradigmas e cria outros. Para citar dois:

1. O carro deixa de existir neste caso. Não apenas o carro, mas o patinete, a bicicleta, o avião, o navio, o trem e qualquer outra coisa que transporte pessoas ou coisas de um lugar pro outro;
2. O tempo de transporte diminui para o mínimo (ou próximo de), isso muda toda o comportamento habitual das pessoas e dos negócios;

Nesse caso, damos mais ênfase para a necessidade de se locomover em vez de ter uma caixa com rodas que transporta pessoas e coisas para os lugares. O teletransporte é uma disrupção porque a forma de se locomover nunca mais será a mesma. Você nunca mais vai querer entrar nunca caixa de metal, usar patinete, bicicleta, patins ou andar a pé... A não ser que você queira fazer essas coisas para se divertir.

Um questionamento interessante: começar uma nova civilização em Marte é inovação ou disrupção?

O valor do seu produto digital está no serviço

Esse pensamento é o que tem dominado grande parte dos produtos digitais. O produto de verdade do Spotify não é sua interface no mobile ou no desktop, mas a possibilidade que ele dá de ouvir as músicas a qualquer momento. E você pode não precisar de um aplicativo no celular para ouvir seu Spotify, dado que os canais, ambientes e momentos para ouvir músicas podem variar.

Logo, é a experiência de usuário que vai definir se você usa Deezer, Spotify, Apple Music, Tildal ou qualquer outro. Aqui o UI e o UX são muito mais relevantes e também o serviço expandido que eles prestam, por exemplo: recomendações, possibilidade de ouvir músicas em qualquer lugar e obviamente o acervo disponível de músicas (que virtualmente será o mesmo).

Geralmente somos apaixonados pela solução e não pelo problema. Neste sentido, o principal erro dos Product Managers é pensar que seu produto é a solução, quando na verdade o seu produto faz parte da solução. Essa é a grande armadilha que muitas pessoas caem.

Nós nos focamos em construir uma solução que resolva um problema específico, mas não temos uma visão macro das coisas. Todo mundo se sentiu gênio quando entendeu que a 99 ou o Uber não queriam substituir os táxis, mas sim modificar a mobilidade urbana. Transformar a mobilidade é um problema muito maior - que se refere como **o segredo** em seu livro *De Zero a Um* - e importante de se resolver, que tem uma série de caminhos alternativos obscuros. Muito por isso patinetes, bicicletas, carros compartilhados e outras alternativas estão nascendo (e morrendo).

> *"Os clientes não compram bens ou serviços: [Eles] compram ofertas que prestam serviços que criam valor.... A divisão tradicional entre bens e serviços está ultrapassada há muito tempo. Não se trata de redefinir os serviços e vê-los na perspectiva do cliente; atividades prestam serviços, coisas prestam serviços. A mudança de foco para serviços é uma mudança dos meios e da perspectiva do produtor para a utilização e a perspectiva do cliente."* — Gummesson, (1995, p. 250–51)

Entender as necessidades dos usuários nunca foi tão importante quanto agora. Deixa de ser só um lema bonito e passa a ser obrigatório. Muito por isso, ter um pensamento User-Centered é crucial para a construção de um produto digital. O User-Centered (Ou UCD - *User-Centered Design*) é uma série de processos e métodos no qual designers e desenvolvedores - além de stakeholders e qualquer outra área que se envolva na construção de um produto digital - que focam diretamente nos usuários e suas necessidades em cada fase do processo, envolvendo o usuário desde o início do conceito e pesquisa até a evolução do produto ou funcionalidade. O objetivo é criar funcionalidades ou produtos que sejam altamente acessíveis, usáveis e principalmente que impactam positivamente os usuários, resolvendo de fato seus problemas essenciais e necessidades.

Neste mundo onde o serviço impera, o valor é e deve ser cocriado com o usuário, envolvendo-o em todo o processo, não apenas no início e nem no fim, mas durante toda a fase de monitoramento e aprendizado. O usuário passa a fazer parte da cocriação completa das soluções que resolverão suas próprias necessidades. Isso acontece quando fazemos *Continuous Discovery*, quando trabalhamos junto com o atendimento ao cliente, quando entendemos quais pessoas o time de marketing irá atingir em suas campanhas.

Mas construir um serviço, em vez de produto, significa que seu olhar deve ir muito além do pedaço de software que está sendo construído. É mais do que tentar materializar o negócio em um aplicativo ou sistema web. É mais do que fazer *Continuous Discovery* para descobrir oportunidades e (in)validar hipóteses. É necessário ter uma visão mais ampla, um pouco mais externa e estrutural.

O Produto como Serviço: Service-Dominant Logic

Nessas metamorfoses que o marketing passou, a definição de valor percebido pelo cliente mudou e o interessante é que o produto em si não é mais o único motivo de relação entre consumidor e empresa. A forma com que os clientes consomem os produtos atuais mudou e o valor agora se encontra na parte intangível do processo.

Logo, o pensamento anterior, onde a relação entre cliente e empresa tinha como ponto principal a geração de valor na troca entre produto que a empresa dava e o financeiro que o cliente devolvia, evoluiu para algo muito mais amplo e com um impacto mais profundo na vida das pessoas e em como elas lidam com seus pertences.

Neste momento, uma forma de pensar chamada *Service-Dominant Logic* prega que o serviço é a nova forma que empresas levam valor para os clientes e seu dia a dia. Neste momento, toda a forma de comportamento de usuário e tratativas de construção de negócio mudam de forma um pouco drástica, ampliando ainda mais o valor percebido do que se entrega.

Os 11 Fundamentos e os 5 Axiomas do S-D Logic

O S-D Logic gira em torno de 11 Fundamentos, sendo que desses 11, 5 são axiomas, ou seja, princípios imutáveis que formam a essência do pensamento:

- **Fundamento 1 / Axioma 1:** O serviço (junção de especializações e conhecimento de rede) é a base fundamental da troca.
- **Fundamento 2:** A troca indireta mascara a base fundamental da troca. Pelo fato dos serviços serem fornecidos por meio de combinações complexas de bens, capital e instituições, a base de serviços das trocas nem sempre é aparente.
- **Fundamento 3:** Os bens (ou produtos, ou mercadorias) são um mecanismo de distribuição do serviço.
- **Fundamento 4:** O conhecimento e as especializações são as fontes fundamentais de vantagem competitiva.
- **Fundamento 5:** Todas as economias são economias de serviço.
- **Fundamento 6 / Axioma 2:** O valor é cocriado por múltiplos players, sempre incluindo o cliente/usuário.
- **Fundamento 7:** Players não entregam valor, mas participam da criação e da oferta da proposta de valor.
- **Fundamento 8:** Uma visão centrada em serviço é inerentemente orientada para o cliente.
- **Fundamento 9 / Axioma 3:** Todos os players sociais e econômicos são integradores de recursos.
- **Fundamento 10 / Axioma 4:** Valor é sempre forma única e fenomenologicamente determinada pelo cliente/usuário.
- **Fundamento 11 / Axioma 5:** Cocriação é coordenada por meio de acordos entre as instituições que formam a rede.

O pensamento anterior, que coloca os bens no centro do processo, tinha os seguintes pontos:

1. A proposta das atividades econômicas é fazer e distribuir coisas que possam ser vendidas.
2. Para serem vendidas, essas coisas devem estar incorporadas com utilidade e valor durante a produção e processos de distribuição e devem oferecer ao consumir um valor superior em relação aos concorrentes.
3. A empresa deve definir todas as variáveis de decisão a um nível que permite maximizar a receita da venda desses bens.
4. Para tirar o máximo do controle da produção e eficiência, o bem deve ser padronizado.
5. O bem pode ser estocado até que haja demanda e deve ser entregue ao consumidor com lucro.

Esse era um pensamento alinhado com a maneira mais rudimentar do método de oferecer produtos aos clientes. Todos esses pontos faziam parte de uma discussão maior sobre onde se encontrava a "utilidade" do que era oferecido ao consumidor.

Já a visão centrada em serviços que o S-D Logic observa seriam:

1. A empresa deve identificar ou desenvolver competências, conhecimento, fundamentos e skills de forma que esses pontos se apresentem como uma vantagem potencial competitiva.
2. Identificar outras entidades (consumidores potenciais) que podem se beneficiar dessas competências.

3. Cultivar relações que envolvem os consumidores no desenvolvimento customizado (cocriação), compelindo de forma competitiva às necessidades específicas de cada cliente.
4. Procurar feedback do mercado por análise de performance financeira da troca a fim de aprender como melhorar o que a empresa está oferecendo aos clientes e melhorar a performance da empresa.

Isso tudo para dizer que o pensamento centrado no serviço não é simplesmente orientado ao consumidor, mas é feito com a colaboração do cliente, tanto por feedbacks ativos dos usuários, quanto pela colaboração e aprendizado por parte da empresa, para adaptar às necessidades de cada cliente.

Adiante, segue uma tabela que mostra o conceito dos níveis de transição entre um pensamento centrado no produto/bem para uma visão de experiência de serviço:

Visão Dominante baseada em Produtos/Bens	Conceito de Transição entre os dois pensamentos	Visão centrada em serviço S-D Logic
Bens ou mercadorias	Serviços	Serviços
Produtos	Ofertas	Experiências
Característica ou Atributo	Benefícios	Solução
Valor imbuído no produto/bem	Coprodução	Cocriação de valor
Valor está na troca	Valor no uso	Valor está no contexto
Maximização de lucros	Engenharia financeira	Feedback e Aprendizado financeiro
Preço	Entrega de valor	Proposta de Valor
Sistemas equilibrados	Sistemas dinâmicos	Sistemas complexos adaptativos

Valor em possuir

Valor no uso

O pensamento centrado no serviço implica que o valor seja definido por uma cocriação com o consumidor em detrimento ao valor incorporado no produto

Esse marketing centrado no serviço tem como base principal o relacionamento entre os "atores" que participam dessa rede que se forma no processo de construção de serviço, por exemplo, o consumidor, a empresa que presta o serviço e outras empresas que ajudam esse serviço a se manter.

Nesse caso a empresa não está sozinha, mas ela representa um relacionamento intrincado entre outros atores que juntos trazem valor para o cliente, cada qual com sua especialidade e conhecimento sobre uma parte do negócio. Nesse caso, a ênfase está mais ligada aos aspectos intangíveis da entrega de valor por meio do serviço, não produto final.

Ecossistema de serviços que são oferecidos ou estão diretamente associados à experiência de viajar.

Exemplo de ecossistema de serviços que são oferecidos ou estão diretamente associados à experiência de viajar

O *Service-Dominant Logic* (S-D Logic) propõe que a forma de trabalhar deve ser mais abrangente, criando um ecossistema, integrando produtos com serviços, fornecendo uma estrutura mais interessante para o desenvolvimento tanto das empresas e dos clientes, mas também do marketing em si.

Nessa lógica de pensar, o valor é cocriado por todos e entregue ao usuário e para o próprio ecossistema de rede de serviços.

Essa integração cria um ecossistema de serviços que o Lusch e Vargo (idealizadores do S-D Logic) definem como "sistema autoajustado e autocontido conectado por atores de recursos integrados, compartilhados por acordos institucionais de criação mútua de valor por troca de serviços." (Lusch, R.F. and Vargo, S.L. (2014), Service-Dominant Logic: Premises, Perspectives, Possibilities, Cambridge University Press, Cambridge.)

Ciclo de cocriação por Lusch e Vargo

Em uma publicação do Harri Jalonen [38], ele mostra como as redes sociais podem ser uma rede de cocriação de valor integrando patrocinadores, entidades de esporte e fãs:

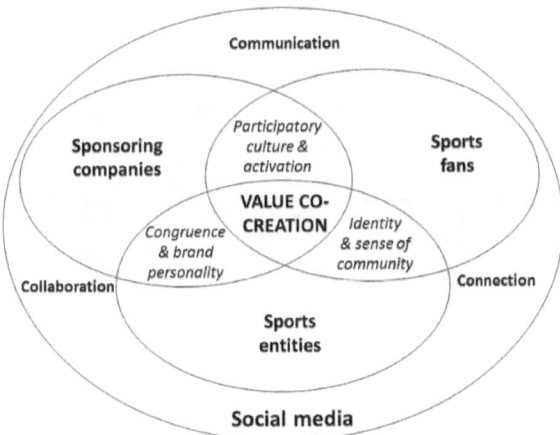

Mas como isso funciona em produtos digitais?

Produto como um meio e não o fim

Depois de toda essa conversa, podemos dizer (o que já era óbvio) que o produto "final" do Spotify não são seus aplicativos, nem tão pouco as músicas que você ouve. O desejo/problema que precisa ser resolvido que é "queremos ouvir música com mais conforto, sem burocracia, de forma legal e em qualquer lugar" é resolvido pelo Spotify, que dá o **meio de acesso** às músicas, possibilitando ouvi-las em qualquer lugar.

Desejo / Problema
Usuários querem ouvir música, com mais conforto, sem burocracia, em qualquer lugar

Solução
Meios de acesso às músicas desejadas mediante mensalidade

Proposta de valor entre Spotify e Usuários

Ainda temos aqui aquela máxima do pensamento antigo onde alguém oferece algo e os clientes dão algo (geralmente dinheiro) em troca. Mas perceba que neste caso o cliente não tem de volta um "bem", como um CD ou até um arquivo digital (MP3), mas sim o acesso ao serviço. O produto é usado como um **meio de levar a experiência** para o usuário e não como produto final. Você não paga a mensalidade para ter acesso ao Aplicativo do Spotify, mas acesso às músicas.

Desejo / Problema
Querer ler livros com mais
rapidez, a qualquer momento e
em qualquer lugar.

Solução
Dispositivos e softwares que
possibilitam a leitura de ebooks,
dando acesso instantaneo após a
compra.

Proposta de valor entre Amazon Kindle e usuários

O pensamento de ter uma visão baseada em serviços em vez de produtos veio do marketing, mas no mercado de produtos digitais, toda essa ideia tem o nome de **Service Design**, onde desenhamos o fluxo de jornada de serviço como um todo, onde o produto digital é apenas parte de uma jornada maior.

Concluindo

Esse discurso de foco no serviço nos abre um horizonte que mostra que solucionar as necessidades dos usuários não depende apenas de um pedaço de software, mas de uma integração maior de soluções entre a empresa que faz a interface direta com os usuários (geralmente empresa do produto) juntamente com outros atores (empresas, instituições, organizações e pessoas).

Esse pensamento transforma a empresa que fornece o meio (produto) em uma plataforma onde outros negócios, empresas e pessoas irão se apoiar para criar suas próprias soluções e oportunidades de negócio. Ter uma visão de plataforma é o caminho natural a partir de uma visão de serviço, além de ser bastante comum desde os primórdios, principalmente entre as empresas de tecnologia e startups do vale do silício. Vamos falar sobre isso a seguir.

Produto como Plataforma

Sejamos francos, existem duas épocas claramente distintas na humanidade: o antes e o depois do mp3.

O mp3 é um formato de áudio digital desenvolvido na Alemanha no final de 1980. A ideia era que as pessoas tivessem um formato que possibilitasse ouvir músicas em alta qualidade, mas com um arquivo digital muito pequeno, de forma que você pudesse ter todas as suas músicas no formato digital, em vez de milhares de pilhas de CDs.

Depois que o mp3 surgiu, ele se transformou em um fenômeno. Aqui no Brasil (e no mundo), aparelhos que tocam mp3 começaram a surgir por todo o canto.

Todo mundo tinha um aparelho desse tipo ou muito parecido. Imagem em domínio público.

"Ripar" CDs era um termo comum e praticamente um novo hobby para os aficcionados. Eu mesmo passava horas "queimando" meus CDs, organizando os nomes das músicas, organizando pastas, procurando na internet as imagens das capas (covers) e as letras das músicas. Todo mundo tinha seu Winamp bem configurado e personalizado.

Essa facilidade do mp3 também abriu portas para a pirataria. Kazaa, Napster, eMule, Limewire e vários outros eram as portas de entrada para um mundo totalmente novo de acesso ao entretenimento musical (e outros assuntos). Pelo fato de o mp3 ser um arquivo tão pequeno, era muito fácil, até mesmo para conexões lentas, encontrar e baixar discografias inteiras de artistas na internet. Foi aí que a indústria fonográfica passou por sua maior crise.

Com o alto preço dos CDs e praticamente nenhuma inovação tecnológica ou mudança drástica no modelo de distribuição e de negócio, o mp3 combinado com a pirataria passou o rolo compressor nessa indústria tradicional, forçando todo um setor a repensar a forma com que seus negócios eram feitos. Logo em 2001 uma série de processos legais partindo da indústria fonográfica juntamente vários artistas fecharam Napster, que na época, simbolizava todo esse movimento libertário e revolucionário que levou uma nova forma de lidar com nossas músicas prediletas. Neste mesmo ano, a Apple lançou a primeira versão do iTunes.

O iTunes surgiu como uma alternativa para ouvir músicas de forma legal, real e oficial, ao mesmo tempo com o preço justo. Existe toda uma história interessante sobre as negociações que o Steve Jobs fazia com as gravadoras pessoalmente, mostrando como esse mercado era cabeça dura. Mas a distorção da realidade do Steve Jobs era maior que a teimosia do mercado e todos os arranjos foram feitos para que o iTunes pudesse ser um marco na história.

Inicialmente o iTunes surgiu para ajudar a organizar as músicas digitais que você já tinha extraído dos seus CDs. Inclusive, ele até ajudava neste processo. No início, era moleza, mas depois, começou todo o processo de estabelecimento de DRMs e afins. Mas em 2003 a Apple lançou a iTunes Store, vendendo músicas por USD$ 0,99. Aí o resto é história. O iTunes foi a fagulha inicial para o iPod e posteriormente para o iPhone.

Eu seria muito injusto se não citasse aqui o Pandora. Em 2005 o Pandora foi talvez o primeiro serviço de streaming de música, que de certa forma inspirou todos os serviços que conhecemos hoje. O funcionamento era bastante simples: o Pandora funcionava como uma rádio personalizada, onde ele recomendava músicas de acordo com os gostos dos usuários.

O MySpace apareceu, mas foi embora relativamente rápido. No linguajar de hoje, diríamos que o MySpace não soube encontrar o seu Product Market Fit. Alguns serviços bem legais (que uso até hoje) como o Last.fm, que embora existam até hoje, caíram no esquecimento geral, não sendo tão fortes ou úteis como antigamente. A única certeza é que desde então a indústria fonográfica, na minha opinião, não conseguiu retomar totalmente o domínio de antes.

Todas essas iniciativas abriram portas para novas ideias que transferiram boa parte da autonomia que as grandes gravadoras controlavam para outras empresas e principalmente para os artistas. Ficou escancarado que esse mercado era controlado de forma abusiva pelas gravadoras. Toda a cadeia, desde a manufatura até a distribuição das músicas era controlado e bem arranjado pelas gravadoras que geralmente até detinham os direitos autorais das músicas distribuídas.

Vendo todo esse movimento, diversos artistas começaram a tentar trabalhar longe desse controle autoritário das gravadoras, tendo em vista a grande possibilidade de estar mais próximo do seu público, sem intermediários. Vide Radiohead, que em 2008 liberou online o álbum In Rainbows no formato "pague o que quiser".

É no meio dessas reviravoltas que o Spotify surge em 2008. Uma empresa baseada em Estocolmo começou com 50 milhões de faixas, no modelo freemium, onde você poderia ouvir músicas de graça, com propaganda e tudo fora de ordem. Mas foi só em 2011, com o lançamento nos Estados Unidos, que o Spotify virou um verdadeiro fenômeno.

Mas por que ele e não outro serviço? Vários outros, como citamos, já faziam streaming de músicas, com funcionalidades, experiências e com um acervo de música tão bom quanto o do Spotify, mas que não perduraram e não evoluíram de forma estruturada.

Vários motivos fizeram o Spotify ser o que ele é hoje, inclusive o bom timing de lançamento, toda a progressão de maturidade do mercado e a promessa desbloquear o potencial criativo humano dando a milhões de artistas a oportunidade de viver da sua arte, dando a oportunidade a bilhões de fãs de curtirem e se inspirarem.

Nossa missão é liberar o potencial da criatividade humana, dando a um milhão de artistas criativos a oportunidade de viver de sua arte e bilhões de fãs a oportunidade de desfrutar e se inspirar por ela . — Texto do próprio Spotify sobre sua missão (https://newsroom.spotify.com/company-info/)

Mas a sua progressão estrondosa só foi possível por causa da estruturação e visão de não apenas criar um app de streaming de música, mas uma plataforma que possibilitasse artistas a exporem seu trabalho e a fãs ouvirem esses trabalhos.

Modelo linear tradicional

No capítulo em que falamos sobre construir um produto com um fundamento de serviço, analisamos que o modelo de negócios padrão de construção e distribuição de produtos (seja físico ou digital) é bastante linear. Até pouco tempo, as empresas criavam um produto em uma ponta, e distribuíam para os consumidores (outras empresas ou pessoas) na outra ponta do processo. E durante esse processo, as empresas, com a ajuda do marketing, tentavam agregar valor ao produto de diversas formas.

Esse tipo de modelo tem perdido sua força perante empresas que trabalham mais com o formato baseado em plataforma do que com o formato linear. Empresas como Airbnb, Twitter, Facebook, Spotify e Uber trabalham em um formato onde eles diminuem ao máximo os custos com estrutura, ao mesmo tempo que potencializam seus próprios caminhos se transformando no principal ponto de contato com a grande massa de usuários, impactando mercados e principalmente a sociedade.

Quando empresas estão trabalhando no modelo de negócios linear, na maioria das vezes eles dependem de intermediários que diminuem a possibilidade de escala do mercado. Veja bem o mercado editorial: você não pode (podia) publicar um livro se não fosse por uma editora. As editoras, por sua vez, filtram uma série de propostas de livros e escolhem apenas aqueles têm alto potencial de rentabilidade. Até mesmo a análise para entender quais livros podem ter esse potencial de rentabilidade é bastante falho.

Quando a Amazon entrou neste mercado com o Kindle, eles criaram para que qualquer um pudesse ter seu livro publicado e divulgado para o grande público. Foi daí que o Chris Anderson explica o termo termo *Long Tail* [39]. A Amazon por sua vez não precisa ter um best-seller como uma editora, ela só precisa vender muitos livros, não importa a qualidade, não importa se é de um autor conhecido ou desconhecido, ela só precisa vender milhões e milhões de livros.

Se você facilita a busca das pessoas por produtos, em vez de canalizar e focar as buscas e os gostos das pessoas em poucas opções, você cria uma forma de distribuir produtos de forma mais pulverizada. Juntamente com algoritmos que recomendam livros baseados nas buscas, compras e navegação dos usuários, você consegue entender melhor quais livros e conteúdos têm mais potencial de venda, sendo ou não um best-seller. Isso cria uma distribuição menos concentrada de vendas, quando comparado com canais tradicionais. Aquela história de que 20% dos produto são responsáveis por 80% da rentabilidade vira mentira neste novo formato.

"A maioria das pessoas adivinha 20%, e por um bom motivo: fomos treinados para pensar dessa maneira. A regra 80-20, também conhecida como princípio de Pareto (em homenagem a Vilfredo Pareto, um economista italiano que concebeu o conceito em 1906), está ao nosso redor. Apenas 20% dos grandes filmes de estúdio serão sucessos. O mesmo para programas de TV, jogos e livros de mercado de massa – 20% todos. As chances são ainda piores para os CDs de grandes gravadoras, onde menos de 10% são lucrativos, de acordo com a Recording Industry Association of America." — Chris Anderson, em https://www.wired.com/2004/10/tail/*

Esse fenômeno é muito mais visível e exponencial em ambientes digitais. Exatamente por que é mais fácil de escalar e principalmente por que tem menos intermediários. A partir do momento em que não há alguém ou uma instituição filtrando e controlando o que pode ser ou não publicado, vendido, veiculado, temos a possibilidade de aumentar a escala e impactar mais pessoas.

Curva clássica da Long tail

O impacto no Long Tail é menos centralizado e mais pulverizado. Nada como o modelo tradicional onde poucos produtos escolhidos impactam milhares de pessoas... mas milhares de produtos impactando milhares de pessoas. Isso quer dizer que embora para a empresa que distribui seja ótimo ter milhares de pessoas impactando outras milhares com seus produtos, para essas pessoas que produzem e disponibilizam seu trabalho, pode não ser tão bom assim. Digamos que um autor desconhecido publique seu livro na Amazon. Ao contrário de um autor de best-seller, ele venderá apenas alguns livros, que provavelmente não serão suficientes para que ele viva disso ou alcance um patamar tal que o motive a escrever um próximo livro, a não ser que ele esteja fazendo apenas para saciar um objetivo ou um desejo pessoal. Logo, muitas pessoas que fazem parte da Long Tail são muito pouco impactadas, tanto do ponto de vista financeiro quanto do ponto de vista de popularidade.

Contudo, toda essa mudança de paradigma, saindo de um formato mais centralizado para um formato mais pulverizado, trouxe para os consumidores a possibilidade de escolher entre produtos que realmente atendam às suas necessidades, que geralmente não estavam atrás de uma grande marca ou empresa.

Mas, a chance foi dada. Se antes, havia poucas empresas selecionando e filtrando o que poderia ser um potencial de rentabilidade, hoje tudo é mais democrático, jogando a responsabilidade de ser um Blockbuster no colo das próprias pessoas.

O modelo de plataforma

A palavra "plataforma" aplicada a produtos digitais ficou bastante comum na última década, quando livros e artigos começaram a explicar como as empresas de tecnologia estavam literalmente quebrando grandes empresas de indústrias totalmente estabelecidas nos seus mercados.

Essas grandes empresas - que se comportavam como intermediários detratores e controladores dos seus respectivos mercados - ditavam regras e as pessoas ou outras empresas menores deviam seguir, não por serem obrigadas, mas por estarem do lado do processo que não tem poder para mudar ou influenciar as regras existentes.

Quando nos referimos às empresas que trabalham no modelo de plataforma, estamos falando de empresas que têm um crescimento acelerado, por um motivo simples: elas são mais leves e usam a tecnologia para potencializar seu crescimento.

A HBR (Harvard Business Review) tem uma análise muito interessante que mostra que existem 4 modelos de negócio [40]:

- **Construção de Ativos:** Empresas que constroem, desenvolvem, distribuem e vendem ativos físicos. Exemplos incluem Ford, Wal-Mart e FedEx.
- **Prestação de serviços:** Empresas que contratam funcionários que prestam serviços aos clientes ou faturam horas. Exemplos incluem Accenture, Jüssi, JP Morgan.
- **Criadores de Tecnologia:** Empresas desenvolvem e vendem propriedade intelectual, como software, análises, produtos farmacêuticos e biotecnologia. Exemplos incluem Microsoft e Oracle.
- **Orquestradores de rede:** Empresas que criam uma rede de parceiros na qual os participantes interagem e compartilham na criação de valor. Eles podem vender produtos ou serviços, criar relacionamentos, compartilhar informações, críticas, colaborar, cocriar e muito mais. Exemplos incluem eBay, Mercado Livre, Uber e Tripadvisor.

Dos quatro tipos, o modelo **Orquestradores de Rede** supera os outros modelos de negócio em diversos pontos. Para descobrir isso, eles testaram os modelos de negócio usando dados das empresas que compõem o S&P 500, partindo de 1972 até 2014 (data da escrita da análise), para ver qual dos quatro modelos de negócio performaram melhor neste tempo. Foram vários fatores analisados:

- Como a empresa se descreve nos reports anuais;
- A receita gerada por diferentes unidades de negócio;
- Alocação de capital;
- Percepções do mercado, incluindo novos artigos e reportes de analistas;

Além disso, para as empresas que se encaixam em mais de um modelo de negócio, eles classificaram a empresa no modelo que ela é predominante, por exemplo a Nike, que é classificada como uma Construtora de Ativos, embora tenha todo seu ecossistema digital Nike+.

Quando criamos uma plataforma, nós não precisamos ser donos do fluxo inteiro de geração de negócio e de valor. Essas empresas têm apenas a responsabilidade de orquestrar a rede. Enquanto isso, as outras empresas, que não teriam expertise de tecnologia e produtos para construir essa rede por si só, trabalham entregando e consumindo serviços da plataforma... Então, a troca é justa.

Pegue o exemplo da Airbnb, que, por não possuir nenhum hotel, não precisa perder tempo gerenciando imóveis. Nem a Uber, que, por não ter uma frota inteira de carros, não precisa se preocupar com depreciação, imposto, revenda. Essas empresas, embora possam ser tratadas como intermediárias no processo como um todo, se livraram do maior custo que as empresas tradicionais precisam lidar, ficando mais leves e usando a tecnologia para gerenciar o que realmente importa: o processo.

Ao delegar a propriedade do carro ou do imóvel para seus respectivos proprietários, transformando-os em um ponto de uma rede que se forma, as empresas podem se concentrar em focar suas energias em se posicionar no processo como uma plataforma fundamental para a geração de negócios e integração de pessoas com outras instituições e serviços. Assim como citei no capítulo onde falamos sobre Produto como Serviço, onde apresentei o conceito do Service-Dominant Logic.

É por isso que as empresas baseadas no modelo de plataforma, conseguem ter tempo para agregar mais valor ao serviço e para a rede que elas compõem, transformando-se em um elo importante, insubstituível, menos controlador, mas tendo em vista a busca do monopólio. Não é surpresa que todas as empresas buscam o monopólio para conseguirem liderar e controlar todo um mercado ou pelo menos uma parte significativa.

A Amazon é um ótimo exemplo sobre como usar toda a cadeia de valor para gerar caixa e por sua vez usar esse caixa para subsidiar ainda mais o crescimento da empresa.

Cadeia de Valor da Amazon para geração de caixa

Você encontra vários artigos na web explicando como a Amazon funciona. Basicamente e em resumo, tudo ser resumo ao fluxo de caixa operacional da empresa. A Amazon tem um crescimento exponencial que precisa ser mantido por meio de ciclo de reinvestimento, criando novos prédios de distribuição, investimento em tecnologia e maquinário, além de processos, pesquisa e inovação.

Abaixo segue explicação completíssima do artigo da HBR escrito pelo Justin Fox [41]. Esta é uma tradução livre:

A diferença entre as linhas de cima e a de baixo é principalmente sobre investimentos em construções, máquinas e outras coisas, que são registradas ao longo do tempo na demonstração de resultado, mas que são ignoradas no cálculo do fluxo de caixa operacional. O fluxo de caixa operacional é muito maior do que o lucro líquido de uma empresa que investe grandes quantias de dinheiro, pois ela se esforça para dominar o varejo global, embora o tamanho da diferença e a forte trajetória ascendente da linha de fluxo de caixa, ainda é impressionante. (https://hbr.org/2014/10/at-amazon-its-all-about-cash-flow)

Empresas como WhatsApp, Airbnb, Uber e Alibaba foram negociadas e vendidas por valores estratosféricos que significavam muitas vezes maior que a sua receita. O Dropbox, por exemplo, recebeu algo em torno de USD$ 10 bilhões, o que significa umas 40 vezes a receita que ele faturava na época. O Airbnb teve um valuation de USD$ 10 bilhões também, significando 20 vezes sua receita na época. Uber teve seu valuation beirando os USD$ 30 bilhões, que foi estimado ser 15 vezes sua receita.

Sim, estamos e estávamos vivendo uma bolha gigante de startups (vide os casos do WeWork e Uber depois dos investimentos estratosféricos da SoftBank), mas o valor dessas empresas não estão exatamente na tecnologia que elas criam, mas no potencial de crescimento e fluxo de pessoas que elas alavancam.

O que é e como funciona uma plataforma

A proposta do S-D Logic é ter uma visão centrada em serviços, que faz com que as empresas procurem relações de aprendizado não apenas com o cliente, mas com outros parceiros que possam trazer algum tipo de conhecimento ou skills para a rede como um todo, gerando mais valor para a cadeia e consequentemente para o cliente.

Isso quer dizer que seu produto precisa trabalhar integrando lados de uma rede, de forma que não seu produto diretamente, mas todos envolvidos na rede, inclusive o Cliente, gerem valor.

A visão centrada em serviços faz com que as empresas procurem relações de aprendizado não apenas com o cliente, mas com outros parceiros

Quero permissão para errar aqui. Fiz esse diagrama totalmente na orelhada, tendo uma visão de alguém totalmente por fora do negócio. Mas como exemplo, ele vai funcionar muito bem.

Perceba que os players da rede usam o Spotify como um meio de fazer interface com os outros players. O Spotify não tem controle sobre os usuários, não tem controle sobre as gravadoras, não pode controlar também os artistas, contudo, todos esses players querem se integrar ao Spotify pois ele os ajuda a formarem uma rede complexa de entrega de valor contínuo. Essa é a plataforma que o Spotify criou, que não se resume apenas aos apps, mas a todo um ecossistema de integração.

Para um produto seguir escalável como uma plataforma:

- Você não tem um produto, você tem um serviço;

- O produto é um meio, não o fim. É uma forma do usuário ter acesso à solução dos seus problemas e necessidades, sejam eles de forma digital ou integrando com o mundo físico. Exemplos: Loggi ou Nubank;
- O serviço precisa ser cocriado para ter seu valor aumentado pelo usuário e pelos vários players que compõem a plataforma, gerando sinergia entre as pontas. Efeito de rede e pensamento de plataforma;
- O serviço precisa gerar oportunidades para que o usuário e os outros players que formam a rede de plataforma se beneficiem dessa rede;
- Quanto mais "lados" seu serviço tiver, melhor. Quanto maior a rede, mais benefícios para os usuários e para todos os players envolvidos;
- O cliente não é um target, mas um personagem ativo nas relações de troca de valor, além de ser um cocriador de valor.

Sangeet Paul Choudary, coautor do livro *Plataforma: A Revolução da Estratégia* (Editora Alta Books, 2019), escreveu um manifesto com pontos importantes sobre construção de plataforma e efeitos de rede [42]:

- O ecossistema é o novo armazém;
- O ecossistema é também a nova cadeia de suprimentos;
- O efeito de rede é o novo direcional para escala;
- Dados são o novo dólar;
- Gestão de comunidades é o novo recursos humanos;
- Gestão de liquidez é o novo controle de estoque;
- Curadoria e repetição são os novos controle de qualidade;
- Jornada do usuário é o novo funil de vendas;
- Distribuição é o novo destino;
- Desenho de comportamento é o novo programa de fidelidade;
- Ciência de dados é o novo processo de otimização de negócios;
- Otimização social é a nova comissão de vendas;
- Algoritmos são os novos tomadores de decisão;
- Personalização em tempo real é a nova pesquisa de mercado;
- Plug-and-play (API) é o novo desenvolvimento de negócios;
- A mão invisível é o novo punho de ferro;

É indiscutível que precisamos pensar muito mais em integração com parceiros do que tentar fazer algo solo, entregar valor contínuo do que tentar fazer planejamentos e projetos de longo prazo, colocar o usuário no processo do que usá-lo apenas em uma fase de ideação e brainstorming. Para isso funcionar, precisamos resolver um problema: por onde começamos?

O Ovo ou a Galinha

Mas para criar uma plataforma, você, como o centro da integração das pontas, precisa começar por algum lugar. Se você fosse criar o Uber, iria atrás de motoristas antes de usuários? Se você fosse criar o Airbnb, você começaria recrutando e selecionando proprietários com imóveis ou pessoas procurando lugares para ficar?

Esse é o famoso problema do Ovo ou a Galinha. Esse é um problema milenar e que o grande desafio é entender o que veio primeiro: o ovo ou a galinha. O Neil deGrasse Tyson diz que foi o ovo, vindo de uma ave que não era necessariamente uma galinha. Existem vários estudos que colocam isso em dúvida. Contudo, até que esse mistério seja resolvido, podemos usar o ditado "o ovo ou a galinha" para descrever acontecimentos que deveriam ser considerados causa e qual deveria ser considerado o efeito.

Quem veio primeiro?

Quando estamos construindo um produto com um ciclo de growth contínuo, uma das estratégias é aplicar regras e princípios de efeito de rede, resultando em um produto com características de plataforma. Neste caso, o desafio é criar massa crítica para as pontas da rede, para iniciar o ciclo virtuoso de quanto mais uma ponta da rede cresce, mais as outras pontas se fortalecem.

Basicamente todos os serviços que dependem de duas (ou mais) pontas e que usam seu produto como intermediário ou como uma plataforma, terão o problema do "ovo ou a galinha". O que vem primeiro, motoristas ou usuários? Restaurantes ou clientes? Vendedores ou compradores? Como resolvemos isso?

Não existe uma receita básica que possa ser seguida por todas as empresas que desejam criar uma plataforma, pois os mercados e usuários são diferentes, sendo uma estratégia muito sensível e falha. No livro *Plataforma: A revolução da estratégia*, Geoffrey G. Parker diz que plataformas mal concebidas produz pouco ou nenhum valor para os usuários, gerando efeitos de rede fracos.

Posso citar quatro maneiras, nem tão fáceis assim, para conseguir resolver esse dilema:

- **Resolva o lado mais difícil primeiro.** Quando você descobre o lado mais difícil de engrenar na rede, e faz esse lado chegar no seu momento de massa crítica, os lados mais fáceis crescerão de forma orgânica.

- **Invista/Pague para um dos lados estarem no seu produto.** Inicialmente a Uber pagou para motoristas estarem no aplicativo, gerando um mínimo de demanda. O Huffington Post contratou escritores profissionais no seu lançamento, para que leitores se interessassem pelo conteúdo do site... eventualmente esses leitores começaram a contribuir com seus próprios posts e então a roda começou a girar. O Google fez isso também com o Android, pagando prêmios para os desenvolvedores criarem Apps para a plataforma. Com mais Apps, mais usuários interessados.

- **Crie valor primeiro para um dos lados.** Se você se focar em gerar muito valor para primeiramente um dos lados. Depois que esse lado estiver já estabelecido e bem servido, atraia o outro lado que queira interagir com o primeiro. No início o MySpace deu profiles para bandas, que consequentemente trouxeram as visitas dos seus fãs para a plataforma. O Paypal também dava USD$10 para o usuário no ato do cadastro e depois mais USD$10 por indicação.

- **Automatize atividade para tracionar fluxo real.** Essa não funciona para todos os serviços e ainda tem ponto de "ética" a se pensar. Exemplo: No início o Reddit usou usuários fake para postar perguntas e respostas para dar a impressão de que o site era popular. Ou a velha história do Paypal, que usou robôs para comprarem produtos no eBay, via Paypal, para gerar buzz de crescimento sobre a plataforma.

- **Conecte-se em outra plataforma que ajude a criar valor.** Você pode conectar seu serviço em outra plataforma, já estabelecida, para mostrar o valor que seu serviço pode entregar. O Paypal fez isso ao fazer o sambarilove com o bot comprava produtos automaticamente e pagava usando Paypal para aproveitar a base de vendedores domésticos no eBay.

Aqui (e em outros lugares do mundo), depois de um determinado momento, o problema não é crescer um dos lados, mas manter essa massa crítica. Como PM você precisa virar mestre no desafio de como fazer os usuários se engajarem, gerando retenção, no seu mercado e no seu produto. Nesse caso, o comprometimento dos usuários se torna muito mais essencial que a aquisição. É comum os serviços tentarem engrenar isso dando descontos, cupons, cashback e outras estratégias. Quem nunca deixou um produto no carrinho um ou dois dias para receber aquele email de desconto? Basicamente as empresas (principalmente startups) queimam bastante dinheiro neste processo para conseguir ter um crescimento exponencial no início, ao mesmo tempo que tentam manter o interesse do usuário no produto, tentando gerar engajamento na entrega de valor e eventualmente gerando fidelização com o produto.

Tipos de Usuário

Todo início de jornada do usuário em um novo produto é uma jornada de descoberta sobre se aquele produto resolve mesmo seus problemas, se ele é confortável e prazeroso de usar. É aqui que você precisa entender qual o tempo do ciclo de engajamento e de retenção do seu produto. Essa fase de descoberta é importante para você transformar seu novo usuário em usuário frequente e depois em usuário fiel.

Basicamente, você pode dividir seus usuários em 3 categorias:

- **Core:** usuários que usam seu produto com frequência e tem uma abrangência de uso muito ampla, ou seja, eles usam várias das funcionalidades do seu produto, além daquelas funcionalidades core, que são a identidade do seu produto;
- **Casual:** usuários casuais são usuários que usam seu produto, não de forma muito frequente, mas tem seus apps instalados, reagem a notificações, ofertas e compartilhamentos de amigos.
- **Frios:** usuários frios são aqueles que já usaram alguma vez seu produto, mas agora usam apenas em momentos muito específicos durante o ano ou dependendo da natureza do seu produto, precisam verificar alguma informação importante;

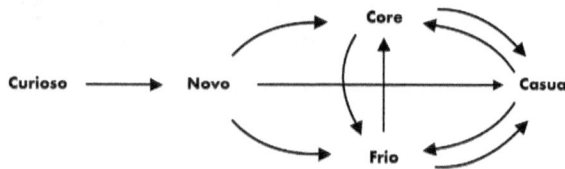

Fluxo da divisão das categorias de usuários: Core, casual e os frios

O que vai dizer quais dos seus usuários estão em cada categoria são os dados extraídos do seu produto. Os níveis de engajamento e retenção dos produtos mudam para cada mercado e perfil de uso. Enquanto um usuário core de um serviço de rede social é aquele que entra todos os dias e publica algo na rede, o usuário core de uma seguradora é aquele que entra uma ou duas vezes no ano por causa de um sinistro, mudança de plano ou renovação do contrato.

Engajamento —— GERA ——▶ **Hábito** —— ESTIMULA ——▶ **Retorno** —— GERA ——▶ **Retenção**

Relação entre engajamento e retenção

Com o tempo, você verá padrões no seu produto. Um usuário geralmente vai diretamente para a categoria core nos primeiros dias após o cadastro. Um usuário casual pode ser um usuário que usa o seu produto e usa também o do concorrente, se isso for verdade, você pode transformá-lo em core se você lançar uma funcionalidade que ele tanto esperava.

Como fazemos essa análise de migração de categoria? Uma forma que você pode usar em quase qualquer situação é a análise Cohort que falamos no capítulo sobre Métricas e Indicadores.

Uma plataforma é forte quando as pontas geram cada vez mais valor para as outras pontas da rede. Isso acontece quando você resolve o problema do Ovo e a Galinha, fazendo com que a demanda de uma das pontas aumente de forma que fica mais fácil conseguir engajar outras pontas da rede.

Nós fazemos isso estudando um assunto chamado Efeito de Rede.

Efeito de Rede

Mágica. Só podia ser mágica. Você escreve algo em uma folha de papel e depois coloca essa folha em uma máquina. Digita um número de telefone e aperta um botão. A máquina suga o papel e em outro lugar do planeta, outra pessoa pega o papel que sai de uma máquina similar à sua, com a mensagem que você escreveu. Tipo uma máquina de Xerox que teletransporta uma cópia da sua mensagem para outro lugar.

O Fax foi uma daquelas invenções que realmente encurtaram distâncias. A ideia inicial do Fax foi patenteada por Alexander Bain em 1843. Isso foi há mais de 177 anos.

Hoje o Fax não é mais usado e foi derrubado pelos meios que já conhecemos atualmente. Contudo, assim como o telefone, o Fax foi um símbolo de como o Efeito de Rede é essencial para todos os produtos, seja eles digitais ou físicos.

À primeira vista, esse assunto pode se juntar com tantos outros na categoria de "todo mundo já falou sobre isso". Contudo, empresas de produtos aqui do Brasil não dão a devida importância para essa artimanha na construção de seus produtos. Já as empresas gringas têm seus negócios fundamentalmente estruturados e organizados levando em consideração os Efeitos de Rede.

O básico: o que é o efeito de rede?

Uma rede é um grupo de pontos conectados entre si. Seja uma rede formada por computadores ou pessoas, elas estão de alguma forma conectadas entre si, trocando informações, valores, sentimentos. Isso faz com que quanto mais pontos conectados, entregando valor entre si, mais valor a rede tem.

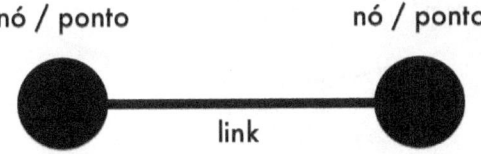

Uma rede existe por causa da conexão de dois ou mais pontos

Os pontos na rede são pessoas, negócios, sistemas, compradores, vendedores, robôs ou qualquer coisa que faça conexão com outros pontos. Cada nó tem uma responsabilidade e entrega um valor para a rede. Assim como já vimos no estudo sobre Service-Dominant Logic.

> *70% do valor criado em tecnologia desde 1994 tem sido dirigido pelos efeitos de rede. — NFX - https://www.nfx.com/post/70-percent-value-network-effects*

Uma rede, obviamente, só pode ser feita com pelo menos dois pontos conectados. Não existe valor na rede se apenas você tivesse uma conta no Twitter ou se só você tivesse um aparelho de Fax. O tamanho da rede é mensurado pela quantidade total de pontos que ela tem.

Exemplo simples de plataforma/rede sobre como o Médium conecta Escritores e Leitores

O link é a conexão que um ponto faz com outro. Já que podem existir vários tipos de pontos com responsabilidades diferentes, o tipo de link (conexão) também varia. A conexão entre uma empresa e uma pessoa é diferente da conexão de uma empresa com outra ou com uma pessoa com outra, ou com um robô e uma pessoa.

Quanto mais escritores, mais leitores.

```
Escritores  ——  Medium  ——  Leitores
```

Quanto mais leitores, mais escritores.

Conexão positiva entre Escritores e Leitores

Como mandam as regras do efeito de rede (como veremos a seguir), o valor da rede cresce na razão do quadrado do número de usuários do sistema. Esses usuários, no caso de negócios e nos produtos digitais que formam uma plataforma, são os players que fazem parte da plataforma. Logo, a plataforma precisa ter um ciclo de entrega de valor contínua para que a rede fique mais valorosa.

Quero resgatar o exemplo que usamos do Spotify no início do capítulo, mostrando a plataforma que ele criara para integrar outros players, gerando valor para a rede.

Agora, vamos ver como o efeito de rede se aplica nessa plataforma criada pelo Spotify. É aqui que toda aquela história de Service-Dominant Logic começa a se fundir com a ideia de construção de plataforma entregando valor contínuo com os princípios de efeitos de rede.

Troca de valor entre os atores da rede formada pelo o Spotify

Veja que os players (pontos/nós) que formam a plataforma/rede trocam valor entre si, fazendo com que cada uma dessas conexões aumente o valor da plataforma/rede como um todo.

É muito difícil você criar uma plataforma sem pensar em efeitos de rede, ou criar uma rede com seus efeitos positivos sem pensar em construir uma plataforma. Essencialmente estamos falando que uma plataforma é uma rede e vice-versa. Uma plataforma sem efeito de rede é uma plataforma crua, sem vida, que provavelmente não perdurará por não gerar valor contínuo para o usuário e também para os outros integrantes da rede.

Podemos criar uma plataforma/rede em vários formatos. Você já conhece os formatos mais comuns, porque provavelmente usa os serviços deles no seu dia a dia e talvez você até trabalhe em um produto que tem um formato de rede claro.

Os formatos de Redes

Existe uma série de formatos de efeito de rede. Todos eles envolvem diferentes pontas, criando diversas possibilidades de conexão. Quanto mais possibilidades de conexão, mais forte a rede se torna.

A mais comum é uma rede formada com duas pontas, onde unimos dois lados com interesses em comum, por exemplo, vendedores e compradores. Mas a empresa NfX (uma Venture Capital que investe em empresas que têm sua estratégia baseada em Efeito de Rede) explica que existem 13 formatos de Network Effect. Esses 13 formatos são divididos em 5 categorias:

- Direta;
- Dois lados;
- Dados;
- Tecnológica;
- Social.

Os 13 formatos (até o dia da escrita deste capítulo) são:

- **Físico.** Quando os Efeitos de Rede são formados por pontos físicos ou conexões físicas (internet com fibra, exemplo). Exemplo: linhas telefônicas;
- **Protocolo.** Quando um padrão de protocolo de comunicação ou transferência surge e todas as pontas da rede usam esse protocolo. Exemplo: Bitcoin, Ethernet, BitTorrent;
- **Utilidade Pessoal.** Quando uma rede é usada para se comunicar e interagir na vida pessoal, logo, se você não fizer parte dessa rede, você perderá oportunidades de conversar com família, amigos, próximos. Ex: WhatsApp, Telegram, ICQ;
- **Pessoal.** Quando a sua reputação e identidade está atrelada ao serviço/produto. Se pessoas que você conhece na vida real, estão usando um produto para guardar suas informações pessoas ou até reputação, você se sente impelido a usar também. Ex: Facebook, LinkedIn;
- **Market Network.** Quando combinamos a identidade e aspectos de comunicação pessoal com foco em transações, trazendo profissionais ou serviços do offline para online. Ex: GetNinjas, HoneyBook, AngelList;
- **Marketplace.** Quando há dois lados que se complementam: vendedores e compradores, escritores e leitores. É o efeito de rede básico de dois lados. Ex: Medium, Google, Mercado Livre, Magazine Luiza, Amazon;
- **Plataforma de Tecnologia.** Muito parecido com o Marketplace, por se tratar de uma rede de dois lados, mas aqui é mais para o lado de tecnologia. Quando há uma plataforma que liga os usuários com os desenvolvedores, gerando valor nessa rede. Ex: Nintendo, Android, Windows, iOS;
- **Mercados assintóticos.** Quão rápido o valor da demanda aumenta conforme o lado do fornecedor aumenta e quão forte o efeito de rede fica quando a massa crítica chega no máximo. Ex: Uber, 99;
- **Dados.** Quando o produto aumenta o valor da rede conforme o volume de dados aumenta e os usuários se beneficiam disso. Bancos poderiam usar isso como estratégia. Ex: IMDB, Google, Waze, Yelp!;
- **Performance Tecnologia.** Quando a performance do produto está diretamente relacionada com o número de usuários. Mais dispositivos, mais usuários, melhor a rede de tecnologia trabalha. Ex: Bittorrent;
- **Linguagem.** Quanto mais as pessoas usam esse serviço, mais comum ela fica no jargão de comunicação entre as pessoas. Em qualquer lugar comunicação com outras pessoas, o idioma é um intermediário importante. Ex: Google;
- **Crenças.** Quanto mais pessoas acreditam numa coisa, mais a rede ganha valor. O dinheiro é assim. Ele não teria valor nenhum se as pessoas perdessem a crença de que ele pode comprar coisas. Ex: Moedas ou religiões;
- **Bandwagon.** Quando uma pessoa se sente pressionada para entrar na rede, porque todos estão lá, ou tem, ou usam, mas ela não. Ex: Slack, Apple;

As Leis de Metcalfe e Reeds

O conceito de Efeito de Rede ficou bastante popularizado quando Robert Metcalfe apresentou sua teoria onde ele define que o valor de uma rede de comunicação cresce em proporção ao quadrado do número de usuários na rede. A fórmula é: N^2 (N ao quadrado), onde N é o número de pontos (nós) na rede.

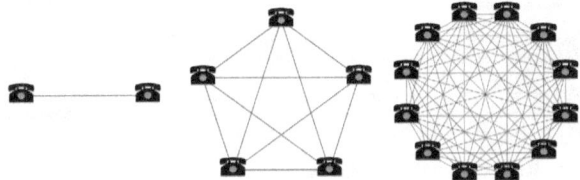

Exemplificação sobre a rede formada por telefone e suas conexões

Dois telefones só podem fazer uma conexão entre si. Já 5 telefones podem fazer 10 conexões. Mas 12 telefones fazem 66 conexões. Isso quer dizer que quanto mais pontas conectadas entre si, mais valor temos na rede.

Acontece que a Lei de Metcalfe foi originalmente aplicada pensando no sistema Ethernet de rede, ou seja, uma rede de computadores. Logo, a lei do Metcalfe pressupõe apenas redes formadas por computadores, não por pessoas ou instituições, por isso, o David Reed sugeriu mudança mínima, mas com grande impacto na lei fórmula sugerida pelo Metcalfe.

Em 1999, David P. Reed do MIT sugeriu uma derivação da fórmula de Metcalfe para prever formações de grupos na rede. A fórmula que antes era N^2 (N ao quadrado) agora ficou 2^N (2 elevado a N), onde N é o número dos pontos da rede. Aqui sim podemos aplicar essa regra em cenários mais atuais, incluindo comunidades formadas no mundo digital.

Quando uma grande rede se forma, é quase que inevitável que as pontas formem grupos de acordo com as suas características comuns. Quando esses grupos se formam, eles potencializam o crescimento da rede, aumentando o seu valor. O motivo é simples: integrantes desses grupos se comunicam melhor entre si. Motoqueiros indicam o app de delivery para outros motoqueiros. Usuários indicam para outros usuários. As duas pontas começam a crescer, aumentando simultaneamente as conexões do grupo, gerando mais conexões entre todas as pontas e consequentemente aumentando o valor da rede.

Massa crítica da rede

O termo Massa Crítica é bastante usado na física e na química para se referir ao momento onde uma reação em cadeia é auto-sustentável, não sendo necessário adicionar ou remover qualquer tipo de material ou recurso para que a reação continue ocorrendo.

Esse termo também é usado ao estudar dinâmicas sociais, onde a massa crítica é a quantidade necessária de pessoas para provocar uma mudança profunda de direção ou adoção de uma nova ideia na sociedade ou em uma comunidade[43], que tenha tração suficiente para que seja autossustentável com crescimento progressivo.

Alcançar a Massa Crítica em Produtos Digitais tem o mesmo objetivo: encontrar a quantidade de usuários necessária executando uma determinada jornada no seu produto para que o crescimento seja autossustentável e rentável durante um grande período.

É muito difícil conseguir isso, vide produtos como o Google Plus. Mais pessoas saíam antes de gerar ou enxergar valor no produto. Logo, quando novas pessoas chegavam, ficava cada vez mais difícil enxergar o valor, dado que as pessoas que usaram antes o produto não deixaram muita coisa para empolgar as próximas.

Alcançar a massa crítica tem muito a ver com produtos que tenham um motivo para ou tenham funcionalidades que:

- Gerem compartilhamento dos usuários que já estão no produto para pessoas que ainda não são usuários;
- Transformem o uso do produto em hábito, de forma que o usuário queira usar o produto diversas vezes ao dia para executar novamente as jornadas que gerem ciclo virtuoso;

- O usuário sinta que tenha mais a perder deixando de usar o produto e que tenha menos trabalho para manter seu perfil se continuar usando. Exemplo: Google Photos;
- Usuários tenham pouco ou nenhum trabalho para alcançar os resultados esperados ao ser usuário do produto;

Em um momento de *growth*, é importante que o produto tenha funcionalidades que façam a massa de usuários crescer, e outras funcionalidades que façam esses usuários engajarem. Entender qual a motivação de uso do produto é essencial para que no momento de *growth* os usuários percebam valor muito rápido e passem a indicar para os outros. Isso quer dizer que, em muitos casos, você deverá abrir mão de ideias e soluções que o time e você julguem mais importantes para o produto, mas que não ajudam a crescer a base engajada de usuários.

Efeito de Rede em produtos digitais

O que o Waze e o Moovit têm em comum? Além de serem de Israel, eles são produtos que cresceram naturalmente por conta dos seus ciclos virtuosos.

É óbvio que vários produtos e negócios surgem da criatividade do empreendedor querendo suprir uma necessidade ou resolver um problema. Mesmo assim, se você já tem um produto ou se você está na fase de planejamento de um, é importante identificar como seu produto cria uma rede e quais são os seus efeitos, além dos valores que todas as conexões trarão para rede.

Um ponto importante é que o valor não vem apenas de novos usuários, mas também de outros personagens que podem ser incluídos na rede. Neste caso, você amplifica o valor da rede não apenas aos usuários finais, distribuindo esse valor entre todas as pontas que sustentam a rede.

O Uber [44] é o case mais emblemático quando falamos sobre Efeitos de Rede em Produtos Digitais:

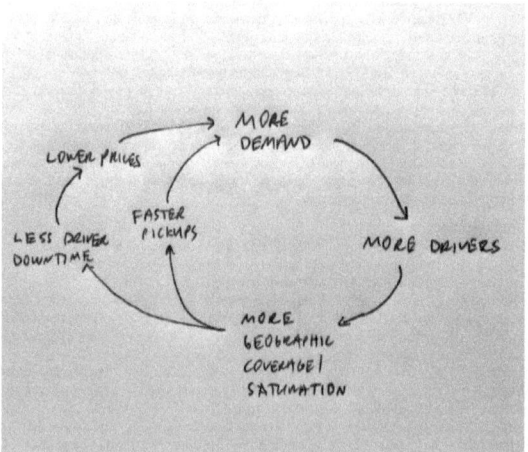

Ciclo virtuoso do Uber. David Sacks mostrou neste tweet como funciona o ciclo virtuoso do Uber.
https://twitter.com/DavidSacks/status/475073311383105536

Esse é um exemplo básico de efeito de rede do Twitter:

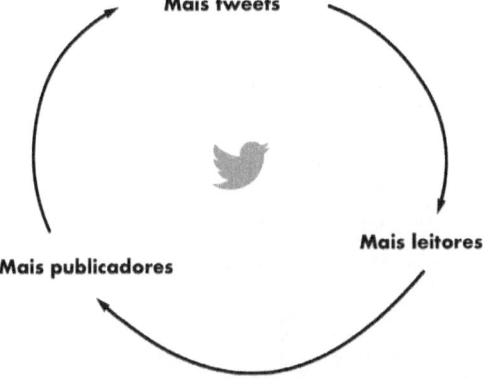

Exemplo de efeito de rede do Twitter

O efeito de rede de empresas como o Mercado Livre podem ser visualizadas mais ou menos assim:

Algumas características essenciais do efeito de rede em produtos digitais:

- É tudo sobre geração de engajamento e retenção objetivando o aumento da rede;
- Ajudar a empresa a obter monopólio sobre o mercado específico, aumentando a defesa do serviço enquanto a rede aumenta de valor;
- Quanto mais pessoas/empresas fazem parte da rede, mais valor é gerado. Quanto mais valor é gerado, mais pessoas/empresas formam a rede;
- Quanto mais a viralização do serviço aumenta, o custo de aquisição diminui, mais perto da massa crítica o serviço chega;
- Quanto mais as pessoas transformam o uso do serviço como um hábito, mais engajamento é gerado, resultando em mais retenção, diminuindo o churn;

Ciclo virtuoso aplicado em funcionalidades do Produto

Embora tenhamos visto o Efeito de Rede sendo aplicado na estratégia macro de crescimento do produto, os mesmos princípios podem ser aplicados para criarmos um ciclo virtuoso no uso das funcionalidades do produto com o objetivo de aumentar o engajamento dos usuários.

O objetivo é encontrar formas para estimular o uso do produto de forma continuada, com o mínimo de fricção e que alimentem o objetivo principal do produto.

O Ciclo Virtuoso é aplicado na granulosidade das funcionalidades que o usuário usa diretamente, objetivando um resultado/outcome claro para alcançar.

Vamos tentar materializar: imagine que você seja o PM de um serviço de streaming de música. O outcome que precisa ser alcançado naquele período é **aumentar a quantidade de músicas tocadas nas plataformas em x%**. Logo, você precisa encontrar maneiras de estimular as pessoas a ouvirem mais músicas no seu serviço.

Pensando nisso, você fez uma série de pesquisas qualitativas por meio de entrevistas e também análises quantitativas com os dados gerados pelos comportamentos dos usuários no produto. Você e seu time descobriram que as pessoas passam bastante tempo procurando músicas que:

- Tenham um significado emocional, ou seja, que as façam lembrar de coisas importantes que aconteceram na sua vida;
- Ajude a executar uma tarefa do dia a dia, seja em tarefas de casa, estudo, trabalho etc.

A hipótese é: se ajudarmos as pessoas a encontrarem músicas com mais velocidade e facilidade que se encaixem nessas duas características, elas ouvirão mais músicas.

Algumas ideias:

- Possibilitar que os usuários criem playlists;
- Melhorar algoritmo de recomendação;
- Possibilitar que os usuários criem playlists colaborativas;
- Oferecer playlists temáticas prontas;
- Possibilitar que os usuários compartilhem músicas;
- Possibilitar que os usuários favoritem músicas prediletas;

Vamos pegar a criação de playlists como início?

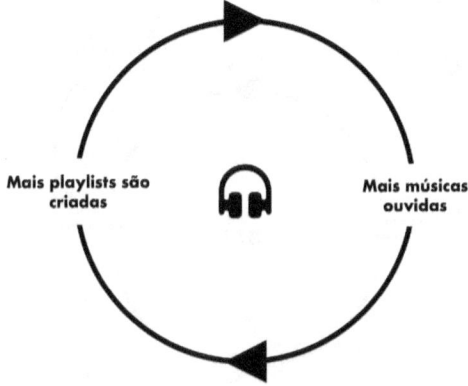

Mais playlists são criadas

Mais músicas ouvidas

Exemplificação do ciclo virtuoso aplicado às funcionalidades de produtos digitais

Se o usuário cria playlists com as músicas que ele mais gosta, mais músicas ele ouvirá, pois você facilitou o acesso às suas músicas favoritas.

Mas podemos aumentar esse ciclo. Conforme o usuário seleciona as músicas que ele mais gosta, o algoritmo de recomendação fica mais esperto, pois conforme o usuário seleciona as músicas, ele já deu as pistas sobre quais estilos de música ele mais gosta, quais o artista prediletos, quais os temas etc.

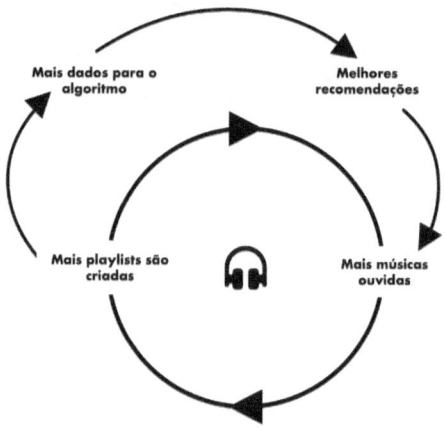

Segunda fase do ciclo

Se adicionarmos a funcionalidade de favoritar músicas, podemos ter mais um gancho para aumentar a inteligência das recomendações. Coloquei mais uma seta iniciando das músicas tocadas, que também tem o potencial para alimentar o algoritmo com mais dados de comportamento.

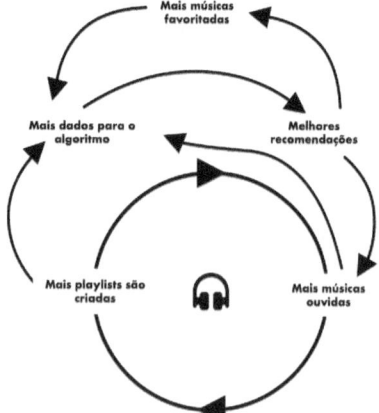

Podemos adicionar agora a funcionalidade de playlists compartilhadas. Neste caso, ter a possibilidade de playlists compartilhadas, faz com que o usuário ouça mais músicas, já que seus amigos (e até desconhecidos) podem colaborar colocando músicas na playlist. Além disso, ter essa funcionalidade ajuda a aumentar a quantidade de playlists no serviço, que começa outro efeito de rede.

Efeito de rede baseada em funcionalidade

Usando o Twitter como exemplo, suponha que o outcome seja ampliar a quantidade de pessoas que publicam conteúdo na plataforma. A hipótese é que se mais pessoas leem os tweets, aumentamos as chances dos publicadores ganharem mais seguidores. Com mais pessoas engajando mais nas publicações, os quem escreve se sente mais motivado para publicar novos conteúdos.

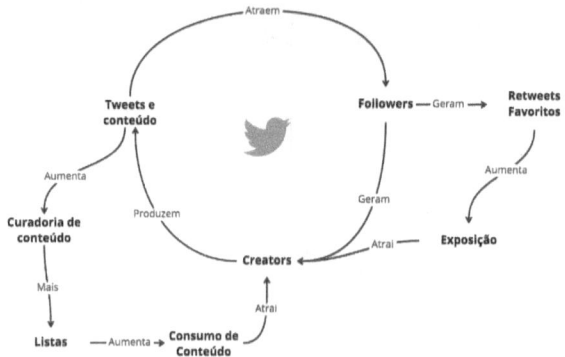

Exemplo de efeito de rede aplicado às funcionalidades do Twitter

Há também a possibilidade de ter um efeito de rede negativo. Conforme a quantidade de escritores aumenta, existe o risco de ter mais conteúdo não relevante ou conteúdos que estimulam comportamentos negativos de usuários (racismo, preconceito ou qualquer tipo de ataque individual que possa gerar violência virtual).

Um pergunta que você pode fazer olhando todos esses ciclos é: "Onde está o começo?". Mas essa é a graça de um ciclo virtuoso: ele é cíclico. Não importa onde começa, o impacto é na rede inteira. Assim como falamos, cada ação deve impactar a geração de valor, sendo sentida pela rede inteira.

Poucas pessoas estão usando o produto, e aí?

É normal que na fase de *growth*, existam alguns momentos onde a tração do crescimento de usuários demore para aparecer. Geralmente, quando temos o problema do Ovo ou a Galinha, que é normal quando falamos sobre produtos como plataforma, você decide primeiro aumentar a ponta dos usuários do produto antes de incentivar as outras pontas. Se você conseguir uma massa crítica de usuários interessados no seu produto, você pode seduzir mais facilmente as outras pontas da rede a entrarem no grupo.

Além das já citadas neste capítulo, existem algumas estratégias que podem facilitar a tração do produto.

Boca a Boca

Hoje o boca a boca não é só um amigo falando para outro sobre a última coisa fantástica que ele descobriu. A relação agora é de um para muitos. As redes sociais funcionam como um megafone. Os nossos usuários precisam falar frases como: "Cara, usa aquele serviço, é tão melhor." para seus amigos ou pessoas próximas. Seja pessoal, seja por meio de redes sociais ou por outros canais.

Muito por isso, o trabalho dos influencers têm crescido bastante. Nem é muito por conta da amizade, neste caso, mas o público do influencer confia nos conselhos e indicações que recebem, por isso, o boca a boca toma uma proporção viral maior. Nesse modelo, é importante garantir que o produto seja fácil de encontrar e tenha um nome ou slogan bastante fácil de reconhecer.

Algumas empresas potencializam o boca a boca oferecendo cupons, ofertas, gamification ou qualquer outro tipo de incentivo. Eu ganhei muitos gigas de armazenamento no Dropbox indicando o serviço para meus familiares e nas redes sociais. Hoje, com a nova fase dos unicórnios e investimentos bilionários, é comum ver startups queimando dinheiro para conseguir potencializar o rápido crescimento de um dos lados da rede, geralmente dando incentivos para os usuários. Quantas vezes você recebeu do iFood aqueles R$20 marotos para um jantar ou créditos para entregas na faixa pelo Rappi?

Demonstração

Eu me lembro quando o Uber começou a engrenar aqui no Brasil. Eles começaram a operar apenas com a categoria Uber Black. Em vez de pegar um Táxi que usava um carro "comum", as pessoas se gabavam de chegar aos lugares com um carro preto mais "premium". O slogan "Todos têm um motorista particular" ajudou muito neste processo. Depois disso tudo, era evidente que as pessoas pegam o Uber exatamente para demonstrar que estavam usando algo que ainda ninguém tinha acesso e que era algo mais "chique" do que pegar um simples Táxi comum.

Aqui, a estratégia é simples: impressionar outras pessoas simplesmente usando o produto. O Instagram viralizou por causa dos filtros nas fotos, ou com os vídeos do antigo Musical.ly (hoje TikTok).

O modelo de demonstração funciona muito melhor quando o serviço é muito útil no dia a dia das pessoas ou quando o app faz algo que nenhum outro fazia anteriormente, como o Instagram com filtros, Musical.ly com os clipes de música.

Convite

Ter curiosidade para saber como é aquele serviço misterioso que só o seu amigo tem acesso gera expectativa, que gera ansiedade. As pessoas ficam com o sentimento de que estão ficando fora de alguma coisa. Saber que não faz parte de um grupo seleto mexe com uma parte sensível do ser humano.

Muito do sucesso da Nubank veio por causa da geração dessa restrição. A proposta de valor de ter um cartão de crédito esperto, sem anuidade, que realmente se importava com as pessoas e seus problemas financeiros, foi bastante potencializada quando todas essas vantagens não eram destinadas para "qualquer um". Você tinha que ter um convite para avançar na fila. Você precisava ser convidado por um privilegiado que já estivesse no clube para.

Isso aconteceu lá atrás com o Gmail. Quando o Gmail nasceu, por meio de convites, todo mundo tinha curiosidade de saber como funcionava esse novo produto do Google que prometia revolucionar a forma com que lidávamos com nossos emails. A proposta não era nem o design, que já era horrível desde aquela época, mas todos os outros problemas que ele resolvia com um "problema comum", que era o email. Filtro de spam, o uso de labels, busca esperta, atalhos e principalmente o "Ajax" (que possibilitava ler emails sem fazer refresh na página) eram as funcionalidades que fizeram o Gmail se destacar e gerar burburinho primeiro nos geeks e depois no público em geral. Quem não gosta de ser convidado pelos seus amigos próximos para participar de um serviço exclusivo?

Contudo, há armadilhas aqui: os falsos convites podem ser um tiro no pé. Muitos produtos usam de artimanhas para induzir usuários a mandar convites para toda a sua lista de contatos. Muitas vezes os usuários fazem isso sem nem perceber. Essa prática causa um efeito contrário: em vez de criar expectativa e desejo, cria repulsa logo de início e ainda "queima" a reputação do usuário que convidou os amigos. Logo, esse usuário que antes era um hub de oportunidades se transforma em seu pior detrator, usando todos os seus canais para lutar contra em vez de a favor do seu produto.

Concluindo

Hoje parece muito óbvio entender que, no mundo digital, trabalhar como uma plataforma faz mais sentido do que no modelo linear, tradicional, muito comum no mundo offline. A mudança pode ser sutil: enquanto no modelo tradicional você trabalha com intermediários que centralizam o poder de viralização e controle de mercado, no outro, seu produto também trabalha com um intermediário, mas muito mais democrático, delegando o que não é especialidade do produto, mas ajudando os players especialistas a potencializarem seus resultados.

Mas a prática é mais difícil do que parece. Não há respostas prontas e você precisa descobrir uma série de perguntas para conseguir definir possíveis caminhos. Alguns desses caminhos podem ser decisivos para produtos virais e que trabalhem fundamentalmente como uma plataforma.

Os princípios de conhecer seu usuário e saber quem e como estão usando seu produto é essencial para decidir qual direção seguir. Seu produto é algo vivo, que evolui, não estagna (pelo menos não deveria) e por isso é necessário que o time mantenha um ciclo contínuo de Discovery, encontrando e direcionando problemas e oportunidades de produto. Veremos isso a seguir.

Evolução contínua e identificação de oportunidades

Um produto digital não tem fim. Ele é o resultado de um trabalho constante de evolução do time de produto, do mercado, do negócio, das mudanças ocasionadas pelo comportamento do usuário e uma série de outros fatores que criam um ciclo contínuo de melhoria e adaptação.

Continuous Improvement: Kaizen

Uma das bases do Kanban é a melhoria contínua. Não que você não possa melhorar usando qualquer outra metodologia, longe disso, mas é que o Kanban incluiu isso como um dos fundamentos de prática. Não existe Kanban se não há melhoria contínua. Para contextualizar essa melhoria contínua, encapsulamos esse significado na palavra japonesa Kaizen, que remete a um significado de melhoria contínua.

É uma palavra que expõe a necessidade e o estado de melhoria profissional e pessoal, de forma incrementada e sucessiva.

Kanji do Kaizen

O contrário do Kaizen é o Kaikaku, que significa mudança radical. Diferente do Kaizen, que se foca em pequenas mudanças incrementais, o Kaikaku sugere uma quebra de paradigma, fazendo uma mudança drástica e dura, uma revolução.

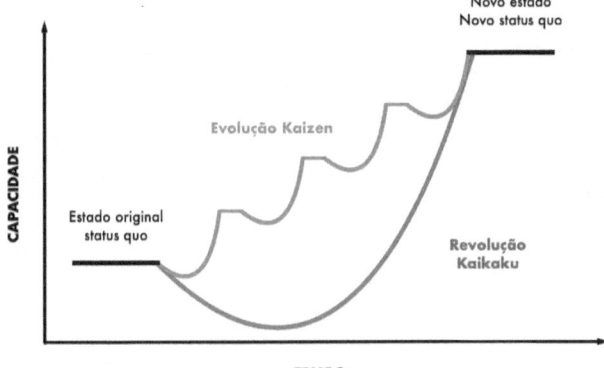

Pequenas mudanças evolucionárias são mais fáceis de dirigir e consequentemente mudar a empresa como um todo. As características principais dessas pequenas mudanças são:

- Mudanças pequenas, objetivas e focadas;
- Geração de menos resistência;
- Resultados mais constantes e rápidos;
- Mais engajamento de todos os níveis da empresa, já que não causa atrito;
- Geração de confiança de todos os envolvidos, já que os resultados aparecem e são consistentes;

Esses pequenos passos de evolução, geram aprendizados. Quando esses aprendizados são absorvidos, o nível de maturidade de todos aumenta e isso desbloqueia caminhos para a próxima pequena evolução.

Essa abordagem não é diferente na construção de Produtos Digitais. Quando falamos sobre *Continuous Discovery* e *Continuous Delivery* (no caso de desenvolvimento), estamos falando de dois ciclos diferentes, mas complementares em suas atividades. A entrega de um complementa a do outro. O avião consegue voar se tiver apenas um dos motores funcionando, mas não terá a mesma potência, não será tão seguro e as pessoas ficarão mais receosas por voar em um avião com um motor só. Contudo, o avião ainda funciona, capenga, mas funciona. Por isso, é recomendado que haja os dois ciclos funcionando juntos. Se por um acaso o time de desenvolvimento não fizer algo como *Continuous Delivery* ou *Deployment*, quer dizer que as validações das descobertas do *Continuous Discovery* demorarão para acontecer e a evolução contínua do produto levará mais tempo para se completar.

Contudo, ambos os ciclos de Discovery e Delivery são ciclos de **aprendizado e evolução** contínua. Neste caso, quero falar sobre um método de aprendizagem, que na minha opinião, pode ser a bala de prata fundamental teórica para outros métodos. Vamos tentar entender o porquê.

PDSA - A bala de prata. Real e oficial.

Quando você se torna um Product Manager (isso acontece também no mundo dos Agilistas), você se afoga em uma série de métodos e frameworks. Todo mundo quer apresentar aquele framework bala de prata com um nome bonito disjuntivo que saiu no último livro *best-seller* no The New York Times. Aqui mesmo neste livro mostro uma série de frameworks que eu uso ou usava para me ajudar na gestão do dia a dia de um Produto Digital. Mas, se eu tivesse que elencar um método, que talvez chegue mais perto da bala de prata que todos procuram, certamente esse método seria o PDCA.

O que é o PDCA

O PDCA é a sigla para as palavras **Plan, Do, Check** e **Act** (ou **Adjust**). É um método de melhoria contínua que se tornou popular por meio de Deming (William Edwards Deming). Contudo, o método PDCA foi criado por Walter Andrew Shewhart, mais ou menos na década de 1930.

Deming é conhecido por ter realizado uma transformação industrial no Japão pós Segunda Guerra Mundial, difundindo e treinando empresas com seus princípios de qualidade e melhoria contínua. Uma série de pensamentos ditos modernos que você ouve hoje vieram das ideias dele. Por exemplo, se você já estudou Management 3.0, deve saber que uma das "teorias" é que empresas são organismos complexos, que funcionam mais ou menos como uma rede. Esse pensamento vem do Sistema de Conhecimento Profundo, segundo o qual Deming define que a organização é uma rede componentes interdependentes que alcançam um objetivo trabalhando em conjunto.

Embora os estudos de administração e gestão de Deming tenham sido feitos levando em consideração o ambiente industrial, a essência pode ser aplicada em praticamente qualquer tipo de gestão e se encaixa muito na gestão e construção de Produtos Digitais.

As etapas do PDCA e a mudança para PDSA

O PDCA é dividido em 4 partes simples: Plan, Do, Check, Act (ou Adjust).

Adota ou abandona a mudança.
Inicia novamente o ciclo.

Act

Plan

Planeja uma mudança ou um teste, mirando melhoria

PDCA

Verifica os resultados.

Check

Do

Realiza a alteração ou teste. Preferencialmente em um escala pequena.

Estágios do ciclo PDCA.

Embora as pessoas costumem falar PDCA, Deming fez uma mudança muito pequena, mas bastante representativa que foi mudar o **Check** por **Study** [45]. O PDCA original era um **ciclo de melhoria**. O que já é muito bom em um primeiro momento e parece resolver muito bem. Mas Deming entendeu que a fase de **Check** não enfatizava a necessidade de estudar os resultados para entender os reais impactos das mudanças propostas. Foi aí que essa fase deu lugar ao **Study**, ficando **PDSA** e se aproximando mais de um **ciclo de aprendizado ligado a melhoria contínua**. Faz muito mais sentido para nosso pensamento moderno de Produtos Digitais, que está muito conectado à cultura do movimento Agile, onde queremos abreviar a entrega de valor, com entregas frequentes e constantes, verificando se há uma mudança (melhoria ou piora) de comportamento do usuário ao utilizar o produto e causando simultaneamente impacto positivo no negócio.

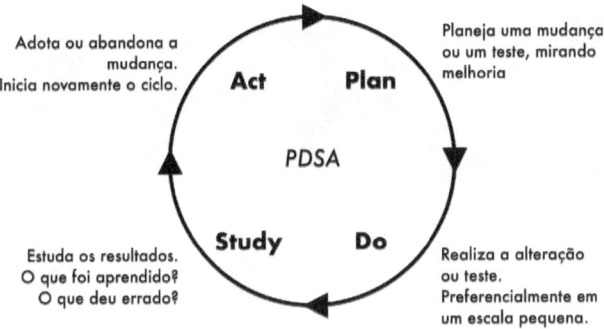

Adota ou abandona a mudança. Inicia novamente o ciclo. **Act**

Planeja uma mudança ou um teste, mirando melhoria **Plan**

PDSA

Estuda os resultados. O que foi aprendido? O que deu errado? **Study**

Do Realiza a alteração ou teste. Preferencialmente em um escala pequena.

PDSA: Plan, Do, Study, Act

Essa mudança também é muito importante para desenvolver um ciclo de criação de conhecimento. Quando se aprende durante o processo, os aprendizados devem ser pulverizados por todos os integrantes, de forma que o conhecimento adquirido não seja centralizado em apenas uma pessoa - muitas vezes na pessoa gestora do produto - mas por todo o time e também para a empresa. É importante que isso vire um ciclo virtuoso que se retroalimenta com as descobertas e aprendizados.

As etapas do PDSA são:

- **Plan.** Nessa primeira fase, nós mapeamos os problemas, natureza de necessidades, investigando sintomas e possíveis causas. É basicamente uma investigação do diagnóstico prévio do que queremos resolver ou criar. Aqui podemos fazer todo um estudo de *benchmark*, negócio, usuários, padrões de comportamento, traçar perfis etc. Um ponto importante é a definição ou estudo dos KPIs ou objetivos a serem atingidos.
- **Do.** Depois de planejado e identificado todos os pontos que poderão sofrer impacto, é hora de testar o plano. Aqui há o teste da solução/incremento que será aplicado. Além desse teste, é onde fazemos a checagem de performance para possíveis ajustes no processo de execução.
- **Study.** Nessa fase nós interpretamos e analisamos os resultados gerados. Monitoramos os dados, retiramos insights, identificamos nossas causas, problemas etc. É importante entender se as hipóteses foram invalidadas e discutir novos achados.
- **Act/Adjust.** Aqui fechamos o ciclo, onde implantamos realmente a solução tática. É basicamente a entrega propriamente dita.

O PDCA como plataforma para outros frameworks e metodologias

O PDCA tem origem no método científico. Isso quer dizer que ele valida ou invalida hipóteses por meio da execução desse ciclo de forma constante. Somente a repetição do ciclo traz a continuidade da melhoria, porque a cada aplicação do ciclo, mais erros são encontrados e corrigidos.

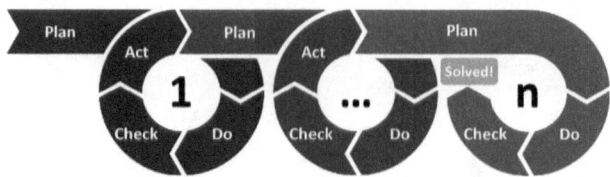

Ilustração das interações com o formato PDCA. Fonte: Christoph Roser, AllAboutLean.com

Todo esse processo sintetiza dois grandes conceitos importantes: **aprendizado e melhoria**. Na fase de aprendizado, nós pensamos e estudamos. Na fase de melhoria, nós executamos a entrega e analisamos.

Estágios do ciclo de aprendizagem contínua destacando as fases de Melhoria e Aprendizado

E é aqui que está o grande pulo do gato, pois é baseado nestes dois grandes pilares que outros frameworks e métodos são derivados. Veja por exemplo o **Design Thinking**, que ficou bastante popular nos últimos anos (digamos a partir de 2010 - embora tenha sido usado desde sempre pela IDEO sem esse nome bonito... mas não foi a IDEO que inventou esse método e eles deixam isso bem claro[46].

O Design Thinking trabalha com o conceito de divergência e convergência. Na fase de divergência nós criamos e produzimos escolhas e alternativas. É onde há um impacto entre opiniões e ideias. Na convergência é onde fazemos escolhas e entendemos qual dessas ideias e opiniões pode ser a melhor para causar impactos e alcançar os objetivos.

Existem três principais pilares no Design Thinking, sendo elas:

1. **Empatia.** Entendimento das necessidades daqueles que você vai construir a solução;

2. **Ideação.** Geração de ideias. Use aqui a técnica que quiser.

3. **Experimentação.** Protótipo e teste essas ideias;

O processo é quebrado em seis passos:

1. **Entender/Empatia.** Conduzir pesquisas e entender seus usuários;

2. **Definir.** Juntar os achados e encontrar onde os problemas ou oportunidades estão;
3. **Ideação.** Gerar uma grande quantidade de ideias;
4. **Prototipar.** Criar algo tangível que represente ideias selecionadas;
5. **Testar.** Teste essas ideias e tenha feedback dos usuários;
6. **Implementar.** Execute e aplique a sua ideia no mundo real;

Você vai encontrar uma série de definições que são bem parecidas. Em alguns lugares há uma fase de Planejar, em outras não há a fase de Implementar. Mas a essência continua igual. Esse processo que eu listei é o que o NN Group usa na sua explicação [47].

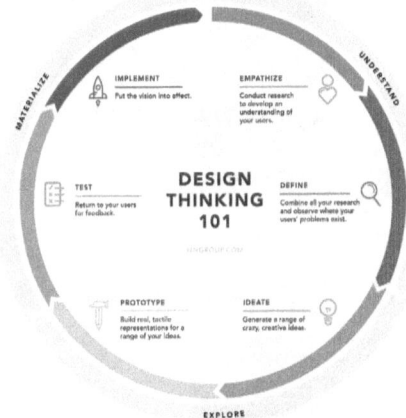

Ciclo de iteração do Design Thinking. Fonte: https://www.nngroup.com/articles/design-thinking/

Quando fazemos um comparativo com o PDSA de Deming, a coisa toda se encaixa perfeitamente dessa forma:

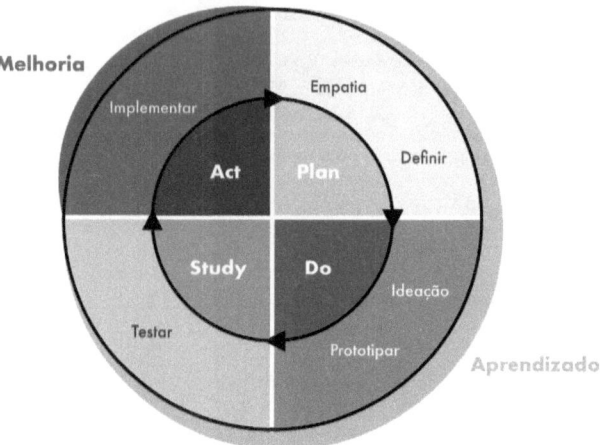

Qualquer outro framework ou metodologia cíclica irá se encaixar facilmente no PDSA. A essência sempre vai continuar a mesma que é aprender e melhorar, de forma contínua, constante e frequente.

Podemos nos aprofundar nas fases de Aprendizado e Melhoria estudando outras duas metodologias que estão bastante difundidas nos últimos anos, e que eu gosto muito por serem bem modernas e se adaptarem bem aos cenários que enfrentamos frequentemente no mundo de produtos: *Continuous Discovery* (que eu encaixo no Aprendizado) e *Continuous Delivery* (que eu encaixo em Melhoria).

A bolota do Discovery e Delivery

Quando eu estava na Jüssi, estabelecemos uma rotina e um processo muito simples e bem faseado. Como a Jüssi é uma agência de consultoria de Tecnologia e Marketing, como natureza do negócio, os clientes podiam nos contratar para fazer apenas uma fase do processo, então, era bastante comum que uma parte do processo fosse feito por nós e o cliente absorvia outras pontas do processo. Contudo, muitos clientes também nos contratavam para fazer o processo inteiro. Quando isso acontecia, toda a integração e fluxo de trabalho era muito mais otimizado e eficiente, dado que interagíamos com times que já estavam integrados.

O nosso processo de construção e manutenção de Produtos Digitais era dividido em duas grandes partes: Discovery e Delivery.

- **Discovery:** a ideia dessa etapa é entregar respostas coerentes para hipóteses de soluções dos problemas do usuário e do negócio. Essas respostas vêm a partir de pesquisas qualitativas e quantitativas, que quem responde são os usuários e os stakeholders responsáveis pelo produto;

- **Delivery:** os times lá na Jüssi são multidisciplinares, exatamente por causa desse pensamento evolutivo de produto, acreditando que precisamos ter todas as disciplinas para manter a evolução de todas as frentes de produto. O time inteiro também era *user-centered* e todas as entregas eram potencializadas por conta do *mindset* ágil e da tecnologia;

Discovery
Decidir o que é
certo a se fazer.

Eficácia.

USUÁRIO

Delivery
Fazer da maneira
correta.

Eficiência.

Curiosidade: Internamente esse processo de Discovery e Delivery foi carinhosamente batizado de Bolota.

Do mesmo jeito que temos conversado até aqui. Dentro de cada uma dessas grandes partes, subdividíamos em 6 entregáveis. Como disse, essas entregas precisam ser independentes, mas de fácil conexão, seja com os nossos times internos ou com os times dos clientes.

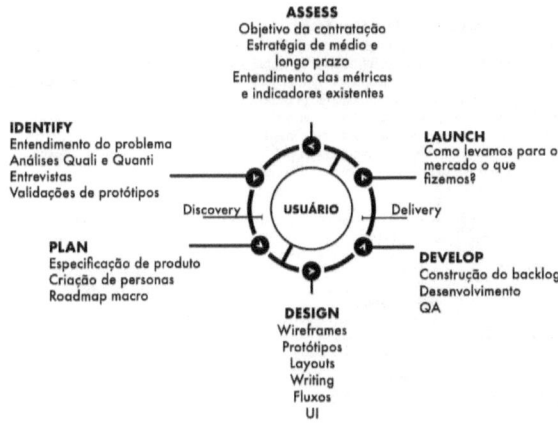

ASSESS
Objetivo da contratação
Estratégia de médio e
longo prazo
Entendimento das métricas
e indicadores existentes

IDENTIFY
Entendimento do problema
Análises Quali e Quanti
Entrevistas
Validações de protótipos

LAUNCH
Como levamos para o
mercado o que
fizemos?

Discovery   USUÁRIO   Delivery

PLAN
Especificação de produto
Criação de personas
Roadmap macro

DEVELOP
Construção do backlog
Desenvolvimento
QA

DESIGN
Wireframes
Protótipos
Layouts
Writing
Fluxos
UI

Ciclo de construção de produto que usávamos na Jüssi, dividindo em duas grandes áreas macro: Discovery e
Delivery

Perceba que você não tem como saber onde a "bolota" começa nem onde ela termina. As fases são:

- **Assess:** para facilitar seria basicamente o início de uma auditoria do estado atual do produto e do problema que precisamos resolver. É aqui que analisamos números do produto, negócio, KPIs que precisam ser atingidos pelos times. É aqui que sabemos quais os **outcomes** e o **goal** principal;
- **Identify:** é aqui que tentamos identificar as **oportunidades** e as **ideias** que serão trabalhadas para conseguir alcançar os Outcomes e Goals;

- **Plan:** nessa fase organizamos como vamos executar as oportunidades. Nós validamos algumas propostas, começamos a especificação do produto, criamos um roadmap macro para deixar as iniciativas mais transparentes e gerenciar as expectativas do cliente e time. É aqui que começamos a criar a especificação do produto como **PRD** (_Product Requirements Document__) e **Press Release;**
- **Design:** começamos a desenhar as primeiras telas, fluxo navegável, Design System, primeiros planejamentos entre time de design e front-end;
- **Develop:** é onde começamos a construir a programar ou fazer intervenções em código já existente. Aqui os PMs começam a escrever o backlog (dependendo do cliente, fazíamos apenas o Épico, para outros, geralmente para clientes onde não comandávamos o time técnico, PMs escreviam a nível de histórias);
- **Launch:** depois que terminamos o produto, funcionalidade, inovação etc, precisamos decidir como iremos informar o usuário e o mercado;

Esse processo é um processo bastante comum que descreve quais as fases da construção de um produto. O que fazíamos de diferente, então? Por se tratar de uma consultoria, a Jüssi se focava em qualidade de entrega. Não entregávamos apenas um PDF final para o cliente ou um incremento funcional para o produto, pelo contrário: entregávamos tudo o que o cliente precisava para conseguir dar continuidade no produto conosco ou com qualquer outro fornecedor. Nós prezávamos muito pela qualidade técnica e pela excelência das entregas. O propósito do time de produtos era sempre potencializar o valor entregue para o negócio e para o usuário por meio da cultura de produtos digitais.

Dual track: Upstream e Downstream
Durante muito tempo foi muito difícil encaixar a fase dos trabalhos de UX em um modelo que fosse fluído e ao mesmo tempo desse visibilidade dos trabalhos que estavam sendo feitos na fase de concepção de ideias até materialização do design. Embora no meio de desenvolvedores a prática de metodologias ágeis fosse muito comum, designers achavam que qualquer processo poderia diminuir a criatividade ou burocratizar algo que deveria ser orgânico.

Felizmente isso mudou e agora trabalhar com um processo claro e visível é o que pode diferenciar os designers ótimos dos medianos. A prática mais utilizada é a de **Dual track**. Ela se resume muito simplesmente em ter uma track de Discovery e outra de Delivery.

EFICÁCIA Decidir o que é certo a se fazer para alcançar os resultados.	Análises de KPIs			
		Análises qualitativas	Validação de propósitos	
UPSTREAM (DISCOVERY) Criação de hipóteses, validação de hipóteses, experimentos, produção de materiais e items macro de backlog para o momento de delivery.	Entrevistas com usuário			Criação de épicos
		Criação de protótipos	Validação e invalidação de hipóteses	
	Análises quantitativas			
		Entrevistas stakeholders	Testes de usabilidade	Especificação de produto
EFICIÊNCIA Fazer corretamente o que foi decidido. Decide o como.		Criação de task técnica	Desenvolvimento front-end	Go to marketing
	Jornada de usuário		Infraestrutura	Testes técnicos
DOWNSTREAM (DELIVERY) Entregas dos incrementos funcionais baseados nas descobertas do upstream, solução de débitos técnicos, filtro e seleção de bugs.		Motion	Desenvolvimento back-end	Deploy automatizado
	Design UI	Testes A/B	QA	Uptime

Visão de atividades macro nas esteiras de Upstream e Downstream

Geralmente, minimamente esses são os perfis que podem se envolver na fase de **upstream:**

- **PM,** para trazer visão e negócio, visão de médio e longo prazo, objetivos e contexto de produto;
- **UX,** que vai trazer visão de jornada de usuário, pontos importantes sobre experiência do usuário, visão de construção de interface;

- **Dados (CRO ou DS)**, para levantar dados sobre as hipóteses levantadas, contexto de comportamento de usuário, histórico de uso;

Dependendo do produto, da empresa, do cenário, esse mix de especialistas pode mudar. É muito difícil desenvolvedores ajudarem ativamente nessa fase, mas é muito bom eles participarem para entenderem profundamente os problemas que estamos tentando resolver.

Cíclico e paralelo

O Dual Track é um processo cíclico e paralelo. Isso quer dizer que o processo não acaba, mas é repetido e um novo ciclo recomeça para resolver outro problema, enquanto ciclos estão sendo executados simultaneamente.

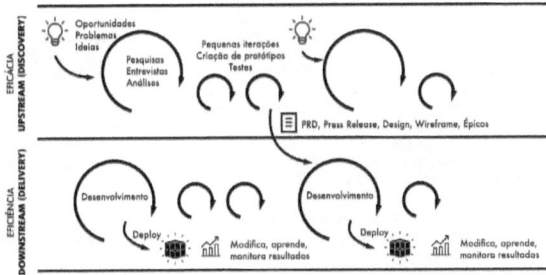

Upstream e Downstream com esteiras cíclicas e contínuas

Enquanto as sugestões de solução estão sendo desenvolvidas e publicadas em produção, novas pesquisas e levantamento de hipóteses são iniciadas.

Na **track de discovery**, o foco deve ser em **aprendizado rápido e validação**. O ciclo não deve percorrer em ideias ou contextos muito complexos e têm pouca informação, mas em hipóteses que sejam factíveis e tenham informações suficientes para valer rodar o ciclo.

Um ponto importante: se o time está realizando um processo correto de Discovery, muitas e muitas ideias são descartadas de forma rápida e indolor, passando para a próxima hipótese de modo a aprender o mais rápido possível. Lembre-se de manter evidências dessas ideias descartadas para que futuramente vocês se lembrem dos motivos.

A **track de delivery** deve se focar em eficiência e previsibilidade de entrega baseada em dados históricos do time, além de entregas com o mínimo de erro possível. Nesse momento o time de desenvolvimento precisa ter tudo o que eles necessitam para construir a solução proposta.

Esse processo é bastante pesado para o PM, pois sua responsabilidade é acompanhar todo o caminho, desde a ideação até o monitoramento dos resultados após o deploy da solução. Geralmente o PM tem uma visão macro e suficientemente generalista para saber todos os detalhes importantes dessas entregas.

Introdução ao Continuous Discovery de Produtos

O Discovery é um processo que nos permite ter mais visibilidade sobre os problemas e necessidades que o time está atacando, de forma que a solução possa ser mais efetiva. Esses problemas e necessidades sempre estão ligadas a um valor entregue ao usuário ou ao resultado de negócio.

Toda a visão e o contexto de negócio devem ser claramente transmitidos para os membros dos times. Quando isso é feito, o processo agora não é mais um direcional de controle e comando de tarefas de backlog, baseado-se em tarefas e bugs, mas em **geração de resultados**, focando no problema, não na solução.

Eu já perdi as contas de quantas vezes eu ouvi (e até falei) algo como "Hey, já sei! Vamos fazer um App que vai nos ajudar com...". Esse é o clássico cenário onde a solução foi escolhida primeiro. E se a resposta não for um app? E isso só é descoberto se fizermos um processo de Discovery. Dessa forma você como gestor ou gestora do produto deve remover o roadmap de features, criando um roadmap baseado em resultados. Abordo um pouco mais sobre esses assuntos no capítulo sobre métricas e indicadores.

Então, o truque aqui é levar em consideração dois pontos:

1. **Aprendizado contínuo**, de forma que o que seja feito pelo time sempre seja relevante e atual;

2. **Outcomes (resultados) em vez de Outputs (tarefas)**, de forma que a geração de resultados e de valor seja frequente e constante, tanto para o crescimento do negócio, quanto para os usuários;

Sendo assim, a fase de descoberta não deve se demorar, já que precisamos aprender rápido, para gerar resultados constantes. As entregas devem permitir que a empresa e o time avancem para o próximo passo em direção aos objetivos traçados na proposta de valor e visão do negócio e do produto. Isso se resume no princípio mais fundamental do papel de um Product Manager: construir as coisas corretas. O time é responsável por construir essas coisas da **forma** correta.

O Discovery é um trabalho basicamente de *Research*. É uma busca e pesquisa constante de informações para encontrar padrões e insights comuns.

Na The Opportunity Solution Tree [48] da Teresa Torres, nós temos alguns passos importantes para prosseguir com um Continuous Discovery efetivo:

1. Defina claramente o resultado que deve ser atingido;

2. Time faz entrevistas e análises para descobrir e definir quais as oportunidades no produto que podem alcançar aquele resultado;

3. O time deve definir as possíveis soluções que integram essas oportunidades;

4. Essas soluções devem ser testadas por meio de protótipos e experimentos em produção (ou ambiente controlado) para provar essas hipóteses;

Os outcomes geralmente são definidos por área de negócios, Stakeholders, C-Levels, Diretoria ou tudo isso junto. Mas se você estiver em uma empresa que trabalha com OKRs, há uma divisão mais ou menos justa de definições, onde algo em torno de 60% são definidos bottom up e 40% dos objetivos top down. Isso é importante para que uma boa parte da autonomia de definições e geração de resultados venha da galera que realmente está atuando na ponta, gerando impactos diretos para o usuário.

Outro ponto importante é que várias soluções devem ser dadas para uma mesma oportunidade ou ideia. Dessa forma você consegue ter várias hipóteses para testar e assim aumentar as chances de uma ser a correta.

Quando temos várias soluções para um mesmo problema ou oportunidade, conseguimos comparar os resultados de todas as soluções e então discutir qual das melhores resultados. Isso evita qualquer viés de confirmação que o time ou outras pessoas possam ter em prol de uma solução específica.

Dado que uma solução foi escolhida, nós temos que nos perguntar se essa solução resolve a oportunidade/problema em questão, simultaneamente que potencializa e impulsiona o resultado (outcome) definido.

Contudo, é bastante comum ainda encontrarmos PMs que gerenciam seus produtos pela quantidade de features produzidas ou quantidade de entregas feitas. Muitas vezes não é culpa do PM, mas dos stakeholders, que ainda medem a produtividade de um time pela quantidade de trabalho, não por resultado (outcomes) gerados. Sendo assim, como direcionar a gestão do produto por meio de resultados e não quantidade de tasks?

Gerenciando o produto por resultados (Outcomes) e não por entregas (Outputs)

É muito comum encontrar Product Managers que raciocinam da seguinte maneira: o usuário tem um problema, então, faço uma funcionalidade/melhoria/mudança e resolvo o problema.

Solução — **Funcionalidade** — **Problema**

Primeiro temos uma solução, que nos leva a criação de uma funcionalidade que por sua vez resolve um problema.

Mas não é só por que finalizamos e *shipamos* uma funcionalidade, que o problema será resolvido ou muito mais importante: que essa entrega causou o impacto desejado no comportamento do usuário e/ou trouxe impacto positivo financeiro ou de posicionamento para a empresa.

Direcionando seu produto por entregas e funcionalidades (outputs)

Quem nunca teve que preparar uma apresentação para a empresa - principalmente para os stakeholders - com um roadmap de entregas de funcionalidades? É comum as pessoas precisarem/desejarem ver quando e o que será entregue a fim de entender onde e quando teremos os resultados para o usuário ou para a empresa.

Janeiro	Fevereiro	Março	Abril

Funcionalidade 1

Funcionalidade 2

Funcionalidade 3

Como geralmente somos cobrados por data e deadline de tarefas/funcionalidades

Quando funcionalidades estão no centro do nosso backlog e das nossas discussões, estamos gerenciando nosso produto por Outputs (que chamo aqui de entregas, por falta de tradução melhor).

Ser apaixonado pela solução é um erro comum entre novos e velhos Product Managers. Mais correto (e difícil) é ser apaixonado pelo problema. **Isso quer dizer que é melhor investir mais tempo no Upstream do processo, conhecer mais o problema, entendendo seus meandros e motivos, para depois avançar para uma solução.** Aquela velha história de pensar duas vezes para cortar uma.

A quantidade de software (traduzido em funcionalidades, bugs, débitos técnicos, alinhamento de design...) entregue, não importa. O que importa é se essas entregas estão impactando o comportamento do usuário, que por sua vez impactam os indicadores de produto, que por sua vez devem impactar indicadores de negócio.

Mesmo que as funcionalidade sejam pautadas em necessidades reais do usuário, que foram descobertas em entrevistas de mercado e validadas por dados, você como Product Manager deveria gerenciar seus produtos tendo em vista Resultados (Outcomes). Quando os times estão engajados para alcançar outcomes, nós cobramos eles por performance, não por número/quantidade de entregas.

Direcionando seu produto por resultados (outcomes)

Gerenciar um produto por resultados é direcionar a empresa e o time para alcançar um determinado objetivo, mudando um determinado indicador de produto que por sua vez muda o negócio.

Os outcomes são definidos por indicadores mensuráveis pelo time, que é importante para o usuário ao mesmo tempo que para o negócio.

Isso é muito mais fácil dizer do que fazer. Se o seu time faz isso sozinho, tem grandes chances de fracassar ou ter entraves bem grandes. O correto é que a empresa tenha um alinhamento claro e transparente sobre os objetivos que precisam ser alcançados. Dessa forma o time pode decidir como impactar o usuário para alcançar os objetivos globais.

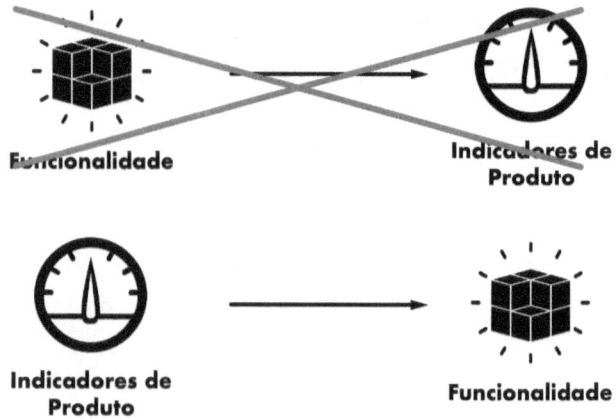

Primeiro precisamos entender os indicadores do produto, depois procurar uma solução que impacte esses indicadores

O trabalho do Product Manager é instigar uma definição da liderança, criando alinhamento sobre os objetivos que precisam ser atingidos. Então, o time expõe quais as oportunidades que podem ser exploradas e quais têm mais chances de dar um bom resultado.

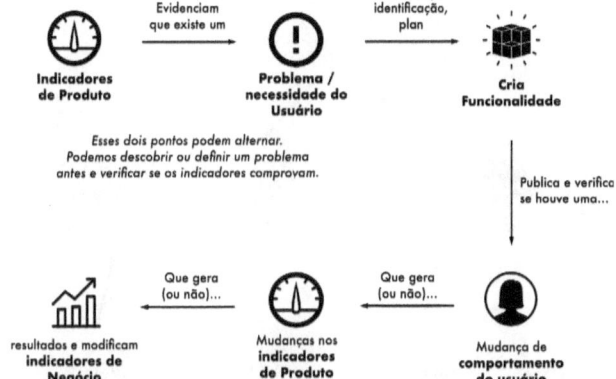

Diagrama que mostra como podemos modificar resultados iniciando o ciclo pelos indicadores até o impacto nos resultados de negócio

A ideia é que você trabalhe para modificar resultados e fuja do monitoramento de performance por entregas de funcionalidades. Quando uma empresa trabalha com qualquer framework que coloque objetivos e resultados em primeiro lugar - como por exemplo OKRs - definir, medir e monitorar o que será feito fica bem mais fácil e inteligente.

	Janeiro	Fevereiro	Março	Abril
Indicador 1	Funcionalidade 1	Funcionalidade 2		
Indicador 2		Funcionalidade 3		
Indicador 3			Funcionalidade 4	

Um exemplo básico de roadmap direcionado a metas/indicadores

Você deve definir seus Outputs apenas depois de definir os Outcomes. Isso parece ser simples e óbvio, mas geralmente não é isso que acontece.

Hierarquia de desdobramento do resultado desejado até o nível de ideia/solução

Contudo, a definição dos resultados que devemos atingir só vem depois de identificarmos os problemas e necessidades dos usuários. Muito por isso é tão importante conhecer bem a proposta de valor da empresa e qual o posicionamento que o produto deverá ter no mercado.

Hierarquia partindo do problema ou necessidade do usuário

Jason Doherty fez um diagrama [49] bastante legal para mostrar como seria um roadmap de produto baseado em Outcomes. Você vai perceber que é bastante parecido com o diagrama da Teresa Torres.

No topo do diagrama ele adicionou três coisas bem importantes para fundamentar os passos do produto:

- Impacto no negócio;
- Visão do Produto;
- Valores e Princípios;

Embora esse diagrama seja muito completo e uma ótima extensão do diagrama original de Teresa Torres, eu senti falta de ver no diagrama um quadro representando o impacto no usuário.

Na minha opinião, tudo deve estar baseado nos princípios e valores do negócio. Esses princípios e valores ajudam a definir a proposta de valor da empresa como um todo. A proposta de valor da empresa ajuda a fundamentar a visão do produto. A visão de produto direciona qual a proposta de valor entregue pelo produto, que por sua vez impacta o negócio e o usuário.

E o impacto só acontece quando ancoramos nossas entregas (histórias e features) em soluções que partiram de ideias, que por sua vez foram originadas por oportunidades encontradas no Discovery, que impactam Goals e KPIs.

Eu comentei essa modificação com o Jason no próprio artigo onde ele apresenta o diagrama original [50]. Segue a resposta dele na íntegra:

Abordagem interessante Diego — obrigado por compartilhar! Não tenho certeza se gostaria de colocar a proposta de valor do produto lá, mas, em vez disso, garantiria que ela fosse claramente explicada em um Lean Canvas em vez de mais detalhes. Isso meio que se encaixa, já que você entendeu e a ideia é boa. :) Eu provavelmente consideraria manter essas coisas, mas transferi-las para outro artefato com o qual todos concordam (Lean Canvas, Business Model Canvas, etc.). Em geral, é muito difícil escrever uma visão de produto e declarar seus impactos comerciais desejados em alto nível, então eu manteria simples, mas você realmente precisa dessas coisas (problema, solução, vantagem competitiva etc.). Só não estou convencido de que isso esteja no seu roteiro, mas precisa existir. Você precisa lembrar às pessoas qual é sua missão em cada roteiro — as pessoas tendem a ir direto para recursos e botões porque é divertido e familiar, sem definir o sucesso primeiro ou alinhar aos objetivos — o que tende a resultar em baixo impacto para a visão e objetivos — essa é a única razão pela qual costumo sempre mantê-lo à frente e no centro: como um lembrete. [51]

Algumas perguntas que descrevem cada camada do diagrama:

- **Princípios e valores do Negócio:** Quais os valores e princípios que norteiam a decisão do board? Qual o código de conduta ética adotado pela liderança da empresa? Isso é passado para todos os níveis hierárquicos da empresa?
- **Proposta de Valor do Negócio:** Qual o principal valor que o negócio leva pro mercado? O que diferencia essa empresa das outras? Qual o impacto que o negócio quer causar no mercado?
- **Visão do Produto:** Onde esse produto quer estar daqui 5 anos? Quais pessoas ele quer impactar? Quais produtos são semelhantes? Por que nosso produto é diferente?
- **Proposta de valor do Produto:** Qual o problema esse produto vai solucionar? Quais as necessidades esse produto vai resolver para o usuário? Por que esse produto é importante para o negócio?
- **Impacto no negócio:** Quais KPIs esse produto vai impactar? Quais impactos financeiros? Qual o posicionamento da empresa no mercado oferecendo esse produto? Qual o impacto de marca?
- **Impacto no usuário:** Esse produto vai facilitar a vida dos usuários? Estamos fazendo um produto ético? Esse produto modifica o hábito das pessoas? Esse produto resolve algum problema das pessoas?
- **Goals (objetivos):** Quais os principais objetivos de negócio e usuário devemos atingir? Esses objetivos estão alinhados com a visão do Produto? São objetivos de longo, médio ou curto prazo?
- **Outcome (resultados):** Quais resultados vamos obter com o comportamento do usuário? Quais mudanças mensuráveis acontecerão no comportamento do usuário? Essas mudanças de comportamento nos ajudarão a cumprir com o Goal?

- **Oportunidades:** Quais os problemas dos usuários foram identificados? Quais as dores identificadas? Quais dessas oportunidades representam ganhos financeiros, de posição, de crescimento de base, de inovação?
- **Ideias:** Quais as ideias que queremos validar para aproveitar uma oportunidade? Como testamos essas hipóteses de maneira eficiente e eficaz? Quais ideias impactam mais de uma oportunidade?
- **Soluções:** Quais dessas ideias foram validadas e podem se tornar soluções para os problemas dos usuários que valem a pena construir? É uma solução perene, que pode gerar novas oportunidades no futuro? Essa solução tem Network Effect?
- **Feature (funcionalidades):** Quais funcionalidades materializarão melhor a solução para o usuário? Essa feature pode ser dividida e publicada em partes? Essa feature depende de outras soluções ou features? Essa feature tem um apelo de Network Effect?
- **Story:** A história tem todos os cenários do ponto de vista do usuário? A história contempla quais comportamentos do usuário devem ser priorizados? A história é pequena o bastante para entregar valor rápido pro usuário, para o produto e para o negócio?

Esse ciclo é o que, na minha humilde opinião, resume muito bem o fluxo de entrega de valor e resultados de um serviço digital. Nada do que o time faz e produz deve ser em vão, tudo deve ser ancorado em resultados e impactos. O time inteiro deve ter consciência de que tudo o que eles constroem tem um motivo real de impacto final. Já vi muitos times perderem talentos, porque tudo o que era construído demorava para ser publicado ou não causavam impacto real.

Aproveitando esse diagrama, eu tomei a liberdade de criar o meu próprio diagrama que demonstra a conexão clara entre estratégia de negócio, iniciando por sua Causa Justa e indo até o tático, por meio de tarefas e OKRs.

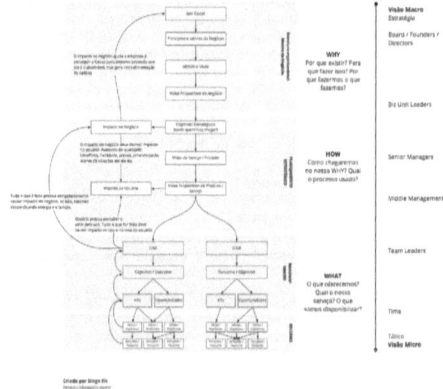

Para ver melhor e maior: https://miro.com/app/board/o9J_If2HMtA=/? moveToWidget=307445735233082266 1&cot=14

Árvore de Oportunidades e OKRs

O OKR é um framework que se tornou muito comum em todas as empresas de produto por causa do seu foco em resultado, ou seja, na movimentação de ponteiros de negócio e de produto. Além disso, o que eu mais gosto do framework é que ele democratiza bastante a priorização das iniciativas. O "manual" do OKR diz que 60% das priorizações partem do time e apenas 40% partem da empresa, stakeholders e diretoria. Como as duas pontas têm visões bem diferentes sobre o negócio e o produto, é comum que haja conflitos para definir quais iniciativas devem ser priorizadas.

A Árvore de Oportunidades da Teresa Torres é uma ótima forma de integrar com uma visão de OKRs. Na verdade, ela fez isso já pensando em uma visão de OKRs, exatamente por que esse formato cria um ótimo mapa para focar em outcomes em vez de outputs.

Abaixo segue uma visão que mostra como podemos integrar a Árvore de Oportunidades com uma visão de OKRs:

Opportunity Solution Tree e OKRs

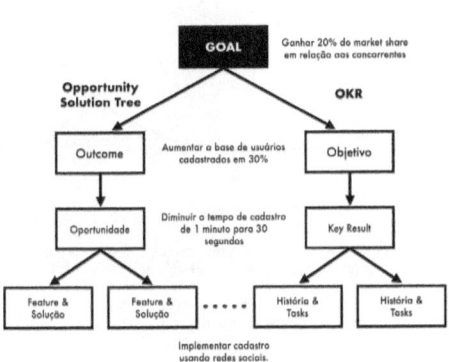

Relação da Árvore de Oportunidades da Teresa Torres com o OKRs

A árvore de oportunidades pode ser uma versão mais visual dos OKRs, sendo uma maneira mais fácil de compartilhar e comunicar para o time quais os objetivos daquele ciclo.

Sempre, sempre, sempre relacione suas histórias em números de negócio ou de produto. O que eu quero dizer com números de produto: são métricas e indicadores relacionados ao comportamento do usuário no seu produto, que se impactados por iniciativas do time, os números e KPIs de negócio são impactados de forma indireta.

O problema da confiança

É muito comum existir uma desconfiança velada dos stakeholders e líderes sobre a capacidade e competência de dar autonomia para o time definir como os outcomes serão alcançados. Alguns modelos como OKRs tentam promover mais autonomia para o time, deixando que o time decida 60% das iniciativas que irão impactar os resultados, deixando apenas 40% para os líderes.

Essa desconfiança cria um ambiente favorável ao microgerenciamento de tarefas e principalmente dos outputs (entregas), o que, por sua vez, faz o time se afastar cada vez mais do principal objetivo que é entregar outcomes (resultados). E isso faz os gestores e liderança terem ainda menos confiança, pois nenhum resultado está sendo gerado.

Ciclo de desconfiança

Esse é um problema importante que só pode ser resolvido com uma mudança de cultura, comportamento da liderança e dos times, que devem passar a agirem juntos a fim de alcançar os objetivos definidos.

Muito por isso, devemos investir no aumento de conhecimento técnico do time. Um time maduro e altamente técnico, entende a importância de gerar resultados para empresa e para os usuários. Eles têm uma visão mais ampla dos problemas burocráticos da empresa e sabem que há expectativas que devem ser alcançadas. Uma empresa deve buscar apressar não apenas a maturidade técnica do time, mas também de conhecimento de negócio, envolvendo mais os integrantes dos times nas fases do negócio. Entender como a empresa funciona, como ela ganha dinheiro, como ela perde dinheiro, como ela impacta o mercado, faz o time ter mais visão estratégica, que consequentemente ajuda na construção de soluções.

Trabalhar com os eixos de Autonomia e Alinhamento não é algo fácil e deve ser exercitado por todos os níveis da empresa. Uma cultura de confiança deve ser criada, mas confiança não vem sozinha, precisa existir uma dose gigante de responsabilidade de cada um dos integrantes. Esse tipo de abordagem cria um compartilhamento de bônus e ônus. Ninguém mais ganha ou perde sozinho. Ninguém acerta ou erra sozinho.

Os líderes deveriam perguntar mais e os times deveriam responder por meio de resultados. Enquanto a liderança define, de forma transparente e objetiva, **o que** deve ser alcançado, o time tem o direito de decidir **como** chegar lá de forma tática. A liderança pode dar restrições sobre como a parte tática deve conduzir suas soluções, mas nunca decidir por eles. As restrições que a liderança (stakeholders, comercial, negócios, investidores etc.) descreve são importantes para proteger o negócio. São uma visão estratégica que não impacta apenas a área de produtos, mas a empresa como um todo.

Análises Qualitativas e Quantitativas

Nós fazemos o Discovery baseando-se nos dados qualitativos e quantitativos.

As informações **qualitativas** são todas as informações que você consegue conversando, entrevistas, pesquisando usuários reais. São basicamente as respostas das percepções que os próprios usuários e stakeholders têm de uma ideia, problema ou necessidade.

Algumas iniciativas para você coletar dados qualitativos:

- Testes guiados em sala de espelho;
- Pesquisas de campo com perguntas e respostas;
- Entrevistas com focus group;

- Questionários online diretamente pelo produto;
- Disponibilização de avaliações do usuário durante ou após o uso do produto;

Já as informações **quantitativas** vêm dos dados gerados pelo negócio e pelo produto. Aqui conseguimos números de uso de comportamento dos usuários com o produto, números de atendimento, números do negócio como receita, faturamento, entregas etc... Ou seja, informações quantitativas é tudo o que dá para mensurar, colocar numa planilha, fazer gráficos etc.

Geralmente as informações quantitativas você consegue por meio de ferramentas de mercado como Google Analytics, Amplitude, Mixpanel, Hotjar, Sales Force e qualquer ferramenta usada para manter ou gerir o negócio. A área de atendimento ao cliente é um lugar importantíssimo de se estar, pois lá eles precisam fazer uma categorização criteriosa dos contatos atendidos. Para Product Managers descobrirem com quem conversar e quais problemas mais recorrentes, o atendimento costuma ser um playground.

É muito comum cair no erro de levantar informações apenas de uma das abordagens. Se você fizer isso, a chance é muito grande de você tirar conclusões erradas. Os problemas reportados pelos usuários nas entrevistas devem ser confirmados pelos números. E vice-versa. Se você olha os números, você só estará olhando a quantidade de ocorrências ou faturamento, mas o impacto (estresse, trabalho, complicações, efeitos colaterais, motivos de desistências etc.) que isso causa nas pessoas não estará estampado nos números.

Tanto faz se você vai começar entrevistando presencialmente os usuários ou se vai analisar primeiro os números e depois parte para o contato com os usuários. Isso é decidido levando em consideração dinâmica do time, tipo de problema que deve ser resolvido, tempo, investimento etc. Se você não tem nada do produto publicado, por exemplo, o caminho mais correto é começar falando com os usuários em entrevistas e testes de protótipo. Se você já tem algo rodando, você consegue analisar números de comportamento de usuários existentes e pode planejar estudos de teste A/B e/ou outras abordagens.

Adotando uma rotina

Um ciclo contínuo só acontece se você tem uma rotina que se repete. O time responsável pela track de Discovery deve estabelecer uma rotina para identificar novas oportunidades e problemas e sugestões de soluções.

A frequência deve ser decidida pelo time, mas deve ser integrado com a cadência do ciclo feito em Delivery, para que a fila de priorização e implementação não sofra. Alguns exemplos do que pode ser decidido nessa rotina:

- Qual a quantidade de entrevistas que devemos realizar por ciclo?
- Qual quantidade de protótipos por ciclo devemos produzir para os testes?
- Qual quantidade de testes devemos fazer e com quantos usuários?
- Quantas hipóteses devemos validar ou invalidar dentro do ciclo?
- Qual o tempo para fazer benchmark?

Há um trabalho enorme em tentar sincronizar a fase de Discovery com a agenda maluca que levamos no dia a dia. Mas a ideia é que entrevistas com usuários, por exemplo, tem a possibilidade de ser orgânicas. A grande porta-voz do Continuous Discovery, Teresa Torres, diz que você pode encontrar usuários que já usam seu produto e fazer apenas uma pergunta [52]. Ela diz que é possível fazer entrevistas com usuários, de forma bem focada e objetiva em apenas 5 minutos.

Menos quantidade, mais qualidade. Você já vai descobrir muita coisa se fizer uma ou duas entrevistas por semana, de apenas alguns minutos em vez de horas. Às vezes uma ligação de 5 minutos para um usuário já traz respostas valiosas.

Quando pensamos em fazer entrevistas com usuários, pensamos em seleção de usuários, dinâmicas em grupo com café da manhã, pagamentos em dinheiro, preenchimento de milhares de post-its... esquece isso. Você pode fazer isso para grandes hipóteses de longo prazo, mas para coisas menores, de curto prazo, a coisa precisa ser mais orgânica e rápida.

Aprender rápido para melhorar rápido

Não é à toa que a palavra **Continuous** está na frente do nome de cada uma dessas metodologias. Essa palavra evidencia a existência de um ciclo. O ciclo faz com que você, como Product Manager, esteja praticamente onipresente em todo o processo, sendo vigilante não apenas nos ciclos de Discovery e Delivery, mas também em qualquer ciclo que envolva aprendizado, como nas rotinas de Retrospectivas, por exemplo.

Existem três direcionamentos importantes para manter um ciclo Continuo de Discovery rodando no seu time:

- **Pensamento colaborativo:** você tem as pessoas corretas envolvidas nas decisões? Muitas vezes (maioria das vezes) o time de produto não toma decisões sozinho. Ele precisa de validações de várias áreas ou de pessoas que serão impactadas imediatamente por aquela solução. Envolva essas pessoas no processo. É o único jeito do poder de decisão ser compartilhado de forma orgânica.
- **Pensamento de continuidade:** nós estamos sempre experimentando e descobrindo oportunidades e soluções todos os dias no produto? Se nós não temos aberto novas oportunidades, não teremos visão de evolução de produto e não teremos estoque de oportunidades e soluções quando novos outcomes forem definidos.
- **Pensamento de experimento:** estamos preparados para estarmos errados e descartar ideias que provavelmente estávamos apegados ou até stakeholders estavam apegados? Será que estamos entrando muito no consenso ou levando muito em consideração nossos viéses em vez de experimentar?

As três esferas são complementares e se fortalecem. Fonte: https://www.producttalk.org/2018/10/continuous-discovery-mindsets/

É difícil, porque dá trabalho. Manter um ciclo dinâmico em vez de um estático é cansativo e demanda muito tempo de um time muito maduro, sênior e que tenha ownership dos resultados gerados. Quanto mais tempo o time trabalhar junto, melhor. Quanto mais resultados gerados, num curto período de tempo, melhor. Quanto mais valor é entregue para o usuário e para negócio, melhor. Manter isso tudo funcionando, de forma orquestrada, com a rotina do dia a dia é algo que poucos conseguem fazer. Contudo, a vida de um PM não é uma linha linear progressiva.

Continuous Product Delivery

Continuous Delivery é essencialmente um assunto discutido pela área de tecnologia. Poucos Product Managers têm a curiosidade de entender como isso funciona. Contudo, sem um Continuous Delivery de verdade, o processo de entrega de valor para o usuário fica prejudicado.

Dado que o Continuous Discovery tem a premissa de fazer descobertas e testes de forma cíclica e contínua, a forma com que esses resultados serão publicados em produção precisa seguir o mesmo ritmo. Não adianta muito o time de produtos levantar uma série de hipóteses e os seus testes demorarem muito para fazer deploy em produção. Se houver demora, o ritmo se quebra, a gestão das hipóteses fica prejudicada e principalmente, perdemos a consistência do que estamos trabalhando.

O Marty Cagan diz que a parte do delivery é onde o time publica suas atualizações com confidência [53]. Ele diz que é necessário, de forma simultânea, aprender rápido e também publicar com confidência.

O que é Continuous Delivery/Deployment?

Quando falamos sobre Continuous Delivery, quase que somos obrigados a falar sobre Continuous Integration (CI) e Continuous Deployment. São três assuntos totalmente complementares e faz sentido você entender mais ou menos como funciona:

- Continuous Integration;
- Continuous Delivery;
- Continuous Deployment;

O **Continuous Integration** (CI) é um método que tenta integrar o código de vários times em um repositório principal compartilhado. As mudanças no código passam por uma validação automática de testes. Esses testes são testes criados pelos próprios programadores quando eles fazem suas tarefas.

É importante que você saiba pelo menos que os times de desenvolvimento trabalham com versionamento de código (geralmente usando GIT, mas há outras tecnologias menos usadas, com o SVN). Isso quer dizer que cada um dos programadores tem uma cópia do código do projeto na sua máquina. Quando um programador faz uma mudança de código, ele precisa sincronizar com as atualizações que o próprio time fez e também com o código que os outros times fizeram.

Continuous Delivery (CD) é uma extensão do Continuous Integration (por isso que você sempre verá a sigla CI-CD quando procurar sobre o assunto), onde o time consegue publicar as mudanças em produção de maneira automatizada e sustentável, mesmo tendo vários times trabalhando paralelamente, sem gerar (tanto) impacto na gestão de pacotes que serão publicados em produção.

O CD ainda tem um pequeno processo manual de escolha de pacotes que serão publicados para produção. Neste ponto, os desenvolvedores têm mais controle sobre o que está sendo publicado, embora o processo seja automatizado até um passo antes do deploy para produção.

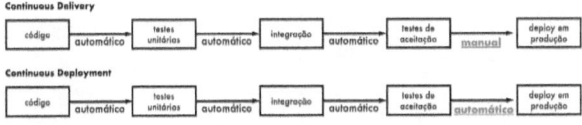

Diagrama do fluxo de como funciona o Continuous Delivery em comparação com o Continuous Deployment

Já o **Continuous Deployment** faz o processo inteiro de forma automatizada. Toda a mudança de código que passou pelos testes e fases do CI **são publicados em produção sem intervenção humana alguma**. Aqui, um pacote só não é publicado se qualquer teste falhou. Obviamente, aqui envolve um controle de qualidade muito maior. Subir coisas em produção de forma automatizada requer monitoramento posterior pesado para identificar possíveis problemas e decidir se haverá um rollback ou se haverá uma correção rápida do problema.

Como o processo é automatizado, quando um problema é encontrado, fazer rollbacks é tão simples quanto subir uma atualização.

Existem diversas ferramentas que instrumentalizam o time de desenvolvimento neste processo e não acho que você precise saber o nome e função de cada uma dessas ferramentas. Lembre-se que você é um generalista, não especialista no assunto. Saber do processo de Continuous Delivery já é o suficiente.

Depois de entender como podemos tocar a evolução contínua de descoberta de oportunidades de produtos, precisamos entender como medir o sucesso dessas iniciativas. Fazemos isso monitorando o comportamento do usuário por meio de métricas e indicadores. Veremos como podemos fazer isso a seguir.

Métricas, indicadores e comportamento do usuário

O *cockpit* de um Product Manager é o seu dashboard de dados. É por lá que ele se certifica de que está impactando os usuários e mudando seus comportamentos. É por lá que ele entende se está gerando valor para o negócio. Lá também ele entende se o produto está funcionando normalmente, além dos efeitos do último deploy, do MVP que foi publicado, da funcionalidade divulgada.

Ter os dados do produto é também se proteger com argumentos contra aqueles que só têm uma opinião, um pitaco, um achismo sobre para onde o produto deveria ir. Análises quantitativas combinadas com análises qualitativas são o escudo e a espada dos grandes Product Managers.

Mas, para começar, é importante não cair em um erro simples e que ninguém percebe: confundir uma métrica com indicador. São duas coisas distintas e devem ser analisadas de formas diferentes.

Métricas e indicadores: qual a diferença

Uma das graças de se trabalhar com tecnologia, e principalmente web, é que tudo pode ser medido e analisado. Tirando todo o lado ruim que fere a os valores éticos, analisar dados do seu produto, que são captados da forma correta, é uma tarefa diária de UXers e Product Managers.

Mas você sabe qual a diferença entre uma métrica e um indicador? Essa pergunta parece ser bastante básica, mas não é.

Digamos que o indicador é formado pela junção de métricas.

Métricas são medidas individuais coletáveis e quantificáveis.
Podemos dizer que são a menor unidade de um indicador.

Indicadores são grupos de métricas que nos trazem uma visão de performance.
Contêm mais de uma variável.

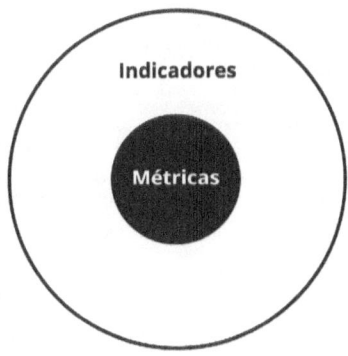

Um indicador é um conjunto de métricas.

Um indicador como o *Life Time Value (LTV)* é formado pelo Valor do Ticket Médio e Tempo de retenção do cliente. O LTV indica quanto os usuários gastam no produto durante o tempo que eles são clientes. Ou o Stickness, que mede a porcentagem de usuários mensais que retornam ao seu produto diariamente, é formado pelo DAU *(Daily Active Users)* e o MAU *(Monthly Active Users)*.

INDICADOR	INDICADOR
LTV (Lifetime Value)	**Stickness**
MÉTRICAS USADAS	**MÉTRICAS USADAS**
1. **Valor do ticket médio**	1. **DAU**
2. **Tempo de retenção do cliente**	2. **MAU**
Quanto os usuários gastam no seu produto durante o tempo de relacionamento deles com o produto/empresa.	Porcentagem de usuários que retornam no produto (é melhor usar em conjunto com a execução de uma tarefa específica do produto).

Métricas formam os indicadores LTV e Stickness

Para usar uma analogia bem comum: imagine que seu corpo é um produto. Para entender se seu corpo está "bem", você medir algumas características como pressão sanguínea, nível de glicose e temperatura. Tudo isso são métricas. Agora, se juntarmos algumas dessas métricas, você pode ter um indicador de que algo (ou nada) está acontecendo contigo.

Mas para se ter certeza do que algo está acontecendo, você precisa de uma análise para saber o que acionou esse comportamento.

Já que os indicadores são formados por métricas, vamos nos aprofundar em como as métricas são formadas.

Mais importante do que ter indicadores e métricas, é saber o que foi feito para movimentar esses ponteiros.

Embora esses números indiquem que um determinado comportamento de usuário está acontecendo, eles não te dizem o motivo pelo qual determinado fenômeno está acontecendo. Daí, a necessidade de analisar esses dados.

O comportamento do usuário gera métricas e indicadores

Obviamente também existem os indicadores de negócio, mas, no meu modo de pensar, os indicadores de negócio são movidos por diversos fatores, o Produto Digital é só um deles. Se você estiver gerindo por exemplo um e-commerce, o mix de preço, frete, campanhas de marketing terá um impacto bem grande nos KPIs de negócio. Você terá problemas de filtrar se a melhora na conversão foi por causa do aumento do investimento em marketing ou se foram as suas iniciativas no Produto. Se seu produto for um Produto Digital "comum", o fator momento de mercado e possíveis sazonalidades poderão alterar também os indicadores de negócio mais do que o seu Produto.

As métricas e os indicadores dizem que algo está acontecendo, mas elas não te dizem por que está acontecendo.

Nós vamos falar um pouco mais nisso no capítulo que falo sobre o mindset de produto e não produto digital, onde você trata o produto como um meio e não um fim. Mas, por ora, vamos nos ater aos indicadores e métricas exclusivamente do Produto.

Só existem indicadores de produto por causa dos comportamentos dos usuários dentro do seu Produto. O comportamento do usuário cria métricas e indicadores que devem ser mensurados, analisados e controlados pelo time e Product Manager. Se você não tem controle de uma métrica, você não deve perder tempo tentando modificá-la.

No livro *Actionable Metrics Framework in Lean Software Product Development*, da Huong Ngo, ela passa o gabarito dos princípios básicos sobre métricas, dizendo que a métrica certa deve ser:

1. **Acionável.** Uma métrica acionável é aquela que é modificada por ações específicas e repetitivas;
2. **Auditável.** O dado e o cálculo que formam a métrica devem ser confiáveis;
3. **Acessível.** As métricas podem ser facilmente calculadas e não podemos gastar muito tempo e esforço para obter os dados para gerar a métrica. Além disso, as métricas devem ser visíveis e acessíveis para qualquer pessoa envolvida no projeto que precisam entender o status do negócio ou do produto;

Engajamento e retenção: qual a diferença?

Para que você entenda melhor meu pensamento sobre indicadores, métricas e comportamento de usuário, é importante que você saiba qual a diferença entre engajamento e retenção. Muita gente confunde esses dois fenômenos e a maioria os trata como uma mesma coisa, o que leva para um monte de erros ao fazer uma análise de comportamento do usuário.

Retenção é sobre como fazer as pessoas voltarem a usar seu produto. Engajamento é sobre como fazer as pessoas interagirem mais e melhor com o seu produto.

- **Engajamento:** Tempo de uso, ações executadas, amplitude de uso... O que se faz internamente;
- **Retenção:** Taxa de retorno, tempo até o próximo retorno, frequência de retorno;

Então o engajamento tem muito a ver com métricas como tempo de Permanência, quantidade de ações executadas, amplitude de uso do produto. Enquanto a retenção se foca mais no retorno daquele usuário à plataforma e o tempo de intervalo até esse retorno

Engajamento ——GERA——▸ **Hábito** ——ESTIMULA——▸ **Retorno** ——GERA——▸ **Retenção**

Fluxo de relação entre engajamento gerando Retenção

Existem produtos bem específicos que têm usuários retidos, mas bem pouco engajados. Não há problema algum se esse for o seu caso. Quantas vezes você abre na semana ou no dia o app de Clima do seu celular? Provavelmente você deve usar o app padrão do seu sistema e deve abrir muito esporadicamente. Você é usuário retido, mas com pouquíssimo ou nenhum engajamento. Esse é um desafio para produtos como Seguro. Você tem usuários que são ativos, mas tem pouco engajamento (entram pouco ou muito pouco nas plataformas) mas tem retenção, mesmo que muito baixa (entram na plataforma de forma esporádica para acionar o seguro, renovar plano, consultar a apólice etc).

Nem sempre pessoas engajadas se tornam pessoas retidas. Eu por exemplo fiquei durante muito tempo engajado em jogar Clash Royale e Brawls Stars, ambos são jogos da Supercell. Contudo, eventualmente eu parei de jogar os dois jogos. Eu não tenho ideia de quais os números dirigem o engajamento e retenção da Supercell, mas em março de 2016, eles anunciaram que 100 milhões de pessoas jogavam seus games todos os dias [54]. Em jogos casuais existem uma série ciclos que fazem os usuários engajarem muito rápido, sendo alguns deles:

- Criação de clans e grupos;
- Rotina de distribuição de pacotes/prêmios;
- Progressão de níveis;
- Ciclos de Upgrades;

Mas esse é um assunto bastante interessante para discutirmos quando falarmos um pouco sobre ética. Por ora, quero que você entenda como podemos controlar, criar e monitorar melhor suas métricas e indicadores transformando o comportamento dos usuários em hábitos previsíveis.

Meu pensamento de trabalho com indicadores e métricas

Do meu ponto de vista, as métricas e indicadores de produtos Digitais são criadas a partir do comportamento de usuários na plataforma. Mas isso é só o começo da história. Eu tenho uma forma pessoal de pensar sobre métricas, que me ajuda a organizar o dia a dia e também a ter argumentos melhores na hora de defender uma ideia ou uma sugestão:

1. O comportamento do usuário gera métricas e indicadores pois o usuário utiliza funcionalidades, executando tarefas dentro do produto com determinada frequência;
2. Se o usuário usa com frequência seu produto e suas funcionalidades, precisamos prestar mais atenção no engajamento e retenção desses usuários.
3. Logo, além de nos focarmos no engajamento e retenção global do produto, precisamos ter uma visão fragmentada do engajamento e da retenção das funcionalidades, gerando recorrência de uso. Quais funcionalidades geram mais engajamento e consequentemente retém mais usuários na plataforma?

Existem centenas de frameworks de métricas que você pode usar para direcionar seu estudo, monitoramento e análise dos números do produto.

Muito baseado no que o pessoal da Greylock Partners (https://www.greylock.com/) diz, os melhores usuários do seu produto são:

- **Com entrada direta:** qual a porcentagem de usuários que entram diretamente no seu produto, sem a ajuda de uma notificação, compartilhamento de amigos ou oferta especial?
- **Recorrente:** qual a porcentagem de usuários que voltam sempre para o seu produto, seja por forma direta ou por chamadas externas, e qual o ciclo de retorno (de quanto em quanto tempo eles retornam e quando retornam, por quanto tempo usam o produto)?
- **Compartilhadores:** qual a porcentagem dos seus usuários que compartilham seu produto ou usam funções do produto que proporcionam o compartilhamento para outras pessoas? Quantas vezes eles compartilham? Para quantas pessoas? As pessoas que receberam o compartilhamento entram?

O meu modelo mental de métricas e indicadores sempre foi fundamentado em engajamento e retenção, conectado em frequência do uso das funcionalidades do produto. É o que me fazia mais sentido quando eu estava aprendendo. Somente dessa forma nós conseguimos entender se o produto está sendo efetivamente útil para o usuário, gerando valor e cada momento que o usuário manipula as funcionalidades e a interface.

Vamos dar uma olhada agora nos frameworks que mais uso e complementam essa forma de pensar sobre indicadores e métricas. É importante que você defina uma forma pessoal de lidar com métricas e indicadores e escolha as ferramentas e frameworks que vão de encontro ao seu modo pensar. Isso facilita bastante o processo de Discovery e evolução do produto.

Frameworks para Métricas e Indicadores

Se você procurar, vai encontrar uma série de frameworks de métricas que são aplicados e usados em diferentes contextos e tipos de produtos. Por exemplo, se você trabalha em uma startup ou em um e-commerce, pode ser útil usar o AARRR (ou Métrica do Pirata), que se foca em métricas de Aquisição, Ativação, Retenção, Referral e Receita. Essas métricas ajudam o time a entender melhor a jornada do usuário e o funil do produto. Muito indicado para Growth Marketing.

Eu tenho três frameworks preferidos, que me ajudam a trabalhar os três pontos que citei anteriormente sobre métricas/indicadores + comportamento de usuário, engajamento e hábito de uso. São eles:

- O **GAME framework** me ajuda a entender métricas e indicadores geradas a partir do comportamento do usuário por meio de objetivos e tarefas cumpridas no produto;
- O **Tavel's framework** me ajuda a se focar mais nos indicadores que geram mais engajamento e retenção do produto, removendo (quase que) totalmente qualquer métrica de vaidade;
- E o **HOOK framework** que me ajuda a criar funcionalidades e a trabalhar com métricas que estimulam o usuário a criar um hábito de uso. Neste aqui, temos um ponto importante sobre ética, mas iremos debater posteriormente;

GAME Framework

Eu gosto de explicar que as métricas e os indicadores são provenientes do comportamento do usuário no seu produto com o framework GAME. Esse framework é baseado em quatro pontos importantes para análise de métricas e indicadores relacionados ao comportamento do usuário:

- **Goals:** objetivos do usuário e do negócio a serem alcançados;
- **Actions:** ações/tarefas que o usuário faz no produto.;

- **Metrics:** métrica (ou indicador) acionada pelas ações do usuário;
- **Evaluations:** avaliações e conclusões do comportamento do usuário baseadas nos indicadores;

Vou usar uma analogia bem ilustrativa que o Vince Law usou no artigo *4 Steps to Defining GREAT Metrics for ANY Product* [55] para explicar esse framework, que consiste em: imagine que o produto que você trabalha seja uma caixa.

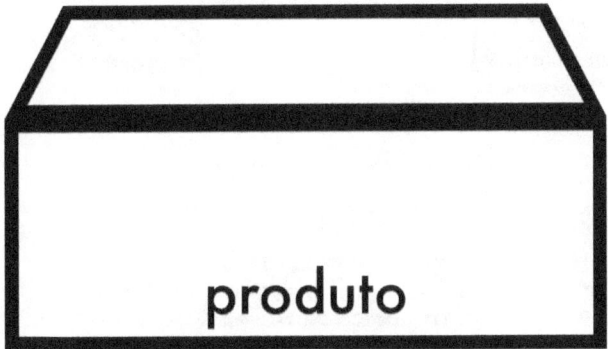

O produto é como se fosse uma caixa (w=50%)

Para construir um produto que seus usuários valorizem, o seu produto resolver (outputs) os problemas e necessidades (inputs) desses usuários.

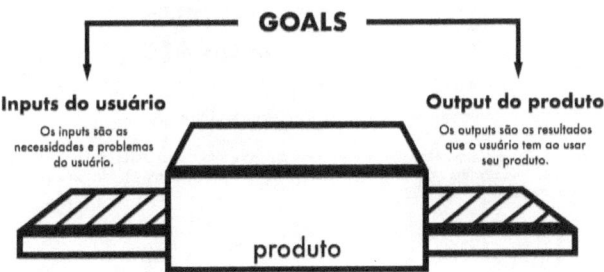

Uma caixa que de um lado entram os inputs do usuário, do outro saem os outputs, ou seja, os resultados do produto

Os inputs do usuário são basicamente os problemas que eles precisam resolver: ele quer ouvir uma música, pedir comida, pedir um táxi, executar um pagamento etc. Outputs são os resultados que o nosso produto fornece como resposta a esses problemas. Para cumprir esses objetivos, o usuário executa uma série de ações dentro do produto usando as funcionalidades disponíveis. Uma ideia é categorizar as ações que os usuários fazem dentro das fases de aquisição e ativação, tarefas de retenção e engajamento, monetização e receita.

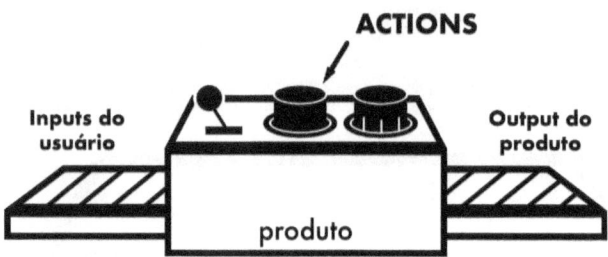

Todos produto é controlado com as ações do usuário

Essas ações executadas dentro do seu produto, produzem dados, que são as métricas do produto. A junção de algumas dessas métricas formam indicadores.

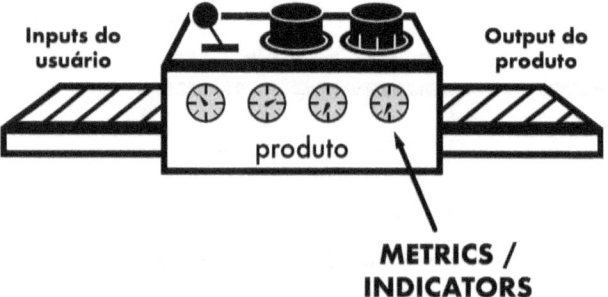

As ações do produto geram métricas que geram indicadores.

Basicamente, todas as métricas são geradas por meio do comportamento do usuário, tanto de forma direta ou indireta (existem métricas técnicas como tempo de uptime do servidor, que não dependem de nenhuma ação do usuário).

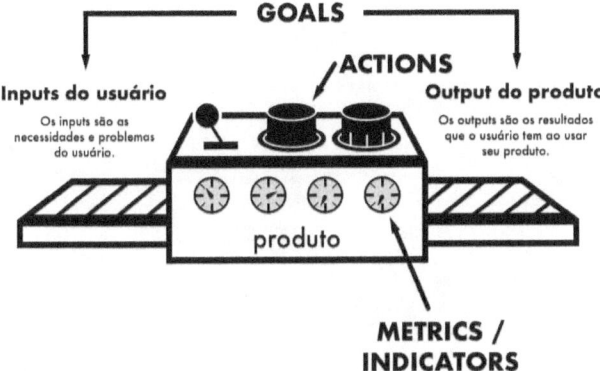

GOALS

Inputs do usuário

Os inputs são as necessidades e problemas do usuário.

ACTIONS

Output do produto

Os outputs são os resultados que o usuário tem ao usar seu produto.

produto

METRICS / INDICATORS

Visão completa do GAME

Logo, se um indicador é a combinação de métricas, que por sua vez são geradas por comportamentos de usuário, temos que estimular os usuários a completarem mais tarefas dentro dos nossos produtos, que os façam cumprir com seus objetivos pessoais e que por sua vez, fazem o produto alcançar seus próprios objetivos.

Continuando com essa linha de raciocínio, estimular os usuários a completarem mais tarefas dentro do seu produto é basicamente controlar o engajamento. O engajamento pode ser visto como um nível de motivação do usuário para usar o seu produto de forma frequente e constante.

Para entender um pouco mais como podemos controlar e aumentar o engajamento dos usuários, quero apresentar para você um framework chamado Tavel's Framework.

Tavel's Framework - engajamento e retenção

Um dos objetivos mais intrínsecos de um produto digital é fazer com que as pessoas usem o produto de forma constante e frequente. Dezenas de motivos podem motivar o usuário a deixar de usar o seu produto, e descobrir isso geralmente não é uma tarefa tão simples. O usuário pode ter deixado de interagir com o produto por causa de um problema de interface, jornada ou até bug, mas pior, pode ter sido um erro de proposta de valor, definição de MVP inicial ou produto/market fit, que são decisões, normalmente aceitas no início do ciclo de vida do produto, e por isso são difíceis de consertar agora.

Mas vamos nos ater a um ambiente saudável, onde seu produto está crescendo, os usuários estão conseguindo usá-lo. Esse fluxo crescente de usuários, que geralmente chamamos de Growth, não é o indicador mais importante, a não ser que você esteja em uma fase inicial do produto.

> *O que importa não é o crescimento da quantidade de usuários, mas o crescimento dos usuários que completam uma ação principal.* — TAVEL, S. **The Hierarchy of Engagement, expanded**. *Disponível em: https://sarahtavel.medium.com/the-hierarchy-of-engagement-expanded-648329d60804. Acesso em: 25 set. 2022.*

Geralmente, principalmente startups, precisam mostrar o potencial do produto, e isso é revelado pela velocidade de crescimento da base de usuários versus o pouco tempo que o produto está no mercado. Investidores veem isso como um produto com potencial de crescimento e possível domínio do mercado, como veremos mais à frente quando falarmos sobre Métricas de Vaidade.

Logo o que você deve procurar em um produto que já está numa fase de platô e estabilização é o aumento da quantidade de usuários que engajam e por fim se tornam usuários retidos. Isso é feito quando eles, por meio do uso do produto, percebem valor e criam o hábito de retorno e de uso.

Entendendo a hierarquia de engajamento

Para ilustrar esse processo, a Sarah Tavel (partner da Benchmark e antes Pinterest) tem uma pirâmide que mostra muito bem a progressão de engajamento, que ela chama de Hierarquia de Engajamento [56].

Tavel's Framework
Hierarquia de Engajamento

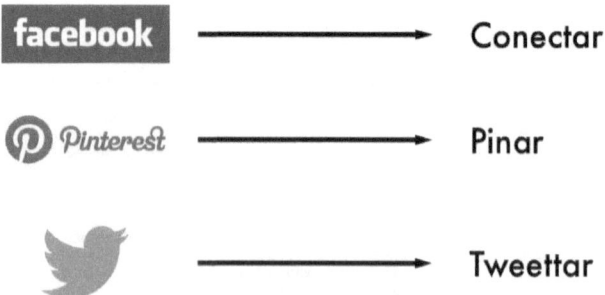

Conforme os usuários engajam, eles criam um loop virtuoso no produto.

Produto fica melhor conforme o usuário usa mais. Usuários têm mais a perder deixando de usar o produto.

Foco em crescimento de usuários que completam uma "core" action.

Pirâmide da hierarquia do engajamento por Sarah Tavel

Essa hierarquia mostra a evolução que o usuário tem no seu produto e que você poderia estimular que acontecesse no seu produto.

As core actions do produto são as ações que fundamentam o produto.

Todos os produtos têm uma razão para existir e todos têm funções importantes, que fundamentam essa razão de ser. Chamamos essas ações principais que o usuário deve completar no seu produto de **Core Actions**.

A importância das Core Actions

As **Core Actions são as bases fundamentais do seu produto**. Sem essas ações, o usuário não veriam sentido em usar seu produto. A junção do engajamento dessas ações com a retenção dos usuários formam uma receita indispensável para qualquer produto digital.

facebook ⟶ Conectar

Pinterest ⟶ Pinar

🐦 ⟶ Tweettar

Exemplo das core actions do Facebook, Pinterest e Twitter

Depois de entendido qual é a core metric do seu produto, o próximo passo é entender o quão essa ação está relacionada a retenção do usuário. Por exemplo, o Facebook consegue reter o usuário para a vida toda se esse usuário fizer 7 conexões de amigos em 10 dias [57]. Muitas pessoas chamam isso de "Aha moment" do produto: quando o usuário entende o valor daquele produto e começa a passar mais tempo usando o produto e com mais frequência.

O "Aha moment" não é exatamente um momento, mas um conjunto de ações que fazem uma separação clara entre os usuários do seu produto: usuários que conhecem o valor entregue pelo produto e aqueles que não conhecem. Então, é um trabalho de encontrar o que no seu produto engaja os usuários, ou seja, que faz com que eles voltem a usar seu produto, e que por fim, vai resultar na retenção desses usuários.

O produto fica cada vez melhor, conforme o uso aumenta. Dessa forma, os usuários têm mais a perder deixando de usar o produto, por que este se tornou muito útil para o seu dia a dia.

Ciclo de uso perpétuo

Uma ação de usuário só é boa quando gera um efeito de rede no produto. Esse efeito de rede, em vez de afetar o produto como um todo, ele afeta as funções de cada produto, gerando um ciclo virtuoso de uso do usuário.

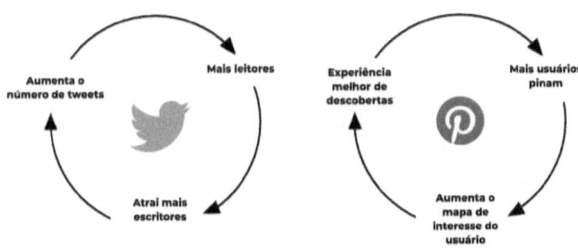

Ciclo de uso perpétuo do Twitter e do Pinterest

É inútil fazer um produto onde as funcionalidades não aumentem o valor intrínseco de uso do usuários. A **Core Action** sozinha não consegue se manter, por isso, existem uma série de outras ações que suportam e estimulam o crescimento de execução da Core Action.

Seguindo o exemplo do twitter: se o número de tweets aumenta o número de leitores, como eu faço para que os escritores publiquem mais tweets? Daí funcionalidades como *Retweets*, *Likes* e *Listas* entram em ação. Quanto mais um tweet meu for retweetado, mais me sinto estimulado a criar mais conteúdo.

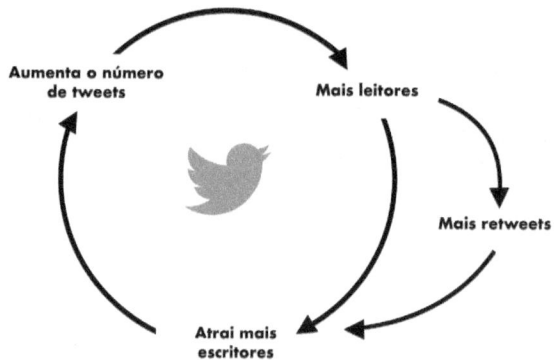

Aumenta o número
de tweets

Mais leitores

Mais retweets

Atrai mais
escritores

Efeito de Rede do twitter

Esse tipo de pensamento, encosta muito no na forma com que controlamos o usuário dentro do nosso sistema. Se antes você fazia funcionalidades "soltas", que mesmo entregando valor, não criavam um ciclo de uso encadeado e contínuo, agora, é importante que as funcionalidades se conversem e suportem, sobretudo, a ação principal (Core Metric) do seu produto.

O que nos leva ao próximo framework, que nos mostra como transformar o uso em hábito.

HOOK Framework

No Tavel's Framework, que vimos anteriormente, o topo da pirâmide da Hierarquia de Engajamento é o que chamamos de *Self-perpetuating* - ou Ciclo de Perpetuação traduzindo livremente. Nessa fase, conforme a pessoa usa o produto, um ciclo virtuoso é criado e fica cada vez mais difícil da pessoa deixar de usar o serviço com o tempo. Isso pode acontecer por vários motivos, para citar só três:

- O grupo próximo do usuário usa o produto regularmente, dificultando sua desconexão. Exemplo: WhatsApp, Instagram.
- O produto se tornou peça fundamental em serviços do dia a dia do usuário. Exemplo: WhatsApp sendo usado por empresas, comércios etc.
- O histórico de uso faz com que um sentimento de perda seja grande caso o usuário deixasse de usar. Exemplo: Todoist, Google Photos, Pinterest.

Mas um dos principais motivos é que usar o produto se torna um hábito para a pessoa. Quem nunca se pegou rolando a timeline do twitter, Facebook, Instagram mesmo não ter coisas novas para ver? Puro hábito.

Gatilho

Externo
Interno

Ação

Comprometimento

Recompensa variada

Diagrama Hooked Canvas

Transformar o uso de serviços digitais em hábito foi estudado pelo Nir Eyal, um israelense naturalizado nos Estados Unidos que escreveu um Best Seller chamado *Hooked: How to Build Habit-Forming Products* (Editora Portfolio, 2014). Nesse livro ele explica os quatro contextos que transformam o uso de serviços digitais em hábito, basicamente influenciando os comportamentos do usuário, criando ciclos de uso, gerando engajamento e retenção.

Os passos que compõem o modelo são:

- Ações (Actions)
- Recompensas (Rewards)
- Comprometimento ou Investimento (Investment)
- Gatilhos (Triggers)

Vamos ver um pouco em detalhes a seguir.

Gatilhos (Triggers)

Dividimos os gatilhos em duas características: gatilhos internos e externos. É aqui que tudo começa. Se você já leu o livro *O Poder do Hábito*, de Charles Duhigg (Editora Objetiva, 2012), você deve se lembrar que todo hábito é construído em volta de um gatilho, que te faz executar comportamentos de forma automática e praticamente sem pensar. Portanto, esse é um dos passos mais importantes.

O gatilho externo é tudo o que te chama a atenção quando você está fora do produto: notificações, alertas de email, bolinha vermelha em cima do ícone. Existem outros gatilhos externos que também fazem o usuário voltar ao produto como propagandas e novas features.

Já os gatilhos internos são mais intrínsecos. Esses gatilhos são disparados com algum tipo de associação, lembranças, obrigações, necessidades, rotinas. Aqui está muito mais associado à *Core Metric* do produto, que é o que geralmente o usuário está realmente interessado: verificar compromissos do dia seguinte no calendário, verificar se a resposta daquele email chegou, entender se alguém engajou nas suas fotos, postagens etc.

O gatilho interno pode ir mais profundo ainda: quando você é servido no restaurante e quer logo tirar uma foto para postar no Instagram, ou quando você tem aquele pensamento gênio e quer postar logo no twitter. Desejos que só aparecem quando você já tem uma "relação" com o produto.

Os gatilhos externos são diferentes dos gatilhos internos porque enquanto o primeiro são motivações visuais, o segundo apelam para emoções e pensamentos da pessoa.

Ações (Actions)

Essas são as ações que o usuário executa quando os gatilhos são disparados. As ações devem ser simples para que não existam bloqueios e possam ser executadas de forma praticamente natural e automática pelo usuário.

Essas ações devem ser executadas para que o usuário espere pelo próximo passo, que é a recompensa. A ação tem que ser uma mínima interação no produto para que a recompensa venha fácil. O principal responsável por essa transição é o Product Designer. Ele deve planejar que o usuário execute a ação, sem atrito e com mínimo esforço possível. Em redes sociais isso significa clicar na "bolinha" para ver o Stories, rolar a timeline, clicar no botão de busca, habilitar a câmera para pagar com QR Code etc.

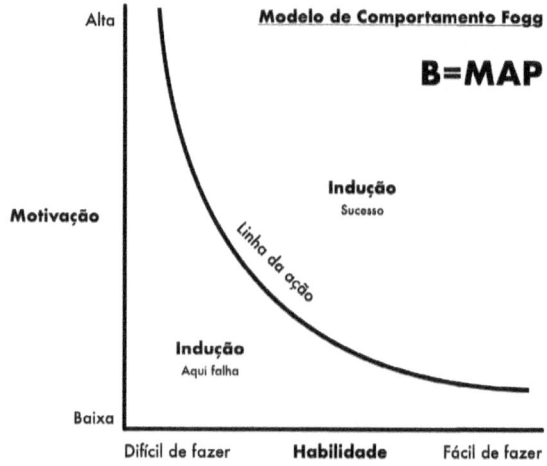

Curva do modelo de comportamento de FOGG

Para que uma mudança de comportamento ocorra, três elementos devem estar presentes e convergir em um mesmo momento: motivação (motivation), habilidade (ability) e um gatilho que permita a mudança de comportamento (prompt). É o que apresenta o Modelo de Fogg.

Esse modelo foi criado por um professor chamado B.J. Fogg, que é cientista de comportamento, que estuda como os computadores e o mundo digital mudam o comportamento e o pensamento das pessoas de formas previsíveis.

Recompensas (Rewards)

As recompensas são basicamente o que o usuário adquire ou conquista depois que disparam um gatilho. O ser humano é motivado por recompensas. Recompensas criam hábitos. O exemplo mais simples é o da prática de esportes, que criam uma sensação de prazer e missão cumprida. Não vou entrar aqui nos detalhes de Serotonina, Endorfina, Dopamina e tudo mais. O importante é que o corpo vicia em ter recompensas e cada vez mais pede recompensas mais intensas.

Contudo, o Nir Eyal diz uma coisa muito importante: "Ciclos previsíveis não criam desejos". O exemplo que ele sugere é o da geladeira: quando você abre a porta da geladeira e a luz se acende, não faz você se sentir motivado para abrir e fechar a porta várias vezes novamente para ver a luz se acender. Mas suponha que toda vez que a geladeira for aberta, algo novo e diferente aparece lá dentro. Pronto, você sentirá um desejo de abrir e fechar a porta o tempo todo. Estudos mostram que os níveis de dopamina aumentam no cérebro quando há expectativas de recebimento de recompensas [58].

Quem cria uma imprevisibilidade das recompensas, na maioria das vezes (quando se trata de redes sociais, principalmente), são os próprios usuários. Cada vez que você clica na "bolinha" do avatar de alguém, tem um vídeo novo gravado. Toda vez que você entra no twitter, tem um tweet novo diferente escrito por alguém. É essa imprevisibilidade que faz você ficar atualizando o tempo inteiro a timeline em busca de uma nova recompensa.

Comprometimento ou Investimento (Investment)

Quanto mais um usuário se compromete com o produto, cedendo tempo, dado, esforço, capital social ou dinheiro, as chances de ele voltar para o produto (aumento de retenção) aumentam muito. Basicamente é a segunda camada da Pirâmide de Engajamento que Sarah Tavel's mostra no framework dela: o usuário tem mais a perder se deixar de usar o produto.

Completar o profile do LinkedIn, criar e curar listas no twitter, engajar em grupos de discussão no Facebook, acumular pontos ao comprar seu café no starbucks com o cartão fidelidade para ganhar uma bebida grátis, completar suas tarefas no todoist e conseguir aumentar de nível no Karma (eu sou Grand Master e até o momento da escrita dessa parte do livro faltam 26165 para eu chegar no próximo e último nível).

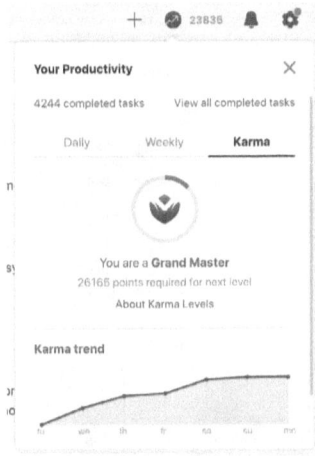

Printscreen do KARMA do Todoist. Feature para aumentar o engajamento e retenção do usuário por meio da motivação de completude de tarefas

Quanto mais invisto (tempo, dados, dinheiro, engajamento) no produto, mais eu dependo dele, mais gatilhos eu disparo, mais ações eu executo, mais recompensas eu recebo e mais hábito eu crio.

O Hook Framework desafia a ética?

Conseguir fazer com que seus usuários usem diariamente o seu produto é uma tarefa incrível. Mas será que há um limite para "manipular" ou "incentivar" o uso do seu produto? Incentivar cada vez mais o uso de um produto, não estaremos contribuindo para novas síndromes como FOMO ou Information Overload?

Existe uma linha muito tênue entre satisfazer os problemas e necessidades do usuário, e criar problemas e necessidades que não existiam antes para que seu produto possa capturar a atenção do usuário criando um novo hábito.

No capítulo sobre ética falaremos um pouco mais sobre esse assunto e o papel que o Product Manager pode assumir nessa frente.

Vanity Metrics

Não deve ser novidade para você que perseguir e colocar Vanity Metrics numa posição privilegiada ao monitorar seu produto não é uma boa prática. Alguns demonizam as Vanity Metrics como se elas nunca tivessem de ser vistas e analisadas em momento nenhum, mas esse extremo não é verdade. As Vanity Metrics são importantes sim e tem um lugar especial num momento muito importante dos produtos digitais: o momento de growth.

As Vanity Metrics (Métricas de Vaidade) são coisas como número de usuários cadastrados, número de downloads, número de pageviews, número de visitas e coisas desse tipo. Vimos neste capítulo inteiro que o usuário, ao usar seu produto para resolver um problema ou saciar uma necessidade, geram métricas, que por sua vez geram indicadores e assim você consegue direcionar o produto por meio do comportamento do usuário. As métricas de vaidade são facilmente manipuláveis e geralmente não impactam as métricas que realmente importam: ter 100 milhões de downloads não quer dizer que existem 100 milhões de pessoas usando seu produto.

Embora essas métricas não devem ser monitoradas em uma fase avançada do produto digital, ou seja, em uma fase mais madura e de manutenção, elas podem e devem ser monitoradas em um estágio de crescimento do produto.

No início de um produto digital, as respostas para as hipóteses da empresa devem ser respondidas rapidamente. É onde a velocidade do crescimento da base de usuários indica o tamanho do potencial que o seu produto tem perante o mercado. As métricas de vaidade, nesse caso, mostram que o produto está ganhando tração, mostrando tendências de crescimento, escala e interesse do público.

As métricas de vaidade também mostram padrões importantes no comportamento do produto. Fred Wilson escreveu em 2011 sobre o padrão 30/10/10, onde ele diz que 30% dos usuários registrados ou número de downloads (se forem um app mobile) vão usar o serviço todos os meses [59]. 10% dos usuários registrados ou número de downloads usarão o serviço todos os dias. E que o número máximo de usuários concorrentes (que usam o produto ao mesmo tempo) será de 10% do número dos usuários diários.

Ele diz que empresas e startups podem usar ferramentas como o e-mail ou notificações mobile para manipular esses números a seu favor. Se um usuário recebe um email/notificação informando que alguém marcou ele em uma foto ou em um tweet, é muito provável que usuário voltará para o produto. Isso aumentará também outras métricas como o DAU e MAU.

Logo, a moral é que você não se engane e nem se empolgue em demasia com as métricas de vaidade. Contudo, você deve saber que elas têm um papel importante em determinados estágios do produto e podem te ajudar pontualmente em diversos momentos. Principalmente em fases de growth e scale-up.

Outras métricas importantes para produtos (principalmente SaaS)

O VCs (Venture Capitals) procuram algumas métricas para analisar se o produto está indo bem ou mal, algumas dessas métricas são:

- **Active Users:** usuários ativos no seu produto. Aqui, é muito importante definir claramente o que é um usuário ativo. Você define usuário ativo por frequência de uso, por execução de um grupo de tarefas, por pagamento de assinatura?
- **Churn:** esse parece simples, mas não é. É bastante comum para produtos SaaS, mas mesmo assim, eles definem que Churn é somente quando o usuário deixa de pagar a assinatura, ou seja, deixa de ser cliente. Mas eu tenho uma visão um pouco diferente: creio que existem vários momentos em que acontecem churn, por exemplo, quando o usuário não executa um ciclo completo de ações. Defina quais os pontos de Churn do seu produto, que vão ocasionar o Churn irreversível, que é o usuário deixar de ser assinante/usuário do seu produto;
- **Month-on-Month Growth (MoM):** essa métrica é muito importante para medir o crescimento mensal de métricas importantes do produto. Mas investidores preferem olhar o que eles chamam de CMGR (Compounded Monthly Growth Rate), porque esse número mostrará a razão do crescimento periódico do produto. Essa fórmula te dá um número melhor que uma simples média e poderá ser usada com qualquer métrica: [CMGR = (Último Mês/ Primeiro Mês)^(1/Total de Meses) -1];
- **Downloads:** a quantidade de downloads é importante para mostrar que há um certo interesse do mercado no seu app. Contudo, essa é uma Vanity Metric "raiz".
- **DAU (Daily Active Users) e MAU (Monthly Active Users):** é a taxa de crescimento dos usuários ativos (lembra que é necessário definir claramente o que é um usuário ativo) diária e mensal. Idealmente é melhor mostrar aqui um Cohort para saber se há retenção;

- **Quantidade absoluta de ações:** quantidade de fotos tiradas, quantidade de likes, quantidade de visualizações, quantidade de uploads etc. Basicamente a quantidade absoluta de ações executadas no seu produto são Vanity Metrics, exatamente por que elas sozinhas não dizem muita coisa;

Outras métricas muito importantes e que os investidores prestam muita atenção são:

- **LTV (Life Time Value):** é o valor presente do que o usuário/consumidor poderá gastar no futuro enquanto ele for cliente do produto. Isso nos ajuda a determinar, em médio e longo prazo, quanto de valor será gerado por usuário, após a sua aquisição;
- **CAC:** Custo de aquisição é importante para entender o quanto estamos queimando de dinheiro para ter um usuário aqui;
- **LTV/CAC:** gera um indicador importantíssimo para entender saúde financeira e de investimento. Esse indexador mostra a relação entre o potencial de valor que os usuários gerarão no futuro, com o gasto que temos ao adquirir.
- **Receita Recorrente x Receita Total:** você deve conhecer essa métrica como ARR (Annual Recurring Revenue) ou MRR (Monthly Recurring Revenue) que é basicamente a taxa de receita que seu produto gera mensalmente. Essas taxas podem ser monitoradas também por usuário;
- **Lucro Bruto (Gross):** se falamos de receita, temos de falar do Gross, que é onde mostra o quão lucrativo é esse produto digital.

O framework AARRR (mais conhecida como Métrica do Pirata), é importante para focar nossa atenção para os números de:

- **Aquisição:** número de usuários que se cadastram no produto;
- **Ativação:** porcentagem de usuários que de alguma forma viraram ativos (se for em um SaaS, pagaram a primeira mensalidade, por exemplo);
- **Receita:** quantidade de receita gerada pelos usuários, seja por assinaturas ou pagamentos avulsos;
- **Retenção:** quantidade de usuários que continuam usando ou pagando pelo produto;
- **Indicação (Referral):** porcentagem de usuários que trazem novos usuários para o produto. Indicação, convite, afiliados etc;

Existem uma série de outras métricas, financeira ou de produto, que podem ser exploradas. Todas elas servem para vários momentos do produto. Durante o processo de manutenção e evolução do produto, é muito importante verificar as métricas financeiras, obviamente, mas não é interessante se focar em métricas de vaidade. Verificar diariamente o DAU, MAU, quantidade de downloads ou Active Users, não vão te dar insights de retenção e engajamento.

As métricas de crescimento podem ser muito bem acompanhadas pelo time de marketing ou aquisição, responsáveis por trazer mais pessoas para a plataforma e também fazer campanhas de awareness e branding, de modo a tornar o produto conhecido pelos potenciais usuários.

Análise Cohort

A análise Cohort é uma análise comum ao analisar Produtos Digitais. Ela é uma forma de conseguir analisar um certo grupo de usuários que compartilham das mesmas características de comportamento.

Seguimento	Total Usuários	Dia 0	Dia 01	Dia 02	Dia 03	Dia 04	Dia 05	Dia 06	Dia 07	Dia 08	Dia 09	Dia 10	# de usuários retidos
01/Dezembro	900	100.00%	60.00%	55.00%	45.00%	33.75%	25.31%	18.98%	14.34%	10.68%	8.01%	6.01%	54
02/Dezembro	1050	100.00%	90.00%	87.00%	80.00%	55.00%	41.25%	36.00%	32.00%	15.89%	12.00%	9.49%	100
03/Dezembro	1500	100.00%	70.00%	52.50%	39.38%	29.53%	22.15%	16.61%	12.46%	9.34%	7.01%	5.26%	79
04/Dezembro	950	100.00%	80.00%	64.00%	48.00%	38.00%	27.21%	20.41%	15.31%	11.48%	8.61%	6.46%	61
05/Dezembro	850	100.00%	76.00%	58.00%	45.00%	40.00%	38.00%	28.00%	21.00%	16.00%	12.00%	9.02%	77
06/Dezembro	1180	100.00%	91.00%	72.75%	54.00%	43.00%	30.00%	23.00%	17.00%	12.90%	9.71%	7.28%	84
07/Dezembro	780	100.00%	78.00%	58.50%	43.88%	32.91%	24.68%	18.51%	13.88%	10.41%	7.81%	5.86%	44
08/Dezembro	1600	100.00%	67.00%	60.00%	76.00%	65.00%	46.76%	38.98%	27.42%	20.57%	15.42%	11.57%	191
09/Dezembro	400	100.00%	98.00%	73.50%	55.13%	41.34%	31.01%	23.26%	17.44%	13.08%	9.81%	7.36%	29
10/Dezembro	800	100.00%	87.00%	72.75%	54.60%	53.00%	49.00%	36.75%	27.56%	20.67%	15.50%	11.63%	93

Esse é um cohort de exemplo. Primeiro, você precisa separar um grupo de pessoas com uma mesma característica para analisar. Seguindo a linha de raciocínio de engajamento e retenção, vamos pensar que nessa tabela todas as pessoas executaram uma mesma ação dentro do nosso produto, por exemplo, publicar uma foto.

No dia 01 de Dezembro, 900 pessoas publicaram uma foto na nossa plataforma. Esse é o **Dia 0**. A partir daí, vamos correndo os dias d e cada seguindo. No **Dia 01**, ainda tendo como exemplo o seguimento 01/Dezembro, apenas 80% dos usuários (daqueles 900 iniciais) entraram no nosso produto. No **Dia 02** apenas 60% e assim por diante.

Tendo um mapa das funcionalidades core e ciclos de uso do produto, você pode selecionar usuários para entender se determinada funcionalidade tem um engajamento e retenção maior. Você pode comparar funcionalidades e entender quais têm potencial de ajustes para melhorar o engajamento e por fim a retenção.

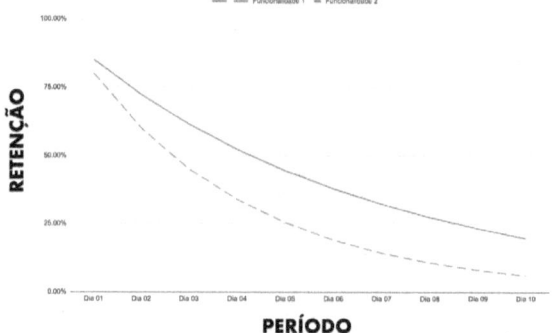

Gráfico comparando uma curva de retenção. Uma maneira de ver cohort.

Podemos comparar duas funcionalidades dessa forma. Perceba que a **Funcionalidade 1** tem mais churn, ou seja, menos retenção que a **Funcionalidade 2**, que consegue reter mais usuários durante um período maior. A partir daí, você consegue guiar uma análise baseada na funcionalidade que retém menos e entender quais os pontos que há mais fuga de usuários.

É importante encontrar usuários regulares para entender seus comportamentos, de modo a clonar esse tipo de usuário para crescer a base de engajados/retidos. Procure por:

- Usuários que engajam regularmente com as funcionalidades chave, digamos, que use essas funcionalidades num período de tempo que seja adequadamente saudável para o seu mercado;
- Usuários que compartilham recorrentemente e tem um comportamento mais colaborativo;
- Usuários que engajam com ativações externas como notificações, e-mails etc;

Não existe uma North Star Metric
Alerta de polêmica!

Há um movimento que diz que todo produto tem uma única métrica que melhor relaciona o valor que o seu produto entrega para os usuários. O objetivo é que você otimize esforços buscando uma métrica chave, que direciona o produto para um crescimento sustentável.

Não caia nessa ladainha. Isso não existe. **Usuários têm comportamentos diferentes em um mesmo produto.** Todo mundo usa o Instagram, mas você com certeza usa o Instagram de forma diferente do seu amigo que vende coisas por lá, que é diferente do seu amigo que compra coisas por lá, que usa diferente da sua tia. Um mesmo produto, diferentes usos.

Logo, pensar que existe apenas uma métrica ou um indicador que consegue expressar o principal valor do seu produto, é tentar simplificar demais um ambiente complexo. Seu produto entrega valores diferentes para usuários que tem comportamentos diferentes.

O Brian Balfour fala muito bem no artigo *Don't Let Your North Star Metric Deceive You* [60] sobre a complexidade de tentar seguir apenas uma métrica principal de produto, usando o Spotify como um exemplo hipotético: o maior valor que o app do Spotify pode fornecer é permitir que o usuário ouça música. Então, uma métrica importantíssima seria **tempo que o usuário passa ouvindo música.**

input metrics

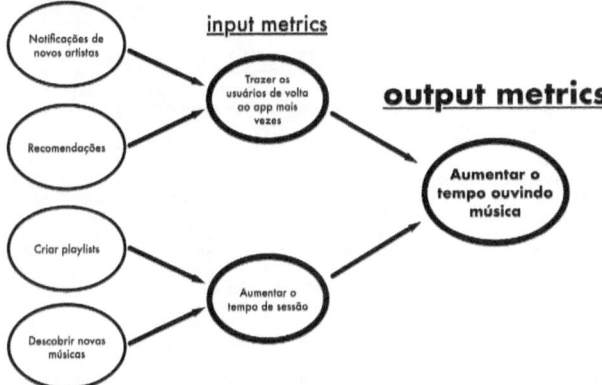

Output metrics é acionado por uma cadeia de input metrics.

Mas você logo percebe que essa métrica é o resultado de uma série de ações. Ou seja, você precisa estimular que o usuário executa uma série de diferentes ações até impactar essa métrica (que nem é um indicador, embora seja uma métrica importante).

Várias empresas de produto, principalmente empresas de produtos SaaS, tratam o MRR como uma "North Star Metric". Isso é bastante míope, para não dizer errado, porque a Receita pode esconder uma série de coisas que estão acontecendo no produto. Você pode ter usuários que efetivamente não estão usando produto, mas ainda assim são assinantes do plano anual. Do ponto de vista financeiro, isso é ótimo, você vê o dinheiro entrando, mas quando o tempo da assinatura acabar, esse usuário vai deixar de pagar o produto, e aí você tem o aumento do Churn. Daí essas empresa começam a usar subterfúgios para tentar controlar a saída de usuários. Como? Várias formas: cupons de desconto, promoções, cross selling e outras abordagens nem tão éticas assim.

Entendendo o padrão comportamental dos usuários que estão efetivamente usando o produto, você entende quais as métricas que criam indicadores importantes para o produto e que finalmente impactam os indicadores de negócio. Muitas vezes você se encontrará em situações onde será necessário sacrificar temporariamente a manutenção de um indicador em prol de outro, pelo simples motivo de que naquele momento as prioridades da empresa mudaram.

Especificação de Produtos Digitais

Um produto digital não tem fim. Ele evolui todos os dias. Ele é direcionado para novas posições de mercado. O objetivo inicial pode ter sido transformado em algo maior do que o objetivo original. Com isso, é necessário dar visibilidade de onde estamos e para onde estamos indo, quais os próximos passos e qual o planejamento tático que vamos seguir para tentar alcançar os objetivos definidos.

O problema da visibilidade

Sem uma especificação, o produto se transforma em improviso. Embora o time tenha clareza dos objetivos da empresa e o PM saiba exatamente para onde o produto deve caminhar, pessoas entram e saem da empresa, mudanças de ideia, escopo, prioridades acontecem o tempo todo. Se não houver uma espécie de manual, que mostre os motivos das decisões e principalmente como isso será executado, você perde.

Nos primórdios, a especificação do produto era feita diretamente no sistema de workflow que o time usava - geralmente o Jira (mal necessário). Isso fazia com que o único histórico que tínhamos eram histórias mal escritas, sem definição dos objetivos e dos verdadeiros motivos estratégicos pelos quais o time estava executando as tarefas. Tudo isso ficava perdido dentro de um Trello da vida, onde apenas o time tinha visibilidade. Só que apenas o time ter visibilidade gera um trabalho extra pegajoso para o Product Manager: gerir expectativas dos Stakeholders.

Gerir expectativas é um trabalho ingrato. Se você estiver bem preparado, você vai ter respostas na ponta da língua, mas na grande parte das vezes não será o suficiente, levando o PM a passar horas criando apresentações de reports, repetindo sempre as mesmas coisas para refrescar a memória dos diretores sobre os motivos das decisões já tomadas anteriormente.

Se o PM não estiver preparado, gerir expectativas se transforma em um trabalho de criação da melhor desculpa esfarrapada possível, torcendo para que os stakeholders sejam tão preguiçosos e displicentes quanto o PM, para não darem a devida atenção para o trabalho tático. Esse cenário é péssimo e só mostra que o trabalho mais básico do PM, que é conhecer o seu próprio produto, não está sendo feito com atenção.

A visibilidade do Produto deve existir não apenas para o time ou para os stakeholders, mas para toda a empresa. Em empresas de tecnologia, o Produto Digital é a ponta da empresa que faz interface com o mundo. É por lá que o mercado tem o primeiro contato e a empresa tem a oportunidade única de mostrar e levar valor para as pessoas. Você, como PM, precisa dar visibilidade dos seguintes pontos para toda a empresa, de forma constante e fundamentada:

- **Futuro:** Quais os problemas e KPIs vamos atacar em seguida, mostrando as hipóteses que estamos validando agora e testando com os usuários a fim de entender oportunidades de soluções. Basicamente aqui entramos no Upstream do Produto;
- **Pré-presente:** O que já está validado pelos stakeholders e usuários, mas está aguardando priorização para ser construído. Também é necessário mostrar os objetivos e KPIs de negócio que se pretende alcançar;
- **Presente:** O que já foi validado e estamos fazendo agora, lembrando por que isso está sendo feito, mostrando objetivos e KPIs de negócio que pretendemos alcançar;
- **Passado:** Histórico do que foi colocado, bem como os indicadores e métricas de antes e depois dessa solução ser publicada, indicando se os objetivos pretendidos foram alcançados;

Basicamente estamos falando de dar visibilidade do Upstream e do Downstream do produto, de forma que todos saibam impactos, esforço e tarefas que estão sendo ou que já foram construídas pelos times.

Toda essa visibilidade é importante para que o time possa ser blindado e as demandas que surgem de última hora possam ser priorizadas de uma forma mais eficiente. Além disso, isso já gere as expectativas de áreas que demandam para você diretamente, além das outras áreas que acham que podem ter o direito de usar seu time para cumprir com os objetivos deles. Isso é normal. Existem várias áreas que precisam da sua ajuda para resolver problemas que estão impactando algum processo interno. Essas áreas, não sabendo qual o objetivo do time ou a qual carga de trabalho o time está submetido, se apropriam do direto de demandar diretamente para vocês essas tarefas improvisadas. Essa visibilidade exposta para a empresa inteira previne ou mitigue muito problemas como esse.

Product Requirements Document

O PRD é um documento feito pelos Product Managers para manter não um simples histórico do que foi feito do produto, mas para manter visível para o time e para os stakeholders o que o produto é e o que ele será.

Não existe uma regra específica para escrevermos um PRD. Cada empresa e cada time tem suas próprias prioridades e necessidades. Mas um bom PRD cobrem os seguintes tópicos:

- Para quem o produto é feito (mercado, pessoas, negócio);
- Por que o produto é feito;
- Como o produto é feito;
- O que é feito no produto (funcionalidades, jornadas, core tasks);
- Por quem o produto é feito (time e stakeholders);
- Principais problemas e necessidades, do ponto de vista do usuário, que devem ser resolvidos;
- Principais objetivos que o negócio que devem ser alcançados;
- KPIs/Outcomes de negócio;
- KPIs/Outcomes de produto;
- Principais indicadores e métricas de produtos;
- Mapa de Oportunidades;
- Descrição detalhada de funcionalidades que estão no produto:
  - Por que existe essa funcionalidade;
  - Como ela funciona?
  - Qual problema ela resolve?
- Funcionalidades fora do escopo. Pode ser só uma lista simples e o motivo pelo qual ela saiu do produto;
- Iniciativas de Design;
- Concorrentes;
  - O que é um concorrente para o negócio e produto;
  - Quais os pontos mais semelhantes;
  - Análises sobre o cliente;
- Q&A;

Essa lista está até muito longa, você não precisa cobrir todos esses pontos, mas é importante que o PRD seja construído de forma evolutiva. Todos os pontos não precisam ser escritos de uma vez, mas precisam ser escritos quando necessários. Isso quer dizer que o Product Manager, como responsável pelo Produto, vai precisar mobilizar o time e também se organizar para manter esse documento vivo, em constante evolução e sempre lembrando as pessoas que não estão no dia todo no tático a darem uma olhada de vez em quando para terem visibilidade da evolução do produto.

O PRD é a Bíblia do Produto, ele mostra essencialmente qual é a visão do produto, seu planejamento e principalmente sua execução.

Um PRD precisa ser claro e objetivo para qualquer pessoa que possa se envolver no processo de construir uma solução para o usuário e que mova ponteiros de negócio. Isso quer dizer que o que está escrito não deve se aprofundar em soluções sobre como a parte técnica é resolvida, mas dar uma visão macro, fazendo conexão com as especificações e documentações técnicas. Da mesma forma, não deve haver aprofundamento nos conceitos técnicos de design, embora seja importante ter manuais de padrões e boas práticas de guias visuais. O Product Hunt (https://www.producthunt.com/), uma comunidade que compartilha e avalia Produtos Digitais, tem um exemplo muito bom de PRD. A estrutura do PRD deles é:

- Intro & Goal (introduçnao e Goal);
- Who's it for? (para quem é?)
- Why build it? (por que construir?)
- What is it? (o que é isso?)
- Brainstormed Ideas (lista de ideias);
- Competitors & Product Inspiration (competidores e inspiração);
- Seeding Users & Content (usuários iniciais e conteúdo);
- Tech Notes (notas técnicas);
- Go To Market (lançamento);
- Future Ideas (ideias futuras);

Você pode fazer uma cópia do PRD do Product Hunt aqui: https://docs.google.com/document/d/1yrU5F6Gxhkfma91wf_IbZfexw8_fahbGQLW3EvwdfQI/edit
Na época que eu dirigia o time de produtos da Jüssi, nosso time seguia uma estrutura de PRD mais ou menos assim:

- Visão Geral
- Contexto
- Produto
- Concorrência
- Personas
- Métricas
- Análise
- Objetivos
- Métricas de Sucesso
- Comunicação
- Timeline & Release Planning
- Cenários
- Funcionalidades incluídas
- Funcionalidades Excluídas
- Designs
- Problemas em aberto
- Q&A

Como já disse, não há um padrão estabelecido por um sindicado dos Product Managers que define quais as restrições e regras para a criação e PRDs. Você deve adaptar o PRD de acordo com a cadência e cultura da empresa, e é sempre bom fazer em conjunto com time. Na Jüssi, os Product Managers criavam PRDs em conjunto com os UXzes do time. Mas nada impede de desenvolvedores, pessoas de dados e outras áreas também ajudarem a manter o PRD vivo.

Press Release

Para tentar materializar o produto ou a funcionalidade do produto, nós podemos escrever um documento em um formato de notícia, como se fosse ser publicada na imprensa. Dentro dessa notícia (Press release) nós temos que explicar para o público algumas coisas importantes:

- Problema atual;
- Big numbers do mercado;
- Como o produto pretende resolver esses problemas;
- Para quem é destinado;
- Vantagens e como esse produto resolve melhor do que as soluções atuais;
- Futuro do produto;

Um Press Release não pode ser escrito como um PRD é escrito. Ele precisa ser sedutor. Precisa ser um texto que chame a atenção do público, instigando-o a experimentar essa nova maravilha. Este é um documento que deve direcionar quem está lendo para uma ação concreta de buscar seu

produto e começar a usá-lo.
Uma estrutura básica de Press Release é:

* Cabeçalho;
* Resumo;
* Sumário;
* Problema;
* Solução;
* Testemunho de alguém envolvido na construção do produto;
* Como começar a usar o produto;
* O testemunho de clientes;
* Conclusão e Call to Action;

No artigo *Amazon Press Release* [61], Andrea Marchiotto disponibilizou o link de um template muito bom para auxiliar na criação de Press Releases, seguindo o roteiro acima: https://drive.google.com/file/d/1JfLBSx1ISR2X8qHMZzoGl0ORU4dy-kIx/view.
O objetivo do Press Release é tentar validar uma ideia, funcionalidade ou produto antes de construí-lo. Se o Press Release fizer sucesso com os primeiros leitores internos da empresa e depois fizer o mesmo sucesso com as pessoas de fora da empresa, então, temos mais uma evidência de que a ideia/produto/feature funcionará. Se mesmo depois de alguns ajustes, o que foi explicado no Press Release não chamou a atenção que deveria, é importante rever decisões e se for o caso atrasar ou desistir da ideia.
Esse formato ficou bastante famoso porque era (ou é, não sei) usado pela Amazon para provar ideias dentro da empresa. O Press Release de algum lançamento era lido por pessoas de dentro e fora da empresa. Se as pessoas que liam ficassem curiosas, empolgadas e com vontade de saber mais, então a ideia valia a pena ser investida.
O Press Release também funciona como um lembrete para o time sobre o que realmente vale a pena construir e traz valor para o usuário. Na Amazon, antes de os desenvolvedores escreverem qualquer linha de código, eles precisam escrever um Press Release hipotético e um FAQ com perguntas para esclarecimentos de possíveis dúvidas que pessoas reais teriam [62].
O Press Release é muito interessante para servir de onboarding para novos integrantes da empresa. Dessa forma, os novos integrantes têm ganham uma visão mais ampla da empresa, do produto, de quem elas irão impactar e qual o pensamento estratégico alinhado com toda a empresa, além de estimular discussões entre os times.

O Roadmap
Embora muitos PMs achem que o Roadmap é uma ferramenta exclusiva para gestão de projetos, o formato de Roadmap é uma das melhores formas de trazer visibilidade do momento atual e futuro do produto para qualquer pessoa da empresa. O Roadmap mostra com clareza o que estamos fazendo agora e o que está priorizado para o futuro.
Não estou dizendo que você precise chegar ao ponto de criar um Gráfico de Gantt detalhado, com o nome das pessoas e o encadeamento dos times. Isso é muito microgerenciamento que na minha opinião deve ser evitado. Mas um Roadmap com a visibilidade dos épicos e suas possíveis datas de começo e fim - juntamente com os objetivos a serem alcançados - já responde muitas perguntas.
O Roadmap é um documento autoexplicativo e serve de referência para qualquer pessoa da empresa quando você, PM, não estiver presente. Ele precisa ser simples e objetivo para que não deixe dúvidas sobre qual é o caminho das pedras que o Produto está tomando.
Falar sobre Roadmaps é algo que parece ser complicado no início, mas não tem segredo nenhum. É um assunto supervalorizado pelas pessoas. Gestores de Projeto fazem isso o tempo inteiro e não é necessário recriar a roda ou tentar fazer firulas para se diferenciar. Um Roadmap precisa ser o que ele nasceu para ser: um mapa das entregas de forma mais ou menos linear, mostrando presente e futuro.

Criando um roadmap macro
Criar um roadmap não deveria ser um problema para qualquer PM e facilmente você encontra as melhores práticas de criar um roadmap claro no Google. O formato não importa muito, contanto que ele seja basicamente auto explicativo. Isso quer dizer que ele precisa dar, pelo menos, uma visão de Presente e Futuro. Um formato simples é como o seguinte:

Exemplo básico de Roadmap

Essa é uma estrutura bem parecida com a da User Story Mapping. Ela deixa claro qual o Outcome deve ser alcançado, quais as oportunidades que serão exploradas, quais as iniciativas (soluções ou features) serão construídas ou modificadas, além de qual ciclo tudo isso deve ser entregue. Mesmo assim, não chegamos nas tarefas de UX, Dev, CRO etc... Ou seja, fugimos do microgerenciamento que pode surgir vindo dos stakeholders.

Essa visão pode ser facilmente desdobrada para um roadmap mais tradicional, que é mais usual e mais fácil de explicar para os stakeholders por ser um formato muito mais executivo.

		Q1			Q2	
		Mês 1	Mês 2	Mês 3	Mês 4	Mês 5	Mês 6
	Aumentar interação entre usuários	Funcionalidade de Retweet simples					
			Outra solução/feature		Retweet com comentário		
	Melhorar curadoria de assuntos e perfis	Criar listas privadas de usuários			Criar listas colaborativas		
	Visualizar tweets fora do twitter	Embedar tweets em sites					
			Outra solução/feature		Compartilhar em WhatsApp e Telegram		

Exemplo tradicional

Obviamente você não fará isso na mão. Existem um milhão de sistemas online que fazem isso para você. Só para citar alguns: Smartsheet, Aha! e ProductPlan. Todos eles conseguem te dar uma visão tradicional e tem vários outros templates prontos para você experimentar.

Muitos PMs se recusam a fazer um roadmap, com o motivo de que produtos não são projetos, e que por causa disso, mostrar qualquer plano é totalmente contra a cultura de Produtos Digitais. Não caia nessa ladainha. Como já dissemos, um roadmap é importante deixar disponível de forma clara e objetiva o caminho que estamos percorrendo no produto. Não ter qualquer planejamento médio/longo prazo é furada. É o planejamento e visão de longo prazo que pautarão as atividades do curto prazo. Então, por favor, mantenha-se organizado.

Qual a visão de tempo e granularidade de um roadmap?

Para ter uma visão mais organizada e coerente, é mais fácil pensar em quebras, partindo do maior pedaço para o menor pedaço. É basicamente um exercício de *drilldown*, onde você quebra a visão anual em semestres, que por sua vez é quebrado em trimestres e que por sua vez pode ser quebrado em meses.

ANUAL											
SEMESTRE						SEMESTRE					
TRIMESTRE			TRIMESTRE			TRIMESTRE			TRIMESTRE		
MÊS	MÊS	MÊS	MÊS	MÊS	MÊS	MÊS	MÊS	MÊS	MÊS	MÊS	MÊS

Uma visão de granularidade de tempo

Perceba, que se estamos usando a estrutura de *Opportunity Tree* já vista nos capítulos anteriores, podemos fazer uma divisão desse tempo com a hierarquia de outcomes do produto e da empresa.

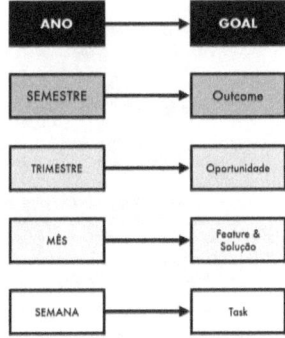

Distribuição da Opportunity Tree
por granulidade de tempo

Comparativo entre opportunity tree e tempo

Se quisermos forçar um pouco, podemos fazer um comparativo com a organização das tarefas em épicos, user stories e tasks. Eu acho que aqui já começamos a forçar muito a barra porque no nível da semana não vamos necessariamente fazer experimentos e o nível de experimento não é necessariamente uma task técnica, pelo contrário, neste nível, nós já podemos ter certeza do que vamos fazer e não é necessário haver mais experimentos.

Visão de tamanho de tarefas combinado com tempo e opportunity tree

Essas visões servem apenas para você ter um pensamento linear e mais coerente de organização. Não é uma simetria exata, mas pode servir mostrar para stakeholders e times uma visão mais didática do plano.

- **Ano + Goal:** Qual o Goal principal que a empresa inteira ou pelo menos a sua precisa buscar para o ano?
- **Semestre + Outcome:** Quais os resultados que precisamos alcançar em 6 meses que irão resultar no atendimento do Goal do ano? Podemos ter vários outcomes trabalhados em seis meses;
- **Trimestre + Oportunidade:** Uma oportunidade que será explorada durante o trimestre que contribuirá para alcançar o outcome. É quase que inevitável trabalhar em várias oportunidades ao mesmo tempo, referentes a vários Outcomes diferentes;
- **Mês + Solução/Feature:** Durante o mês vamos trabalhar em várias soluções que podem ser features ou até mesmo melhorias pontuais no produto, que exploram as oportunidades que estamos trabalhando no trimestre;

Sobre formatos de visibilidade de backlogs e priorização

Priorizar é uma das tarefas mais cruciais da vida da pessoa Product Manager. Não estou falando apenas sobre escrever histórias e priorizá-las para os devs, isso é o resultado de todo um planejamento de algo que já foi priorizado por alguém, geralmente a área de negócios ou o board. Contudo, é necessário que a PM tenha uma forma organizada de visualizar o que virá no futuro. O Roadmap vai ajudar bastante para ter uma visão de médio e longo, mas é necessário ter uma organização, mais tática, tendo uma visualização de curto prazo.

Priorizando via classes de trabalho

Uma visualização que eu gosto bastante, que é categorizar as histórias em classes (ou se quiser chamar de categorias) de trabalho.

Classes de Trabalho

OPORTUNIDADES

| Tarefa 1 |
| Tarefa 2 |
| Tarefa 3 |

FUNCIONALIDADES

| Tarefa 1 |
| Tarefa 2 |
| Tarefa 3 |

DÉBITOS TÉCNICOS & BUGS

| Tarefa 1 |
| Tarefa 2 |
| Tarefa 3 |

MELHORIAS

| Tarefa 1 |
| Tarefa 2 |
| Tarefa 3 |

Priorização via classes de trabalho

Você pode customizar suas classes de trabalho de acordo com as necessidades do seu time e da empresa. Para quem usa ferramentas como Jira, Trello e coisas do tipo, fica simples de organizar via labels e outras formas para que no momento da priorização, você possa escolher melhor quais as tarefas que estão coerentes com o Goal da empresa.

Priorizando usando funil

Se você trabalha principalmente com e-commerce ou qualquer outro serviço em que seja obrigatório medir conversão, é comum que você crie um funil para visualizar melhor a jornada do usuário. Você pode criar uma visualização de tarefas baseada nas fases do funil, de forma que você possa priorizar as tarefas relacionadas ao objetivo de conversão.

FUNIL

Cada tarefa pode ser categorizada de acordo com as clases de trabalho, e elas devem melhorar cada fase do funil.

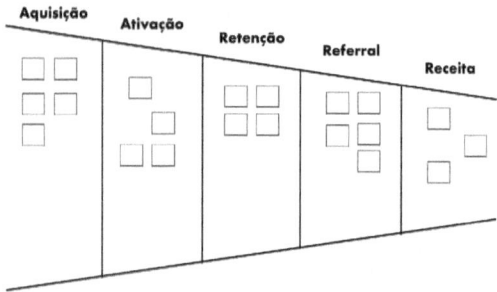

Priorizando usando uma visão de funil

É melhor que as tarefas em cada uma das fases do seu funil - usei como exemplo funil do pirata AARRR - estejam categorizadas, seja por uma categorização simples ou por classes de trabalho como vimos anteriormente.

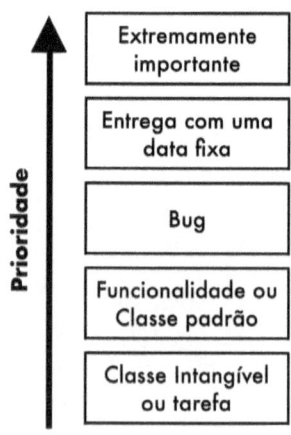

Classes de Serviço

Se seu time usa Kanban e tem um agilista bastante maduro, ele já deve ter citado sobre uma coisa que se chama Classe de Serviço. As classes de serviço funcionam como as classes de trabalho (na boa, é tipo a mesma coisa), que classificam usando aspectos diferentes as tarefas dentro do backlog a fim de facilitar a priorização das tarefas. Geralmente as classes de serviços são definidas por prioridade, seguindo uma hierarquia:

1. **Extremamente importante:** são aquelas tarefas urgentes, que bloqueiam uma atividade importante do fluxo do usuário, que impedem o negócio de ganhar dinheiro, que comprometem o produto. São tarefas que devem ser resolvidas na hora, não dá para esperar, colocam o negócio em risco ou prejudicam o usuário de alguma forma;
2. **Entrega com uma data fixa:** são tarefas que têm uma data definida para serem executadas, por exemplo, a migração de algum serviço de terceiro por causa da finalização do contrato ou que dependem do cumprimento de alguma legislação. São tarefas que podem ser feitas paralelamente mas tem uma prioridade maior perante as outras;
3. **Bug:** resolução de problemas não bloqueantes do sistema. Geralmente são bugs que não prejudicam o negócio ou o usuário, que podem esperar para serem feitas. Aqui você pode subdividir com bugs percebidos pelo usuário e bugs não percebidos, por exemplo;
4. **Funcionalidade ou classe padrão:** tarefas que entram no fluxo normal de trabalho. "Dizem" que o saudável é ter 50% desse tipo. "Dizem" está entre aspas, porque depende da sua realidade;
5. **Classe intangível ou tarefa:** Tarefas úteis, mas que ainda não foram entendidas totalmente, que estão em uma fase de descobertas e por isso não podemos mensurar ainda seu impacto pro usuário, negócio ou de tecnologia. Tarefas que não são urgentes ou importantes, mas que podem virar urgentes ou importantes se forem esquecidas;

Tem gente que não coloca BUG como uma classe de serviço, categorizando bugs como uma **classe padrão**, entrando no fluxo comum do desenvolvimento. Isso vai de acordo de time para time.

Matriz de Eisenhower

Dwight D. Eisenhower foi o 34° presidente dos Estados Unidos. Além disso, ele foi comandante das forças aliadas na Segunda Guerra Mundial. Com esse currículo, ele tinha que lidar com tarefas que eram importantes e urgentes. Então, ele fazia uma separação: decisões que podiam esperar até o dia seguinte, não eram urgentes. Decisões que poderiam ser delegadas para outras pessoas, não eram importantes.

Para organizar essas tarefas e priorizá-las de forma eficaz, a Matriz de Eisenhower é dividida em 4 quadrantes:

1. **Fazer** (importante / urgente). Aqui ficam as coisas que têm consequências claras se não tomarmos decisões imediatamente. Geralmente são problemas e imprevistos. Você deve evitar esse quadrante ao máximo;
2. **Agendar** (importante / não urgente). Aqui são atividades que podem levar um pouco mais de tempo para serem decididas. É importante você entender que este pode ser o quadrante mais importante. Essas tarefas não são necessariamente problemas, mas tarefas que vão te fazer avançar para mais perto dos seus objetivos;
3. **Delegar** (não importante / urgente). Neste quadrante, você precisa entender se a tarefa pode ser feita por outras pessoas ou áreas. Ela não é importante para você imediatamente, mas é urgente o bastante para impactar o seu trabalho ou o trabalho de outras pessoas;
4. **Eliminar** (não importante / não urgente). Aqui são tarefas que realmente não deveriam estar no seu radar. Tarefas que não te ajudarão a alcançar o seu objetivo, ou que tem um potencial de te fazer perder tempo;

MATRIZ DE EISENHOWER

1 Faça primeiro.
Importante e urgente.

2 Agende. Planege e analise melhor.
Importante e não urgente.

3 Faça em seguida.
Urgente. Não importante.

4 Não faça agora.
Não importante e não urgente.

Um exemplo da Matriz de Eisenhower

Quando você entende a dinâmica do quadrante, a coisa fica muito mais fácil de gerenciar. Quanto mais você trabalhar no quadrante 2, resolvendo coisas realmente importantes, melhor você vai planejar as tarefas e por isso você vai trabalhar menos tempo no quadrante 1 e menos ainda no quadrante 3. Inclusive o quadrante 3 deve estar sempre zerado, mas isso só acontece nos nossos sonhos. Quanto mais disciplina você tiver, menos coisas terão no quadrante 4.

Um dos meus mantras pessoais é que o longo prazo pauta suas decisões de curto prazo. As suas decisões de hoje devem guiar você para o seu objetivo de longo prazo. Se isso não estiver acontecendo, você só está improvisando e perdendo tempo. Por isso, é importante que você resolva o que é urgente, mas não tire os olhos do que é importante. Além disso, se estiver resolvendo muitas urgências, você precisa identificar imediatamente os motivos para se prevenir (lembra dos domínios do Cynefin?).

Concluindo

Dar visibilidade é difícil. Isso mexe com as expectativas das pessoas e é muito fácil perder influência e controle se você não dá visibilidade ou o faz de uma forma desorganizada e sem constância. Uma coisa que aprendi bastante cedo é que responsáveis pela gestão de produtos ou projetos precisam dar visibilidade em excesso. Um bom medidor é: se alguém te perguntar como o projeto/produto está indo, indica duas coisas: ou a pessoa é desinformada e não deu a devida atenção aos seus reports e informações, ou você está errando em não conseguir fazer a informação chegar até ela.

O que acontecia comigo era que depois de muita visibilidade, status e reports, se adiantando às perguntas, as pessoas conseguiam pegar confiança no trabalho que estava sendo feito e as cobranças e a necessidade de dar tantos reports diminuía muito.

Agile para Product Managers

É muito difícil encontrar atualmente uma empresa de tecnologia que não use metodologias ágeis para desenvolver seus softwares. Em 90% das vezes, as empresas usam Scrum ou Kanban.

Algumas delas usam algo que chamamos de Scrumban. Outras não usam nada. Outras criaram ou adaptaram sua própria metodologia. Mas todas elas tentam se fundamentar nas mesmas premissas advindas das Metodologias Ágeis.

Metodologias Ágeis?

Primeiro, é importante que você entenda que o pensamento do que chamamos de Agilidade hoje, veio de princípios e padrões de boas práticas de desenvolvimento de software. É muito comum que ao pesquisar sobre Agilidade ou Movimento Ágil, você leia referências sobre o Manifesto Ágil. O Manifesto Ágil foi escrito por programadores mais do que reconhecidos no mercado. Todos eles impactaram de forma muito ampla o mercado de desenvolvimento de software em uma escala global, disseminando práticas, métodos e boas práticas técnicas de construção de software complexos. Você pode ver o nome de todos eles lá no site do Manifesto Ágil (https://agilemanifesto.org/), mas segue a lista aqui:

- Kent Beck
- Mike Beedle
- Arie van Bennekum
- Alistair Cockburn
- Ward Cunningham
- Martin Fowler
- James Grenning
- Jim Highsmith
- Andrew Hunt
- Ron Jeffries
- Jon Kern
- Brian Marick
- Robert C. Martin
- Steve Mellor
- Ken Schwaber
- Jeff Sutherland
- Dave Thomas

Só para citar alguns: Martin Fowler fez o livro *Refactoring*, que aborda tudo sobre refactoring de código. Alistair Cockburn é autor da metodologia chamada Crystal Clear (que é uma das metodologias do Crystal, que é uma família de metodologias processuais para vários tamanhos de times). Sobre Jeff Sutherland você já deve ter ouvido falar, pois ele criou o Scrum junto com o Ken Schwaber (que na verdade, não foram eles que criaram do zero, já existia algo muito antes, mas eles adaptaram para desenvolvimento de software e nomearam com Scrum).

Todas essas 17 pessoas já estavam trabalhando com "agile" muito tempo antes de existir esse manifesto, pois todos eles, de alguma forma, entendiam que o ambiente de construção de software é complexo e por isso tentavam praticar processos para diminuir a complexidade do trabalho. O interessante é que práticas tinham muito em comum:

- Eram baseadas em ciclos curtos de desenvolvimento;
- Eram baseadas em ciclos de feedbacks recorrentes;

- Focadas em entregar pequenos pedaços de software funcionando;
- Focadas em uma estrutura e organização flexível à imprevistos e mudanças de prioridade;

O Robert Martin, percebeu meio que sem querer, que várias pessoas competentes estavam tendo ideias e criando metodologias que seguiam mais ou menos essas mesmas essências, e organizou uma reunião com o propósito de que essas pessoas conversassem e tentassem unificar suas ideias de boas práticas de organização de processos de construção de software em uma espécie de manifesto. O resto é história.

Procurando pela internet você vai encontrar uma série de vídeos [63] e artigos que descrevem como essa reunião lendária aconteceu. O meu predileto é um vídeo incrível que o maravilhoso Akita gravou [64], explicando seu próprio ponto de vista (que eu concordo mais do que 100%) sobre como o mercado deturpou o real sentido da Agilidade. As *Transformações Digitais* estão aí para provar a cegueira generalizada. O primeiro valor do manifesto é **"Indivíduos e interações** em vez de processos e ferramentas", e a primeira coisa que uma grande empresa faz nas *transformações digitais* é contratar uma consultoria ultracara para implementar **Processos e Ferramentas**. Não faz sentido.

Para que você se destaque da média (de PMs e inclusive Agilistas) sobre esse assunto, tenha em mente uma coisa: Metodologias Ágeis são, na verdade, boas práticas de desenvolvimento de software.

É muito importante que você saiba disso, porque o Ágil está aqui para servir o desenvolvimento de software (e esse software, para você PM, se chama **Produto**). Como já comentamos algumas vezes neste livro, o ambiente de desenvolvimento de software é complexo, por isso precisamos de práticas de softwares específicas, que estão no nível de código e também na forma de organizar times, que tentarão diminuir o nível de complexidade no momento da construção do software.

A complexidade da construção de software

Construir software é algo complexo por alguns motivos, mas os dois principais pontos são: **fator técnico**, que abrange a forma com que estruturamos e organizamos um projeto de software, que constitui em grande parte sobre como os desenvolvedores projetam, influenciando em como o software afetará a escalabilidade, manutenção e experiência de uso, por exemplo; e o outro motivo é de **fator humano**, que pode ser constituído por:

- Falta de feedback de progresso;
- Falta de feedback de uso do usuário;
- Mudança de prioridade e escopo;
- Senioridade dos integrantes do time;
- Gestão de expectativa dos stakeholders, cliente e equipe;
- Falta de previsibilidade de futuro do projeto;
- Planejamentos muito longos que não aguentam mudanças de mercado ou de objetivos;
- Microgerenciamento;
- Falta de confiança da gestão e stakeholders com as entregas do time;

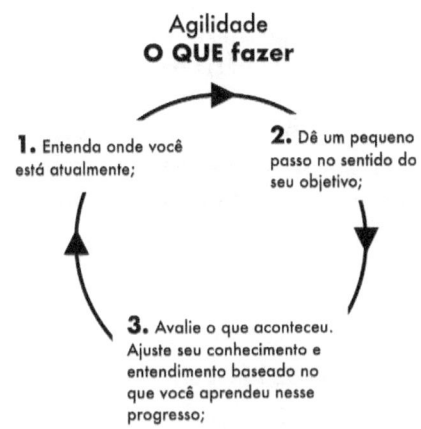

Agilidade
O QUE fazer

1. Entenda onde você está atualmente;

2. Dê um pequeno passo no sentido do seu objetivo;

3. Avalie o que aconteceu. Ajuste seu conhecimento e entendimento baseado no que você aprendeu nesse progresso;

iteração contínua de entrega de valor

As boas práticas de construção de software que todos os signatários do Manifesto Ágil sugeriram, e já usavam até mesmo antes da criação do Manifesto original, tinham como objetivo **agilizar o desenvolvimento de software**, cortando toda a burocracia, resolvendo de forma branda e técnica os pontos que atrapalhavam e atrasavam a construção e a entrega do produto ou projeto.

Perceba que o nome original do Manifesto Ágil é **Manifesto for Agile Software Development"** (Manifesto para desenvolvimento ágil de software). O mercado retirou o **Software Development**, ampliando de forma perturbada o sentido do manifesto original e criando o mercado confuso que conhecemos hoje.

> *"Implementar as cerimônias do Scrum ou as técnicas de Kanban, não torna ninguém automaticamente ágil. Da mesma que contribuir financeiramente para uma instituição de caridade, não o torna bom"* — Fabio Akita (https://youtu.be/xjjX3R2WuoM?t=922)

Em uma palestra técnica feita em 2015, Dave Thomas explica sua própria versão de agilidade [65]

Agilidade
COMO fazer

Se você encontrar duas ou mais alternativas que entregam o mesmo valor, escolha a opção que torne mais fáceis mudanças futuras.

Isso volta no assunto que abordamos no início do livro, quando falamos sobre Evolução Contínua e Identificação de Oportunidades, onde tocamos no assunto do PDCA, de Deming, sendo a bala de prata para qualquer ciclo contínuo de evolução. Posso até ser um pouco ousado e dizer que, se você aplica o método PDCA no seu ciclo de construção de produto, você está praticando Agilidade.

Em resumo, Agile é:

- Reduzir a distância entre os problemas táticos de quem realmente tem autonomia para resolvê-los;
- Quebrar grandes problemas em problemas pequenos, de forma que sejam resolvidos em pequenas etapas;
- Fazer uma validação de qualidade de cada uma dessas etapas;
- Melhorar o time e o produto conforme o andamento do processo.

Qualquer coisa além disso é perfumaria que tenta vender o Agile como algo empacotado e vendável. Isso não existe. O Manifesto foi criado para que pudéssemos focar no que realmente interessa: construir software.

Seu papel em um time de software

Muito se engana aquele que acha que o dono do processo é o Agile Coach (ou Agilista, ou Scrum Master, ou qualquer outro nome estranho que o mercado tenha inventado). O time é o dono do processo. O time usa o processo que melhor se adequa à sua realidade. Já trabalhei com times que se deram muito bem usando Scrum na íntegra. Outros que passaram por Scrum, amadureceram e migraram para Kanban, e depois perceberam que não precisavam de fazer absolutamente nada. Isso é completamente normal, exatamente por causa dos motivos que conversamos acima: as boas práticas de construção de software, aliadas com a senioridade do time, fazem com que tudo funcione com o mínimo de processo e complexidade.

O papel do Agilista é sugerir e direcionar o time para encontrar posicionamento melhor, que eles consigam extrair o máximo das suas capacidades técnicas. Os melhores Agilistas com quem já trabalhei eram tutores do time, ensinando as boas práticas de metodologias e frameworks, para que o time fizesse uso desses conhecimentos para facilitar o desenvolvimento do produto.

Neste cenário, o PM é apenas um personagem que tem habilidades e responsabilidades bem específicas que ajudam o time a entender quais os próximos objetivos e/ou problemas que devem ser resolvidos, levando em consideração o impacto no negócio, produto e usuário. E é aqui que vários PMs acabam se perdendo porque:

- Acham que são chefes diretos do time;
- Acham que não fazem parte do processo de construção de software, ou seja, só trazem as demandas e cobram de tempos em tempos;
- Não entendem os problemas técnicos que poderão obstruir a entrega de valor e resultados;
- Acham que seu principal compromisso é apenas com o resultado final, não com a qualidade da entrega. Se estiver funcionando, é o que importa;
- Retém e centraliza informações importantes de forma que o time e o processo viram seus reféns;

Pense que o PM, do ponto de vista do time, representa o usuário e a empresa. Isso quer dizer que essa pessoa precisa se preocupar com se o que será entregue vai resolver o problema do usuário (ou lhe trazer uma vantagem) e também trará resultados (financeiros ou de posicionamento estratégico) para a empresa.

O PM deve estar sempre disponível para o time. Ele precisa servir o time com informações que os ajudem a entregar o produto correto. Ou seja, o PM dá mais detalhes sobre **o que** vai ser construído, já o time vai deve decidir **como** esse produto será desenvolvido.

Contudo, todo e qualquer time trabalha com tempo finitos e quantidade de pessoas limitada. Neste caso, é importante que o PM saiba qual a carga certa de quantidade de tarefas o time se comprometerá.

Essa cálculo é e deve ser feito pelo Agilista. Entretanto, é importante que o PM entenda como isso funciona, dado que é ele que tem a responsabilidade de priorizar a fila principal de atividades do time.

O Básico do Agile

As cadências do Kanban

Uma das premissas do mindset ágil é ter ciclos de feedback. Esses ciclos têm o objetivo de aprendizado: entender o que fizemos de bom e ruim para melhorar no futuro. Muito por isso, para mim as cerimônias são a parte mais importante de qualquer processo (mesmo se o time não estiver usando processo algum). São nas cerimônias que o time vai se comunicar livre da pressa, sem estar na frente de um computador, se concentrando em apenas uma coisa: se comunicar.

O PM deve usar essas cerimônias para recuperar as atualizações do andamento do produto, tirar dúvidas e entender se será necessário redirecionar o percurso. É aqui que você deve tentar prever se haverá surpresas desagradáveis. Muitos PMs colocam a culpa no time por não ter sido avisado antes que determinada funcionalidade não iria ser publicada a tempo. A culpa é do PM que não participou das cerimônias e não usou esses horários para adiantar e prever possíveis problemas.

Não use esses momentos para fazer microgerenciamento. É horrível esperar que o time tenha que responder na daily "o que fizeram ontem, o que farão hoje e o que farão amanhã" como algumas metodologias ensinam. A Daily (e outras cerimonias) não é feita para você, mas para o time. Você, como parte do grupo, deve estar presente como um integrante jogador e não como o dono do time.

Algumas perguntas e respostas que você pode extrair do time no momento da daily e outras cadências:

- Há algum impedimento que eu possa ajudar a retirar?
- Existe alguma dúvida sobre qualquer história ou épico que estamos construindo?
- Baseado nas nossas últimas conversas que tivemos, eu mudei a prioridade das próximas tarefas, vocês estão mais confortáveis?
- Alguém sabe sobre algum provável problema ou obstáculo que o time precisa saber para nos prepararmos agora?

Eu gosto bastante de Scrum. Foi com ele que eu aprendi "agile" e consegui entender bastante a dinâmica entre gestão de backlog e demandas com o tempo de execução e forma de trabalho de um time de desenvolvimento. Contudo, quando você começa a ler e a aprender Kanban, de verdade, você entende que o Kanban é uma arma incrivelmente flexível e intimamente ligada com *continuous improvement*. Não que o Scrum não seja, mas o Kanban torna tudo mais fluído.

Neste caso, vou falar um pouco sobre apenas quatro cadências do Kanban (que você conhece no Scrum como cerimônias).

Lembra do PDCA de Deming? As cerimônias servem para fazer o *check* e o *plan*. Essas quatro cerimônias/cadências são essenciais para você iniciar:

- **Priorization Meeting:** PM apresenta para o time o que será feito durante a semana. Todos discutem sobre problemas e decidem se a priorização faz sentido ou não;
- **Kanban/Daily Meeting:** É a basicamente a daily. Uma reunião rápida, diária, onde todo o time deve conversar sobre o andamento de todas as tarefas, sempre partindo da que está mais próxima da entrega;
- **Replenishing:** Reunião para alinhamento do time sobre o andamento das demandas e organização para os próximos dias. Nessa reunião, a PM pode reorganizar as prioridades, adicionar ou remover itens da fila. Essa reunião deve acontecer no meio do ciclo, para entender se tudo está andando como o planejado ou se surgiu algum pastel para fritar no meio do caminho;
- **Retrospective:** Em conjunto o time discute os acertos e como podem melhorar o que não está funcionando. Todo o time participa e deve colaborar. Deve ser um ambiente seguro (para falarmos sobre problemas sem julgamentos). O objetivo é melhorar o fluxo e senso de time, fortalecendo a cultura interna.

FUTURO **Priorization Meeting**

PRESENTE **Kanban Meeting** (daily)
Replenishment

PASSADO **Retrospective**

Uma visão simples das cerimonias comuns, tendo uma perspectiva de visão de passado, presente e futuro

Contudo, o Kanban é muito mais completo, realmente envolvendo todos os pontos que podem acontecer possíveis problemas de comunicação ou imprevistos no processo. Existem algumas outras cadências do Kanban, que eu não vou entrar no detalhe aqui, porque o intuito não é se aprofundar em Agile, mas é bom que você saiba que existam. Abaixo a lista completa das cadências:

- Daily Meeting
- Replenishment & Commitment Meeting
- Delivery Planning Meeting
- Service Delivery Review
- Operations Review
- Risk Review
- Strategy Review

Essas cadências dão visibilidade e ajudam o time a saber o que virá no futuro, o que está acontecendo agora no presente e ajuda entender o passado para fazermos melhor no futuro.

O Básico sobre KMM - Kanban Maturity Model

As pessoas têm uma visão muito errada sobre Kanban. A maioria pensar que é só a disposição do quadro usando cards para se organizar, outras pensam que é só uma metodologia sem timebox como o Scrum e várias outras definições malucas.

Se Kanban não é uma metodologia ou um framework, o que é?

O Kanban é como se fosse uma lente, que mostra as imperfeições no seu processo atual, levando em consideração a melhoria contínua. Os Agilistas e especialistas na área, consideram o Kanban mais como uma "abordagem" do que como um método ou framework. Você pode tratá-lo como uma abordagem de processos incrementais e evolutivos. Não importa qual método você usa hoje, você poderá usar o Kanban para melhorar esse método e a forma de trabalho.

Com o Kanban temos três princípios:

1. Comece com o que você já faz hoje;
2. Concorde em buscar uma abordagem evolucionária para mudança;
3. Encoraje atos de liderança em todos os níveis;

Com esses princípios, separamos um conjunto de seis práticas:

1. Visualizar o trabalho;
2. Limitar o trabalho em Progresso WIP;
3. Medir e gerenciar o Fluxo. Entender se ele está contínuo e sem impedimentos;
4. Seguir política explícita no processo. Com regras e restrições claras;
5. Criar de loops de feedback para entender a direção tomada;
6. Seguir modelo de melhoria contínua. Melhore colaborativamente, evolua experimentalmente;

Dado que temos essa visão básica do que é Kanban, queria introduzir um assunto importante e bastante avançado sobre o assunto, que é o KMM: Kanban Maturity Model.

O KMM segue alguns critérios bem importantes como base e que se desdobra por todo o contexto:

- Respeito às pessoas;
- Resultado financeiro;
- Satisfação do cliente;
- Exposição ao risco;
- Alinhamento;

Uma empresa com um nível de maturidade grande, perante todos esses critérios, elas se comportam de forma diferente de empresas com baixa maturidade. Em um lugar com baixa maturidade, o resultado financeiro pode conflitar com a satisfação do cliente. Pode ser que alinhamento conflite com a exposição ao risco. Logo, o que diferencia uma empresa com maturidade alta daquela que tem maturidade baixa é a forma e o comportamento ao lidar com esses critérios, principalmente quando nos deparamos com os problemas do dia a dia.

O KMM mede em seis níveis a maturidade das empresas. Esses níveis estão recheados com conceitos bem importantes e difíceis de entender à primeira vista, por isso estou me propondo a apenas introduzir o assunto a você, porque levaria outro livro para falar de todos os conceitos de forma apropriada. Inclusive, sugiro que você leia o livro Kanban (Blue Hole Press Inc, 2013) do David J. Anderson, que é o idealizador do KMM.

Você pode encontrar uma versão MUITO mais completa do diagrama do KMM aqui: https://www.kanbanmaturitymodel.com/request78799jdr3er/.

Os seis níveis de maturidade estão abaixo. Segue também uma descrição muito básica sobre cada uma delas:

Maturidade 0 - Oblivious:

- Visão individualista;
- Cobrança de desempenho individual;
- Necessidade de Comando e Controle;
- Não tem visualização do fluxo de trabalho;
- Empresa que não tem um processo auto evidente;
- Que não segue um processo explícito;

- Não tem políticas claras;
- Não conhece o fluxo de discovery;

Maturidade 1 - Emerging:

- Início do senso de grupo. Mas ainda pensando em indivíduos;
- Tem alguma visualização de fluxo, mas ainda de forma inconsistente;
- O trabalho começa a ser visto como uma sequência;
- Ainda há alta quantidade de trabalho e stress;
- Segue algum tipo básico de cadência ou cerimônia;
- Ainda existe gestores tomando as decisões;
- Ainda há heroísmo;

Maturidade 2 - Defined:

- Já entrega de acordo com as expectativas do cliente e dos stakeholders;
- Mas clientes/stakeholders não estão totalmente satisfeitos;
- Provavelmente já tem limitação WIP no fluxo;
- Demandas ainda são empurradas (em vez de puxadas);
- Ainda tem problemas de entrega e data;
- Começa a emergir uma definição de workflow, critérios de decisão e priorização;

Maturidade 3 - Managed:

- Processos e frameworks são definidos;
- Processos são seguidos de forma consistente;
- Existe um fluxo end-to-end;
- Conhece o fluxo do começo ao fim;
- Mantém rotinas e cerimônias;
- Faz uso e domina o Discovery;

Maturidade 4 - Quantitatively Managed:

- Foco em entregar valor para o negócio e para o usuário;
- Desenvolve robustez contra eventos imprevistos;
- Tem alta previsibilidade de entregas e desempenho de time;
- Capacidade de adaptação a novos processos e mudanças de percurso;
- Já sabe visualizar WIP e dependências;
- Analisa dados para tomar decisões;

Maturidade 5 - Optimizing:

- Focado em otimizar a eficiência do trabalhar;
- Focado em otimizar a eficácia;
- Tem uma cultura forte de melhoria contínua;
- Tem definições flexíveis de serviços;

Maturidade 6 - Congruent:

- Negócio é construído para durar;
- Visão de longo prazo;
- Pensamento anti-frágil;

Esse conceito de KMM é muito mais profundo que isso. Ele envolve desde o conceito 3M da Toyota de Muda, Mura e Mira, até o conceito de Antifrágil do Nassim Nicholas Taleb. Então, agora que você sabe que isso existe, convido você a procurar mais sobre o assunto.

A importância da priorização

Priorizar coisas é difícil. Se fosse fácil não existiria um papel (o seu) cuja uma das principais responsabilidades é fazer priorizações. Embora o conceito seja muito simples de seguir, o ambiente pode deixar essa tarefa muito complexa e você pode se perder em bifurcações inesperadas no caminho.

O que é priorizar

Priorização nada mais é do que dar preferência para uma coisa em detrimento de outra. Mas por que algo merece preferência? Porque esse algo tem suas restrições, impactos, importância, urgência, necessidade etc.

Fazer isso em um projeto quer dizer que você precisa escolher a ordem das tarefas levando em consideração o escopo, budget e tempo. Em produtos digitais, você deveria priorizar levando em consideração o negócio (retorno financeiro e posicionamento da empresa são os principais motivos) e as pessoas que usam seu produto (solucionando um problema/necessidade ou trazendo uma vantagem).

Seria fácil assim se não houvesse conflitos de interesse, muitos stakeholders, sponsors e interessados com opiniões conflitantes, restrição de tempo, dinheiro e time, timing de mercado etc. São tantas variáveis que podem afetar o trabalho de priorização que essa tarefa se torna algo bastante complexo.

Você só prioriza direito quando aprende a avaliar todos os principais e mais importantes outcomes que a empresa busca, para depois entender quais outputs deverão ser construídos primeiro. Sem entender a visão estratégica da empresa, sem chance. É como usar uma bússola quebrada.

Perguntas importantes sobre priorizar

Essas perguntas podem ajudar a priorizar mais facilmente seus outputs, se guiando sempre pelos outcomes pretendidos.

Negócio:

- O que vamos fazer trará um ROI esperado?
- Fazendo isso vamos defender ou facilitar possíveis avanços da nossa posição no mercado?
- Isso está ligado aos objetivos estratégicos de médio e longo prazo?
- Quais os riscos para o negócio quando publicarmos essa tarefa/atualização/nova funcionalidade?
- Isso é ético de se executar?

Produto e Usuário:

- Vamos resolver um problema real do usuário?
- Estaremos aumentando a fidelidade dos nossos usuários?
- Estamos nos diferenciando da concorrência ou de produtos similares?
- Isso vai facilitar atualizações ou construções futuras?
- Isso vai prevenir o acontecimento de problemas e bugs?
- Isso vai colocar o produto em uma posição de risco?
- Isso é ético de se fazer?

Embora priorizar seja a parte mais difícil e de maior responsabilidade de quem gere produtos, é necessário materializar boa parte do que foi decidido. A forma mais comum de fazer isso é escrevendo histórias de usuário.

A importância da consistência e do tamanho das histórias

O primeiro segredo para prever o futuro das entregas em um produto ou em um projeto é ter consistência na fase de delivery. O time precisa ter uma frequência consistente, ou seja, sem muitas variações de tempo de entrega. Isso não é algo fácil de conseguir, pois o processo de desenvolvimento não é linear, pelo contrário: imprevistos acontecem, pessoas ficam doentes, bus factor, a infraestrutura quebra, o mercado muda... Tudo isso faz com que o desenvolvimento de software seja um lugar complexo de se trabalhar. Para tentar diminuir as incertezas, uma das iniciativas é saber que as tarefas que serão desenvolvidas têm mais ou menos o mesmo tamanho.

Assim o time sabe que não haverá nada muito "grande" para ser desenvolvido. Isso quer dizer que as histórias (tarefas macros que ficam dentro dos épicos) podem seguir as seguintes premissas:

- Devem ser histórias do menor tamanho possível e sejam sempre mais ou menos do mesmo tamanho;
- Devem ser histórias que entreguem valor para o negócio e para o usuário;
- Devem ser histórias que sejam incrementos funcionais para o produto;

Em resumo: uma história é boa quando entrega valor percebido para o usuário, que ao mesmo tempo o negócio se beneficie dela, ou seja, que melhore algum KPI da empresa, e que obviamente, funcione.

Quando temos histórias que seguem essas premissas, principalmente que elas tenham mais ou menos o mesmo tamanho, nós conseguimos iniciar um processo de previsibilidade de construção. O time não precisa passar muito tempo planejando e quebrando a cabeça sobre como fazer uma tarefa muito gigante, porque tarefas menores são menos complexas.

Isso quer dizer que o time e você precisam parar de acreditar que existem tarefas pequenas, médias e grandes. Eu sei que quando o time tem um nível baixo de maturidade, usar abstrações como P M G para definir tamanho e complexidade de tarefas é legal, mas todos devem ter compreensão que P M G não quer dizer muita coisa se não for feita uma análise histórica para entender os tamanhos reais das tarefas. Logo, é muito melhor que o seu backlog seja recheado de tarefas mais ou menos do mesmo tamanho, possibilitando a entrega dentro do ciclo. Como você vai saber qual o tamanho ideal das tarefas do seu time? Experimentando. Aqui não tem segredo nenhum, é só medir e comparar com o passado: pegue os outliers (tarefas que demoraram muito mais tempo para serem executadas em relação às outras) e descubra o que aconteceu no processo, se certificando de que isso não aconteça futuramente. Esse trabalho é do Agilista, mas você é um grande interessado em saber essa informação.

Independente da metodologia que vocês estão usando, é possível fazer análises qualitativas e quantitativas sobre o tamanho das tarefas e os motivos pelos quais elas demoraram para serem construídas. Essa análise é de responsabilidade do Agilista, mas um dos maiores interessados em saber esses dados é você. Juntos, vocês devem procurar meios para melhorar o início de processo de delivery, que vem no final da camada de upstream, que é o final da descoberta de necessidades dos usuários e (in)validação de hipóteses. Já comentamos sobre isso no capítulo sobre evolução contínua e geração de oportunidades.

O seu trabalho, resumidamente, é esmiuçar e modularizar o máximo as entregas do produto. Nada de fazer planejamentos longos. Você precisa potencializar os resultados com pequenos incrementos.

Um exercício simples de priorização

Um exercício simples é conseguir separar as entregas de um layout pronto. Obviamentem esse exercício não acontece na vida real. Esse é apenas um exercício para você treinar seu olhar sobre como as coisas podem ser vistas em módulos. Para PMs de primeira viagem, isso vai ajudar a entender sobre como quebrar as tarefas por entrega de valor, além de facilitar a quebra de tarefas para o time.

Peguei a tela abaixo como exemplo para o nosso exercício:

CryptoWallet - Free Mobile App template - https://dribbble.com/shots/4082160-CryptoWallet-Free-Mobile-App-template

Eu dividiria as funcionalidades dessa forma:

Um exemplo de como divido features histórias menores

Entendendo quais as funcionalidades, eu priorizaria as histórias assim:

Como eu priorizaria as histórias.
Levei em consideração utilidade para o usuário.

Template: https://dribbble.com/shots/4082160-CryptoWallet-Free-Mobile-App-template

Minha priorização

- **Prioridade 1 - Total na carteira:** A pessoa precisa saber quanto ela tem na carteira. Eu julgo que essa é a funcionalidade mais básica que existe neste app;
- **Prioridade 2 - Listagem de moedas:** Como segunda priorização, optaria por mostrar o que o usuário tem na carteira. Assim, quando ele investir, não fica perdido sem saber quais as moedas ele comprou;
- **Prioridade 3 - Total essa moeda na carteira:** Dado que o usuário sabe quais moedas ele investiu e tem na carteira, mostraria agora a quantidade que ele tem investida em cada uma dessas moedas;
- **Prioridade 4 - Quanto rendeu:** Sabendo quanto ele tem de total na carteira e quanto ele tem investido em cada uma das moedas, colocaria agora os rendimentos totais dele. Assim ele sabe quanto rendeu no último período (a definir);
- **Prioridade 5 - Preço atual da moeda:** Nessa prioridade eu poderia colocar o preço atual da moeda que ele tem na carteira;
- **Prioridade 6 - Variação da moeda:** sabendo o preço atual, é importante saber se a variação da moeda está positiva ou negativa, isso mostra se ele ganhou ou perdeu dinheiro;
- **Prioridade 7 - Gráfico de rendimentos:** O gráfico consegue resumir a progressão da carteira dele, além de dar um apelo visual para o app;
- **Prioridade 8 - Filtro de período:** Para o usuário entender como sua carteira se comportou em um determinado período, priorizaria por último o filtro do gráfico;

Obviamente, essa priorização não seria decidida exclusivamente por você, mas por meio de pesquisas de usuários feitas pelo time e por você. Assim você conseguiria decidir quais dessas funcionalidades os usuários sentem que entregam mais valor para o seu produto. Com essa pesquisa qualitativa e também com uma pesquisa quantitativa de uso da plataforma, você consegue decidir quais funcionalidades vêm primeiro.

Como eu disse, esse é apenas um exemplo que não se aplica à realidade. Serve muito mais para PMs que acabaram de chegar no mercado para exercitar sua capacidade de priorização e entrega de valor.

Cada uma dessas priorizações terão algumas histórias escritas necessárias para a sua construção. Por exemplo, a Prioridade 3 (Total dessa moeda na carteira), enxergo ali pelo menos 3 histórias:

1. Mostrar a quantidade de moedas;
2. Mostrar código da moeda (abreviação do nome da moeda);
3. Mostrar total investido naquela moeda;

Essas três tarefas entregam valor para o usuário, e que todas juntas finalizam o épico (ou a história, depende de como você e o time se organizaram) que entrega o valor final de mostrar o total que o usuário tem investido naquela moeda.

Eu estou deduzindo aqui que você, na sua empresa, está em um cenário comum de maturidade onde os PMs - ou POs, tanto faz a nomenclatura usada para se referir à pessoa que gere o Produto - escrevem as tarefas até o nível de histórias do ponto de vista de usuário. Existem empresas onde o time já está em um nível altíssimo de maturidade, de forma que os PMs só escrevem a visão do problema em formato de Épico, ou seja, o objetivo principal macro que deve ser alcançado. O time, por sua vez, tem a responsabilidade de quebrar esse épico em histórias e tarefas técnicas menores.

Há outras empresas que ainda têm uma separação clara das responsabilidades de PM e PO, onde o PO reporta para o PM, e uma das suas responsabilidades é priorizar backlog e escrever histórias de usuário para o time. Eu não acredito muito neste formato. Cada vez que colocamos alguém só para cuidar do tático, afastamos mais o time e o PO da visão estratégica, tornando-os apenas executores. Não é um cenário interessante para qualquer empresa que queira ter alta performance de crescimento. O ideal é que todos trabalhem para trazer rentabilidade resolvendo problemas do negócio.

Throughput - entendendo a performance do time

Para conhecer a performance do time, existe uma série de métricas já bem conhecidas que monitoram a saúde do processo de desenvolvimento. Algumas dessas métricas são:

- CFD;
- Velocity;
- Gráfico de Dispersão;
- Burndown;
- Burnup;
- Status Breakdown;
- Lead Time

Você não precisa saber interpretar todas as métricas, mas é importante que você saiba que elas existem e quais as suas funções. Não vou entrar no detalhe de todas essas métricas aqui, por isso, fica como dever de casa você pesquisar sobre cada uma delas. Quero apresentar para você talvez a que seja a métrica mais importante de todas (juntamente com o Lead Time): Throughput.

O que é Throughput

O Throughput é o número de tarefas feitas em um determinado período de tempo. Geralmente esse período de tempo é definido em uma semana. Simples assim. Exatamente por isso que você, PM/PO, tem um papel importante na definição das histórias: tarefas grandes demais demoram para ser desenvolvidas, diminuindo o Throughput do time, ou seja, o time entrega menos histórias na semana. Quanto menor a história, mais rápido eles entregam.

Essa métrica é crucial para saber quantas tarefas o time poderá se comprometer na semana. Não é inteligente da sua parte, como PM/PO demandar mais do que normalmente o time entrega.

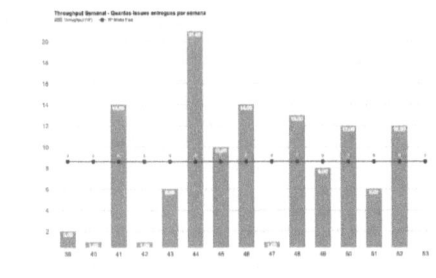

Gráfico de Throughput usado em um time real.

Esse é o gráfico de um time de produto real. Os valores são das últimas semanas de 2016. Veja que a partir da semana 39 até a semana 47 as entregas eram realmente desproporcionais. Depois de uma ou duas reuniões, descobrimos que um dos motivos era que estávamos quebrando muito mau as histórias. A partir da semana 48 até a 52, quando começamos a tentar quebrar as histórias no menor tamanho possível (mas ainda entregando valor para o cliente), retirando as incertezas nos Refinamentos e Plannings, percebemos uma melhora nas entregas. Perceba que mesmo assim há uma diferença da quantidade de entregas nas últimas semanas (48 à 52), mas nós já tínhamos certeza de que o problema não era o tamanho das tarefas, mas sim de infraestrutura que dificultaram a subida das tarefas e emendas de feriados que diminuíram o tempo de desenvolvimento. Além disso, perceba que grandes variações de entrega sumiram a partir da semana 48, facilitando a previsibilidade de entregas do time.

Se seu time consegue quebrar bem as histórias, de forma que elas entreguem valor e sejam pequenas o bastante para serem entregues sem ultrapassar o período combinado, vocês conseguirão dar o primeiro passo para prever o futuro.

Perceba no gráfico desse exemplo que a média de entregas são 9 histórias por semana. Embora a média seja 9, na semana 41 o time entregou 14 histórias... Mas na semana seguinte, eles entregaram apenas 1. Isso não é consistência. A partir da semana 48 a coisa toda começou a melhorar e nós podíamos ter um pouco mais de certeza do número de entrega que iríamos executar.

Estatística Básica para entender performance de entrega

Sejamos francos: os desenvolvedores não sabem quanto tempo as coisas levam para serem construídas. Fato. Você pode dar todos os detalhes possíveis sobre um problema, mas a data estimada nunca será uma data aceitável. Mas, em defesa dos desenvolvedores, essa não é a responsabilidade deles. Uma estimativa é exatamente isso: uma estimativa. Como já vimos durante todo o livro, construir software é complexo.

Mesmo assim, há maneiras para facilitar esse trabalho de estimativa, retirando a responsabilidade de devs e jogando para os dados de históricos de entrega do próprio time. Novamente, quero deixar claro que esse trabalho é do Agilista, mas você pode facilmente ajudá-lo ou buscar as respostas por você mesmo. Suponha que você tenha a listagem de Troughput do time abaixo, dividida por semana:

Semana Throughtput

01	05
02	08
03	07
04	06
05	05

Semana Throughtput

06	08
07	05
08	09
09	10
10	07
12	03
13	05

Quanto mais dados, melhor. Contudo, eu sugiro que você sempre use dados dos últimos 3 meses, ou seja, das últimas 12 semanas.

Podemos extrair as seguintes informações valiosas com esses dados em mãos:

- **Em média, o time entrega X tarefas por semana.** Aqui não tem segredo: calculamos a **média** desses dados e pronto. Você já deve estar familiarizado com isso. Neste nosso exemplo a média é 5 tarefas;
- **Temos 50% de certeza de que o time entrega X tarefas semana.** Para ter essa informação, usamos a **mediana**. A mediana mostra o centro exato de uma distribuição de dados. Outra vantagem é que ela não é influenciada por valores atípicos (valores muito altos ou muito baixos), como acontece no caso da média. Neste nosso exemplo, a mediana é de 7 tarefas. Neste caso, temos 50% de certeza de que o time entregará 7 tarefas *ou menos*.
- **É muito comum, ou seja, o time entrega frequentemente X tarefas por semana.** Para descobrir isso usamos a **moda**. A moda é o número que aparece mais vezes em uma distribuição de dados. Neste exemplo, a moda é 7 tarefas. Isso quer dizer que é muito provável que o time entregue 7 tarefas na semana ou menos;

Você, como PM, responsável por demandar e priorizar a lista de tarefas do time, é importante conhecer essas informações para entender se o time não está sobrecarregado com excesso de tarefas. Assim, você consegue moderar a fila do time, controlando a cadência de entregas.

O Raphael Albino (amo) é o mestre das Métricas Ágeis e explica muito bem sobre Throughput e todas as outras métricas em seu livro *Métricas Ágeis: Obtenha melhores resultados em sua equipe* (Casa do Código, 2017). Lá você vai ver análises de gráficos e se aprofundar um pouco mais sobre esse assunto.

Concluindo

Queria ter escrito mais sobre metodologias ágeis para você aqui, mas o resultado seria outro livro. Já me encontrei com muitos PMs que não dão a mínima para entender mais sobre processos e metodologias ágeis. São PMs que geralmente só querem se envolver com estratégia, não querem colocar a mão na massa junto com o time na operação. Sugiro muito que você se aprofunde o máximo neste tema.

Sobre times e squads

Eu duvido que você consiga passar mais do que 15 minutos conversando com alguém que trabalha em alguma empresa de tecnologia ou produtos sem ouvir a palavra "Squad". Parece que a palavra **Time** foi abolida do dicionário e agora todo mundo que passa por uma "transformação digital" trabalha no formato de Squads, ou menor, no formato do Spotify. Muitas dessas empresas, sendo bem franco, não sabem por que estão fazendo o formato do Spotify. Eles sabem que deu certo (um dia lá no passado) para o Spotify e querem copiar o que eles fazem, porque acham que vai funcionar muito bem na empresa deles.

Essa é uma mania besta que várias empresas têm o costume de fazer: tentam pegar conceitos que deram "certo" em outras empresas e tentam a aplicar na sua própria. Elas, obviamente, fracassam totalmente, mesmo quando elas acham que tudo está dando certo.

Para começar, eu sugiro fortemente que você troque a leitura de todo esse capítulo por um vídeo de 1h05m que o Fábio Akita fez sobre o mesmo assunto [66]. Acontece que lá ele vai ser mais "bravo" e direto que eu. Mas vai te contar verdades que talvez alguém que você conheça precise ouvir.

Mas se você não quiser ver o vídeo do Akita, você é basicamente OBRIGADO a ver esse outro vídeo, do Marcin Floryan, Diretor de Engenharia do Spotify, falando de forma cristalina em uma palestra que **não existe um modelo Spotify** [67]. Que esse modelo é simplesmente um formato matricial comum, com nomes bacanas que eles escolheram só porque ninguém usava no mercado.

Ou esse vídeo cujo o título já diz tudo: There is no Spotify Model [68]

Agora que você já deve ter assistido os vídeos cima, este capítulo pode não ter tantas surpresas, contudo, para começar, eu gostaria de tentar te explicar melhor o que é uma Squad. Esse termo veio do meio militar.

O que é uma Squad na organização militar?

Uma organização militar é baseada numa estrutura hierárquica. Essa organização hierárquica foi difundida desde os tempos do império romano. Atualmente o controle executivo, a gestão e administração de uma organização militar é controlada pelo governo, por meio da administração pública, que por sua vez é representado por algo como o departamento de defesa do país.

Se formos dar uma olhada mais de perto em como a organização dos soldados [69] é feita, nós vamos entender como o exército é dividido em unidades. Essa organização de unidades facilita o comando e o controle não apenas dos soldados, mas também da informação e objetivos de batalha, exatamente pelo motivo de que é impossível alguém sozinho controlar tantas pessoas, com responsabilidades diferentes, em lugares diferentes, em prol de um objetivo comum.

Geralmente, essas unidades começam como pequenos grupos e, conforme esses grupos se juntam, eles formam unidades maiores e assim por diante.

Cada uma dessas unidades têm um nome específico: nos Estados Unidos um batalhão, por exemplo, é composto por algo em torno de 800 soldados. Aqui no Brasil, assim como nos EUA, uma **divisão** é composta por algo em torno de 9.000 a 20.000 homens, que é composta por vários tipos de brigadas.

A segunda menor unidade que existe na hierarquia é o que chamamos de **Squad**. O Squad é uma subunidade tática de um **Pelotão**. O Squad é composto de um mínimo de 8 soldados e no máximo 12. Nos EUA, geralmente, são 9 soldados. O Squad geralmente pode ser quebrado no que chamamos de Fireteam, que é a menor unidade que existe, composta de 3 a 4 soldados.

Pra ficar simples: você já deve ter ouvido falar da Série chamada *Band of Brothers*. Essa série conta a história de uma Companhia (de 80 a 150 soldados). Já a história do filme *O Resgate do Soldado Ryan*, conta a história de um squad.

Se você joga Battlefield, consegue entender esse conceito também, dado que você faz parte de um squad, que faz parte de um exército (uma companhia - se eu não me engano, no jogo, são 60 para cada lado).

Geralmente um Squad é formado levando em conta um objetivo. Assim como no jogo e nos filmes, o squad executa um determinado comando ou uma missão específica, depois que essa missão chega ao fim, o Squad pode se desfazer. Isso não quer dizer que o Squad não irá se agrupar novamente para uma nova missão, isso só quer dizer que o squad volta para o seu grupo maior.

O Squad no desenvolvimento de Software

A estrutura de squads ficou bastante famosa quando o Spotify divulgou como eles organizavam seus times de desenvolvimento [70].

Se você perceber, o Spotify escolheu essa estrutura de forma orgânica. Ela funcionou porque fez, durante um bom tempo, sentido para eles. Mas eles não se fixaram nessa estrutura que continua mudando de forma orgânica de acordo com as descobertas do time [71]. A essência (Autonomia e Alinhamento) continua, mas a estrutura pode ser totalmente diferente.

Essa estrutura de Squads é muito parecida com a estrutura do Squad militar que expliquei no início, pois os Squads fazem parte de grupos maiores: Chapters, Guilds e Tribes.

Esse formato foi tão "inovador" (só que não) para época, que as pessoas começaram a copiar loucamente nas suas empresas. Hoje, várias "empresas de tecnologia" usam esse formato, ou pelo menos acham que usam, e esse é o problema. Na maioria das vezes várias empresas usam uma forma adaptada da ideia original do Spotify. Se você parar para analisar como essas empresas se organizam, de verdade, vai perceber que elas ficam entre o formato de Squads e a estrutura de times comum.

É normal passar um tempo em transição de um formato para outro. Mas se o tempo passa demais, a transição fica permanente e os times vivem num pesadelo onde problemas vão acontecer o tempo inteiro. Mas uma organização de Times é diferente de uma organização de Squads. Um time e um Squad podem se parecer bastante em alguns pontos, mas eles são organizados de forma essencialmente diferente.

Times

Um time trabalha, obviamente, diferente de um squad militar, embora eles tenham várias semelhanças, como por exemplo: indivíduos com especialidades diferentes, executando tarefas de acordo com suas especialidades, um objetivo comum etc. Contudo, o time não é montado e desmontado com a mesma frequência. **Quanto mais um time joga junto, mais eles aumentam uma coisa que chamamos de entrosamento.** Esse entrosamento é resultado da confiança individual adquirida no relacionamento próximo diário dos integrantes, dos problemas resolvidos juntos, do compartilhamento das vitórias e tudo o mais.

Eu não manjo muito de futebol, mas naquele fatídico dia, onde a Alemanha deu aquela goleada de 7x1 no Brasil, um monte de gente tinha teorias malucas sobre os motivos pelo qual o Brasil perdeu vergonhosamente. Nestes momentos, todo mundo vira técnico e comentarista. Contudo, uma das teorias que fazia muito sentido, era que embora o time do Brasil tivesse muitos craques, jogadores com performances excelentes, jogando em times de alto nível no mundo, a seleção, em si, não se conhecia. Individualmente todos eles jogam muito bem, mas eles não tinham entrosamento. Eles não jogaram o suficiente para conhecer os jeitos e os costumes dos seus pares. Diferente do time alemão.

> As conexões entre os membros dos times são difíceis de criar. - What Makes Teams Work? (https://www.fastcompany.com/41112/what-makes-teams-work)

Com mais previsibilidade, há aumento orgânico do sucesso. O entrosamento traz previsibilidade.

As principais semelhanças e diferenças entre Times e Squads

As estruturas Squads e Times têm suas semelhanças e diferenças. Tentei descrever algumas delas levando em consideração esses pontos: resolução de objetivos, multidisciplinaridade dos times, tamanho do time, rodízio dos integrantes e responsabilidade das tarefas. Com certeza devem existir outros pontos importantes que eu deixei passar, mas acho que esses cobrem pelo menos os problemas mais comuns em grupos de desenvolvimento de produtos.

Multidisciplinaridade

Ambos os formatos precisam de pessoas com especialidades complementares. Tanto um Squad quanto um Time tradicional precisam ter todas as especialidades no grupo para completar seu objetivo de forma independente. A ideia é que se houvesse um ataque zumbi, essas pessoas conseguiriam fazer deploy sem depender de ninguém.

Como os Squads têm objetivos diferentes de tempos em tempos, as especialidades do grupo são diferentes para se adequar ao objetivo selecionado. Já o Time que tem um objetivo menos mutável tem especialidades específicas para alcançar aquele escopo. Se um time cuida da parte do checkout de um e-commerce, provavelmente esse time vai precisar ter integrantes que manjem bastante de fluxo de pagamento, integração com soluções de pagamento e etc...

Tamanho

O Scrum diz que um time bom pode ter de 3 a 9 integrantes. Um Squad, geralmente, tem esse tamanho também. Um time muito grande gera muita coordenação para garantir a comunicação, gerando complexidade. Um time muito pequeno perde interação e a produtividade é afetada.

Em boas empresas, quando um time começa a ficar maior do que 9 integrantes, ele é quebrado em dois times, obviamente dependendo da estrutura que a empresa optou, novos papéis deverão ser planejados neste processo. Então, se você tem um TechLead no time, provavelmente quando o time se quebrar em dois, alguém deverá fazer esse papel. Isso se aplica a outros papéis também.

Rodízio de integrantes

O rodízio de integrantes, numa estrutura de squads, é regra. Um PM não deve se "acostumar" com as especialidades das pessoas daquele Squad, pelo motivo de que provavelmente no próximo ciclo, ele trabalhará em um objetivo diferente com outras pessoas.

Já em uma estrutura baseada em Times, o rodízio deve ser feito de forma parcimoniosa. Trocar várias integrantes do time de forma frequente é prejudicial para a performance do time. Geralmente novos membros não diminuem o Throughtput e Leadtime de entrega, pois os integrantes mais antigos deverão usar uma parte do tempo para passar conhecimento para o novo integrante.

Como o escopo dos Squads mudam frequentemente, é normal que mais desenvolvedores conheçam mais partes do sistema. É uma democratização orgânica do conhecimento. Quando a estrutura é baseada em times, é comum que poucas pessoas tenham um grande conhecimento de uma parte específica do sistema. Esse é um dos motivos pelo qual o rodízio de tempos em tempos de integrantes é importante. A frequência do rodízio pode acontecer levando em consideração o turnover dos times, gestão e liderança, subcultura de cada time e vários outros pontos.

Responsabilidade

Quando um bug é encontrado em um determinado ponto do sistema, quem é acionado para resolver? Em um ambiente estruturado em Squads, esse é um problema que cada empresa pode resolver de acordo com a sua cultura. O ponto é que a responsabilidade é pulverizada. A organização e comunicação neste ponto precisa estar muito bem azeitada para que o fluxo não pare. O PM/PO que liderou mudanças na parte do sistema que o bug foi encontrado pode ser o responsável pela resolução, ou os times podem se organizar para encontrar os integrantes que mais conhecem daquela parte do sistema, ou um squad pode ser montado para resolver bugs conhecidos... são várias soluções que precisam ser ponderadas podem ser adequadas de acordo com cada estilo de empresa.

Essa questão é mais fácil quando a estrutura é baseada em times. Sabendo em que ponto do sistema ou processo o bug apareceu, o time responsável por aquela parte do sistema é acionada e pronto, vida que segue.

Qual das duas é melhor?

Depende. Essa é a resposta óbvia. Pense nas duas estruturas como ferramentas. Contudo, usar uma ou outra vai depender bastante do perfil de profissionais de cada empresa. É muito fácil trabalhar em formato de Squads em uma empresa onde os integrantes são experientes. Em ambientes de Squad, o senso de missão deve ser bem alto. Missão dada é missão cumprida. O Spotify usa duas palavras que são chave ao se trabalhar em formato de Squads: Autonomia e Alinhamento.

Dado que temos um problema, esse problema precisa ser resolvido de alguma forma. Quem vai decidir COMO resolver aquele problema é a Squad. Não é o Stakeholder. Não é a diretoria. Os squads precisam ter autonomia para descobrir a causa raiz e decidir como atacar aquele problema. Além disso, o alinhamento deve fazer parte do processo interno da Squad e também de forma global. Como as partes do sistema não tem um dono específico, todas as Squads precisam ter um alinhamento intenso, se não a coisa toda desanda.

A estrutura de times é flexível o bastante para se trabalhar muito bem com pessoas experientes e inexperientes. Como a complexidade é menor e as pessoas sabem que elas não farão um switch de objetivos de forma frequente, eles têm mais tempo para se adaptar e virar especialistas naquela parte do sistema. Neste ponto, os melhores desenvolvedores, PMs e Designers buscarão entender os desafios da empresa e dos outros times, a fim de melhorarem seu trabalho no time em que atuam. Provavelmente eles buscarão passar um tempo nos outros times, não porque enjoaram do que estavam fazendo no time anterior, pelo contrário, com o conhecimento adquirido atuando em outros times, eles podem voltar para o time de origem levando informações valiosas.

Trabalhando com Objetivos usando Squads e Times

Por causa da natureza de trabalho diferente entre Squads e Times, é importante pensar em como podemos nos organizar para alcançar mais facilmente os objetivos propostos pela empresa.

De tempos em tempos as empresas definem metas estratégicas para que os objetivos de negócio sejam alcançados. Cada empresa tem uma regularidade para cumprir esses objetivos. Algumas empresas fazem um objetivo anual, outras gostam de modificar o objetivo a cada trimestre. Outras têm um objetivo anual único e claro, mas definem pequenos ciclos para revisarem se os outcomes estão sendo alcançados e então mudar o plano tático.

É mais indicado trabalhar em formato de squads quando estamos em um ambiente onde os objetivos têm um fim claro. Como funciona isso: se temos um objetivo de aumentar o marketshare da empresa, e um dos outcomes é aumentar o número de usuários cadastrados, uma squad será formada por pessoas especialistas na jornada de cadastro do produto. Esse Squad vai trabalhar em um determinado ciclo neste objetivo, até que ele seja cumprido. A partir do momento em que ele é alcançado, a squad é desfeita e seus membros são realocados em outras squads com outcomes diferentes.

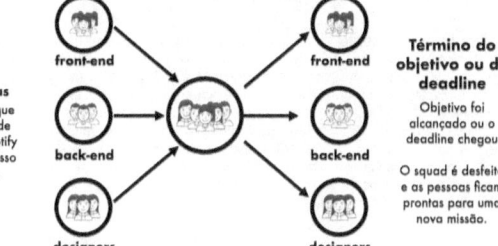

Criação do SQUAD
Escolha dos especialistas para formar o squad que vai durar até o cumprimento (ou não) do objetivo.

Squad é escolhido de acordo com os critérios como skill (técnica), conhecimento do problema, conhecimento do módulo do produto que será alterado etc.

Pessoas especialistas
Especialistas que fazem parte de um silo. O Spotify deu o nome disso de Chapter.

front-end

back-end

designers

front-end

back-end

designers

Término do objetivo ou do deadline
Objetivo foi alcançado ou o deadline chegou

O squad é desfeito e as pessoas ficam prontas para uma nova missão.

Como funciona a criação de uma squad

A squad não tem um objetivo fixo, ela será montada e desmontada de acordo com os objetivos priorizados. Como os objetivos da empresa muda de acordo com os momentos do mercado, momento da empresa, comportamento do usuário ou até mesmo fatores macroeconômicos, os squads sempre mudarão também.

Exemplo clássico de time multifuncional

	Time conta corrente	Time rewards	Time de Cartão de Crédito
Product Manager	■	■	■
Front-end	●●●●	●●	●●●
Back-end	▲▲▲▲▲	▲▲▲	▲▲▲
Designers	●●	●●	●
QA	★★	★★	★★

Exemplo clássico de um time multifuncional.

Na época em que eu trabalhava na Easynvest, nós tínhamos um time ultra multidisciplinar, havia pessoas de marketing no time e até pricing, além das especialidades "padrão". Isso era necessário para o escopo que cuidávamos, que era seleção e transação de produtos financeiros.

Quando trabalhamos com um time fixo, que é responsável por uma área/módulo do produto ou cuida de um produto inteiro da empresa, o tratamento com os objetivos muda em relação às Squads. Se um objetivo estratégico foi definido pela empresa, todos os times multidisciplinares trabalharão em seus respectivos escopos para contribuir para o alcance daquele objetivo. Obviamente alguns times vão contribuir pouco em determinados períodos onde o escopo macro desses times não impactarem diretamente positivamente o objetivo. Neste caso, esses times podem trabalhar em inovação, débitos técnicos, evolução do seu escopo etc.

PARTICIPAÇÃO DOS TIMES NOS OBJETIVOS DA EMPRESA

		Objetivo 1	Objetivo 2	Objetivo 3
		EXEMPLO: Movimentação de dinheiro.	EXEMPLO: Diminuição de churn e aumento engajamento de retenção.	EXEMPLO: Aumento de número de pagamentos por usuário.
EXEMPLO DE TIMES FIXOS POR FRENTES DO PRODUTO	Time Conta Corrente	✓	✓	
	Time Rewards	✓	✓	
	Time Investimentos		✓	
	Time Carteira Digital	✓	✓	
	Time Pagamentos	✓	✓	✓
	Time Pagamento Crédito		✓	✓
	Time Pagamento Débito			✓

Neste caso, os times não são desmanchados logo após o cumprimento do objetivo, em vez disso, eles passam para o próximo desafio. Se o time for grande, eles podem se subdividir para atacar paralelamente vários objetivos.

Minha preferência é sempre trabalhar com times multidisciplinares fixos. O contra é que as pessoas que trabalham nos times ficam viciadas em apenas uma parte do produto, mas isso é facilmente resolvido fomentando uma rotina de rodízio entre os times. Com times fixos, a cooperação e o entrosamento são promovidos de forma mais ampla e mais profunda, de forma que c time tenha um senso de grupo, de união, de ownership, além de terem uma visão clara de objetivo daquele grupo.

Encontre o modelo que funciona na sua empresa

O importante neste processo inteiro é encontrar uma estrutura que funcione na sua empresa. Copiar o formato de uma empresa pode não ser uma boa escolha, pois aquela empresa resolveu o problema dela, que geralmente é diferente do seu. O Spotify, a Valve e várias outras empresas - inclusive brasileiras, só para citar duas: Lambda3 e Vagas.com - tem suas próprias formas de estruturar times.

Leve em consideração algumas coisas que podem influenciar nessa decisão:

- Cultura da empresa;
- Senioridade da área de tecnologia;
- A dinâmica do mercado;
- A dinâmica dos seus usuários e clientes;
- Turnover do time;
- Comunicação entre as áreas;
- Forma com que os stakeholders e a diretoria querem receber reports;

Eu prefiro sempre um time muito bem entrosado e multidisciplinar, mas esse é o meu gosto de estrutura de times, embora diversas empresas brasileiras tenham adotado o nome Squads, e estejam trabalhando na verdade no formato comum de formação de times.

Ética em Produtos Digitais

Estamos vivendo um momento de transição em que muitas áreas do conhecimento humano são impactadas pela revolução tecnológica. Não é uma revolução linear, onde uma área é transformada após a outra, mas muitos mercados estão sendo, ao mesmo tempo, quebrados e reconstruídos.

O autor Rutger Bregman começa seu livro *Utopia para Realistas* (Editora Sextante, 2018) mostrando como o mundo melhorou em diversos sentidos nas últimas décadas. Embora ainda haja pessoas passando fome, mal nutridas, sem trabalho e sem uma casa para morar, de repente bilhões de pessoas se tornaram ricas, limpas, inteligentes, saudáveis e até mais bonitas.

Em 1820, 84% da população mundial vivia na faixa de extrema pobreza (extrema pobreza significa viver com menos de USD$1,90 por dia). Em 1981 essa porcentagem já tinha caído para 44% e atualmente está por volta de algo em torno de 10%. Aqui no Brasil, *o número de brasileiros em situação de pobreza extrema subiu 11,2% entre 2016 e 2017, passando de 13,34 milhões para 14,83 milhões* [72].

O Hans Rosling tem um vídeo maravilhoso que explica uma série de outros números e fatos importantes sobre o desenvolvimento humano, inclusive a queda da extrema pobreza no mundo inteiro [73].

Mas nem dá tempo para comemorar essa evolução ou entender como podemos continuar melhorando, pois já temos que lidar com outros assuntos mais complexos.

A revolução industrial modificou não apenas a forma com que criamos e produzimos produtos físicos, mas também como nós consumimos. Hoje, mais do que nunca, comemos e compramos coisas que não precisamos. O marketing gera desejos desnecessários e dezenas de síndromes são sentidas pois as pessoas sentem falta de coisas que elas nunca tiveram, porque se comparam com as outras tendo uma visão unilateral das redes sociais ou não conseguem viver o presente sem estar com um smartphone no bolso. A internet e a web dão acesso à informação para as massas, ajudando pessoas a mudarem seus comportamentos para melhor ou para pior. O consumo não controlado de informação - de todas as qualidades e gostos - ajuda a polarizar sociedades, direcionando grande parte das pessoas para bolhas digitais, aumentando o preconceito e ceifando o diálogo.

Além disso, nós simplesmente quebramos os limites do que é trabalho e vida pessoal. Seu cliente está no seu WhatsApp misturado com os grupos de família. Uma mesa fixa no trabalho pode não ser mais necessária, pois o trabalho remoto está virando realidade. Antes, com uma divisão clara de horários de trabalhos, ficava mais simples de controlar quando o trabalho acabava e a vida pessoal começava.

Em seu livro *Sociedade do cansaço* (Lisboa Relogio D' Agua Editores, 2014), Byng-Chul Han diz que esse excesso de trabalho tem criado o que ele chama de **sociedade do desempenho**, onde o indivíduo se entrega ao trabalho exaustivo por conta própria, não por uma mão pesada da empresa, mas por não controlar seus próprios limites.

> *"Assim, o sujeito de desempenho se entrega à liberdade coercitiva ou à livre coerção de maximizar o desempenho. O excesso de trabalho e desempenho agudiza-se numa autoexploração. Essa é mais eficiente que uma exploração do outro, pois caminha de mãos dadas com o sentimento de liberdade. O explorador é ao mesmo tempo o explorado."* Byng-Chul Han, Sociedade do cansaço - Lisboa Relogio D' Agua Editores

Desde a criação da Web há 31 anos atrás [74], temos uma sociedade mais conectada e informada, que presenciou a evolução sobre como nos comunicamos e expressamos nossa opinião, como nos relacionamos na nossa vida familiar e também nos negócios. Mas, obviamente, como todo bom ser humano, da mesma forma que usamos uma boa ferramenta para o bem, usamos também para o mal. É enorme a nossa capacidade de inventar maneiras de usar a web para iniciativas ruins.

No artigo da Wired *Where Does the World Wide Web Go From Here?* , o próprio Tim Berners-Lee destaca três principais fontes de disfunções que afetam a Web hoje [75]:

- **Intenções deliberadas e maliciosas** como ataques por hackers patrocinados pelo Estado, comportamentos criminosos e assédio online;
- **Sistemas que criam incentivos perversos**, sacrificando o valor do usuário, como modelos de receita baseados em anúncios, com recompensas comerciais a quem faz clickbait e disseminação viral de informações erradas [76];
- **Consequências negativas não intencionais**, como tons de polarização e insulto, além de (falta de) qualidade de discursos online;

Tim Berners-Lee ainda diz que o primeiro ponto é basicamente impossível de ser erradicado completamente, mas há maneiras de criar leis e códigos de conduta que possam minimizar esse tipo de comportamento, assim como fazíamos quando todos estávamos totalmente offline. Para lidar com o segundo ponto, é necessário que sejam criadas - pelas pessoas (e o mercado) - novas formas para mitigar esse tipo de incentivo perverso. E o terceiro ponto exige um nível maior de pesquisa para melhorar modelos já existentes e até criar novos possíveis modelos.

Vários outros tipos de problemas que nunca lidamos antes já estão surgindo e causando polêmica. Veja o caso dos cientistas chineses que alegam que eles foram os primeiros a criarem o primeiro bebê modificado geneticamente [77]. Se antes as discussões mais polêmicas eram aborto e uso de células tronco, isso mudou para assuntos como a possibilidade de pais poderem "construir" seu bebê, escolhendo características físicas como cor do cabelo, cor dos olhos, o quão atlético ele será, se vai ter um cérebro mais potente e várias outras características [78].

Veja que são problemas sociais e não puramente de tecnologia. São problemas sobre como o Estado se relaciona com as pessoas. Como instituições e centralizadores de poder e de informação lidam com o mercado e com as pessoas. Além de tocar em pontos sensíveis sobre como as pessoas lidam com as outras e principalmente consigo mesmo.

Hoje a tecnologia expõe a natureza humana como nada antes na história. Estamos lidando com novas situações que ninguém sabe qual é a resposta correta - se é que existe uma. É preciso entender que a tecnologia está ultrapassando limites que são difíceis de identificar se quebram o status-quo do certo e lícito e do errado e ilícito.

O que é ética

Sendo bem simplista: ética é um sistema ou um conjunto de princípios morais, que afetam como as pessoas e as sociedades dirigem e controlam suas vidas e decisões. É o que dita a conduta moral que baliza as pessoas sobre o que é certo e errado. Ela tem a ver com costumes e ações da sociedade e das pessoas. Ter uma conduta antiética, por exemplo, seria quando alguém tem uma ação considerada desonesta, incorreta ou inadequada para uma pessoa, uma profissão ou empresas. Você já deve ter ouvido falar sobre Ética Médica, por exemplo.

Ética é uma dessas coisas que todo mundo conhece, mas não sabe explicar. Isso porque a Ética muda bastante dependendo da época, do povo e da cultura. É até difícil de categorizar a ética dentro de uma área de conhecimento específica.

A ética também nunca anda sozinha. Os problemas éticos sempre envolvem outras dimensões da vida que afetam o comportamento humano. No livro *O que é ética* do autor Álvaro L. M. Valls (Editora Brasiliense, 2017), dá vários exemplos sobre isso:

- Subornar um funcionário é um problema apenas ético, apenas econômico ou tem os dois aspectos?
- Em épocas difíceis, leis injustas de um Estado autoritário ainda assim devem ser obedecidas?
- O poder de sedução e de encantamento da música pode (ou deve) ser usado para condicionar o comportamento das pessoas?

São exemplos que se lidos sem uma análise mais demorada, podem até parecer banais, mas que se forem desdobrados para os nossos comportamentos do dia a dia, podem significar uma grande diferença de impacto que a ética (ou a falta de) tem na vida das pessoas.

Além disso, fica difícil tentar encaixar a ética em uma caixa fechada pois ela muda. Na idade média, por exemplo, existia a ética dos cavaleiros, dos Reis, Príncipes e assim por diante. Esses códigos de ética viviam de forma paralela e deviam ser respeitados de acordo com a hierarquia de cada pessoa. Obviamente, atualmente, há um consenso maior sobre o que forma um "pacote padrão" de conduta ética.

Algumas esferas que a ética envolve são:

- Direitos e responsabilidades como indivíduos e sociedade;

- Noção de definição do que é certo e errado, do que é lícito e ilícito;
- Decisões morais sobre o que é bom ou ruim;

Sua moral pode ser avaliada por seus padrões de comportamentos. Esses padrões são definidos pela sua conduta ética, que é definida por seus princípios. Sua capacidade de julgar, executar e identificar o que é certo e errado vem da sua conduta ética. Os princípios são a plataforma que fundamentam seus valores pessoais e padrões éticos. Uma sociedade ou uma empresa definem seus princípios, que por sua vez definem suas decisões futuras. Suas decisões futuras são executadas por atos pautados pela sua conduta ética.

A ética não pode ser apenas uma questão abstrata ou teórica, mas uma questão prática. Se não há a prática da ética, ela não existe. É na prática que impactamos realmente a sociedade com nossa conduta, nossa forma de agir e de decidir fazer o certo e entender o que é o errado.

Produtos Digitais e Ética

Se uma instituição ou qualquer iniciativa, privada ou não, influencia as decisões que indivíduos, outras instituições e também a sociedade sobre seus padrões de comportamentos, existe uma responsabilidade ética envolvida.

Os Produtos Digitais que construímos podem influenciar as pessoas e instituições a tomarem decisões certas ou erradas, lícitas ou ilícitas. Nossos produtos podem influenciar políticas públicas ou criam debates que influenciam a vida habitual das pessoas, impactando seu modo de viver, trabalhar e se relacionar.

Quando criamos um meio pelo qual as pessoas interagem, elas nos dão seu tempo de atenção para que possamos ajudá-las a resolver um problema específico, a sanar um desejo ou uma necessidade. Por isso é importante que o PM e o time responsável pelo Produto tenham em mente não apenas a proposta de valor do produto e da empresa, mas também os princípios éticos de conduta que fundamentam as decisões tomadas pelo board, diretoria, stakeholders e os outros times da empresa.

Suponha que você é PM de um aplicativo de GPS que tem um viés muito forte de relacionamento social, ou seja, os usuários podem compartilhar informações essenciais sobre o trânsito. Tendo uma quantidade grande de usuários ativos, o serviço consegue ter uma cobertura enorme das vias e o status do trânsito em tempo real, onde os usuários podem compartilhar as razões que afetam negativamente o trânsito.

O dilema: o trânsito de uma rua/avenida está sendo negativamente impactado por causa de uma blitz/parada policial que está fiscalizando motoristas que dirigem bêbados. Se os usuários compartilharem no aplicativo essa informação, seu serviço estará sendo usado para ajudar motoristas infratores a evitarem a fiscalização policial. Por outro lado, se você cria um jeito de filtrar esse tipo de informação, você estará, de certa forma, controlando (censurando?) as informações que os usuários podem ou não podem publicar na plataforma.

Assim como em outras áreas, quem trabalha com produtos digitais, pode lidar com situações onde a nossa conduta ética será colocada à prova. Às vezes em situações muito explícitas, outras vezes em situações mais sutis, onde o certo e o errado vai depender muito da nossa carga cultural e experiência de vida.

Um exemplo bastante novo: uma empresa chamada Clearview AI mantém um sistema de mais de três bilhões de fotos de pessoas de todo o mundo, com o nome, número de telefone e às vezes até o endereço. As fotos e as informações dessas pessoas foram captadas a partir dos seus perfis de redes sociais, por meio de um sistema de crawler criado pela própria Clearview AI. Com essas informações catalogadas, eles criaram uma busca inteligente de reconhecimento facial, cujo acesso foi vendido para mais de 200 empresas. Dentre as empresas que usaram o sistema da Clearview, estão desde empresas do varejo americano Macy's, Walmart e Best Buy, passando por instituições financeiras como Bank of America, Wells Fargo e Coinbase, indo até Casa Branca, Polícia de Toronto, FBI, Interpol, CIA e Polícia de Chicago [79]. Por causa disso, houve processos contra a Clearview AI, alegando que eles ameaçaram liberdade civil [80].

Por que esse produto é antiético? Por que eles capturou fotos que estão abertas nas redes sociais? Mas o Google já faz isso. Por que ele catalogou informações com essas fotos? Mas o Google e o Facebook já fazem isso. Ou por que eles venderam esse acesso a instituições e empresas? Será que é quebra de privacidade? Mas de novo: as fotos já eram acessíveis manualmente por qualquer pessoa.

Agora, tendo uma visão mais macro e complexa: para que as empresas que contratam a Clearview estão usando seus serviços? Os motivos são claros? Como teremos certeza de que as empresas que usam esses serviços de forma que não quebre nenhuma regra ou fira os direitos das pessoas? Empresas como a Clearview serão reguladas? Se sim, quais as restrições? O Facebook é uma espécie de Clearview?

Geralmente, problemas com dados e reconhecimento facial sempre batem em motivos de privacidade. Contudo, será que a sociedade entende quais os impactos do seu comportamento nas redes sociais e na web? Eles entendem amplamente a importância da privacidade no mundo digital? Sinceramente, não acho que todo mundo leia os contratos de política de privacidade antes de usar um Produto Digital. Será que essa questão da privacidade não é um obstáculo para a inclusão digital?

Embora esteja falando um pouco da Clearview aqui, ela não é a primeira a ter esse tipo de tecnologia. Dezenas de empresas têm trabalhado longe dos holofotes exatamente para não ter a visibilidade que a Clearview está tendo. A NEC por exemplo, uma empresa de inovação e tecnologia, que desde antes da segunda guerra já fazia componentes e hardware para o Japão, tem trabalhado com diversos tipos de identificação biométrica desde 1970. Ela começou com reconhecimento de digitais e hoje está presente em mais de 70 países, atendendo empresas de todos os tamanhos e portes, com reconhecimento facial, íris, palma da mão, digitais, voz etc.

Embora a NEC esteja trabalhando com esse tipo de tecnologia há muito tempo, existem centenas de outras empresas como FaceFirst, Idemia, MorphoTrust ou Gemalto. Até o Google, Facebook, Apple e outras big techs de escala global têm tanta interesse nisso, que elas criam suas próprias tecnologias ou acabam adquirindo empresas menores que já tem esse tipo de know-how. Obviamente nós nunca teríamos conhecido o nome de outras empresas desse mesmo seguimento se não fosse o vazamento de dados da Clearview [81]. Isso tem um motivo: a tecnologia que elas usam é útil por várias razões, que vai desde a domesticação da tecnologia para a grande massa, até necessidades de segurança, espionagem, controle populacional etc. Esse tipo de tecnologia sempre anda na nebulosidade dos limites do que é ético, ou seja, questionável.

Não tenho dúvidas de que tecnologias assim serão largamente usadas no futuro. Eu acho que a sociedade não liga muito para problemas de privacidade desde que isso não seja invasivo o suficiente para elas se sintam desconfortáveis no seu dia a dia. "Qual o problema de uma câmera na rua capturar as faces de todos a procura de um assassino escondido? Contanto que eu possa acessar meu Facebook e meus nudes continuem privados, tá tudo certo."

Eu poderia citar uma série de outros exemplos (os mais fáceis incluem criptomoedas e compartilhamento/venda de dados) que criam um cenário cinza, que não é fácil enxergar se uma situação é lícita ou ilícita, onde a responsabilidade de fazer algo antiético pode ou não ser compartilhada entre o Produto, a empresa e seus usuários. Por isso, é importante que nós, como Product Managers, tenhamos a responsabilidade de proteger os direitos de privacidade e de dados dos usuários ao construirmos nossos produtos. Se o usuário ignora totalmente os impactos negativos, se colocando numa posição de vítima involuntária, cabe a nós educá-lo, além de fazer um trabalho de prevenção da conduta ética. Nós ainda temos que mudar o comportamento dos usuários, mas se temos a possibilidade de influenciar que esses comportamentos sejam saudáveis, lícitos e de boa fé, por que fazer o contrário?

Tentando frear o impossível

Atualmente, algumas iniciativas começam a despontar para tentar frear esse descontrole ético que se tornou a troca de dados. No mundo todo, regras e leis como o Marco Civil aqui do Brasil, começaram a vigorar, não com muita força e fiscalização, mas que serviram para pelo menos definir algumas restrições. Mas o que teve mais impacto foi a GDPR (General Data Protection ou o equivalente brasileiro - LGPD: Lei Geral de Proteção de Dados). Esses são os 12 principais pontos abordados na LGPD (https://lgpd.com.br/):

1. **Escopo de Aplicação - Art 1º:** afeta qualquer atividade que envolva utilização de dados pessoais, incluindo o tratamento pela internet, de consumidores, empregados, entre outros;
2. **Autoridade:** Autoridade Nacional de Proteção de Dados, responsável por garantir o cumprimento da Lei - MP nº 869/2018;
3. **Notificações obrigatórias - Art. 48:** em caso de incidentes de segurança envolvendo os dados, nas situações aplicáveis;
4. **Aplicação Extraterritorial - Art. 3º:** aplica-se também a empresas que não possuem estabelecimento no Brasil;
5. **Dados Sensíveis, de menores e transferencia internacional - Art. 11, 14 e 33:** regras específicas para tratar dados sensíveis, transferência internacional de dados e utilizar dados de crianças e adolescentes;

6. **Assessment sobre o tratamento de dados - Art. 38:** necessidade de realizar assessment de impacto à proteção de dados (semelhante ao DPIA);
7. **Mapeamento do Tratamento de dados - Art. 37:** atividades de tratamento de dados devem ser registrados em relatório;
8. **Data Protection Officer (DPO) - Art. 41:** todo controlador de tratamento de dados pessoais, e os operadores em casos apontados pela Autoridade, deverão nomear um Encarregado pelo tratamento de Dados Pessoais; 9.**Direitos dos titulares de dados - Art. 17 a 22:** titulares dos dados terão amplos direitos: informação, acesso, retificação, cancelamento, oposição, portabilidade, entre outros;
9. **Princípios de proteção de dados - Art. 6°:** introduzidos 10 princípios da proteção de dados, incluindo-se o de demonstrar medidas adotadas para cumprir a lei (prestação de contas);
10. **Autorização para o tratamento de dados - Art. 7°:** o consentimento será uma das 10 possibilidades que legitimarão o tratamento de dados pessoais;
11. **Sanções:** Multa de até 50 milhões de reais por infração, entre outras sanções;

A LGPD levou mais ou menos 8 anos entre debates no âmbito civil e político para que fosse sancionada no dia 14 de Agosto de 2018. Estou escrevendo esse trecho do livro no dia 07 de Março de 2020. A Lei está vigorando de forma plena desde 18 de Setembro de 2021. Contudo, mesmo antes do seu vigor, grandes empresas brasileiras ou já se adequaram e estão se estruturando suas áreas para tal. O Ministério Público tem acompanhado de perto empresas que tem certo impacto na sociedade, auxiliando nessa adequação que não é fácil. Você pode ler o texto completo da lei online 82.

Iniciativas assim são importantes para que pelo menos as pessoas tenham o mínimo de controle dos seus dados, mas mais que isso, para regulamentar como os dados podem ser usados pelas empresas. Vide casos simbólicos como o Cambridge Analytica. Esses dados podem e são para manipular de alguma forma o comportamento de compra dos usuários, mas além disso, esses mesmos dados são usados para manipular a opinião pública, direcionando decisões importantes. No caso do Cambridge Analytica, usado para manipular a eleição do Trump.

Como criar produtos éticos?

Criar um Produto Digital ético pode ser algo simples de se fazer. Geralmente todos os produtos digitais começam sem funcionalidades duvidosas ou padrões de jornadas que induzem o usuário ao erro. Mas é importante que desde o início os times responsáveis pelo produto sigam restrições para que o produto se fundamente em uma base sólida de transparência e conduta ética.

Para tanto, foi criado um Guia chamado Ethical OS (https://ethicalos.org/), que tem como objetivo ajudar as empresas de produto e tecnologia a criarem seus serviços de maneira ética. Esse guia foi feito por uma parceira entre a Institute of Future e a Tech and Society Solutions Lab. Ambos os grupos focam seus estudos e iniciativas nos impactos que a tecnologia tem na sociedade, criando uma conexão entre pesquisadores que estudam e monitoram o crescimento de uma sociedade exposta à crescente tecnologia e as empresas que controlam e criam essas tecnologias.

Neste guia que o Ethical OS oferece, eles abordam 3 pontos:

1. Risco do amanhã, hoje: 14 cenários para discutir e imaginar sobre os impactos de longo prazo da tecnologia que a empresa está construindo hoje;
2. Conferir sua Tecnologia: um checklist com oito zonas de risco para ajudar o time a identificar quais áreas precisam ser consideradas levando em consideração o cenário do seu produto;
3. Estratégias a prova de futuro: sete estratégias que ajudam a empresa e seu time a ter uma ação mais ética hoje;

As oito Zonas de Risco citadas pela Ethical OS são:

1. Verdade, Desinformação e Propaganda;
2. Vício e Economia da Dopamina;
3. Economia e Desigualdade;
4. Ética de máquina e Vieses de algoritmo;
5. Estado de vigilância;
6. Controle de dados e monetização;
7. Confiança Implícita e Compreensão do Usuário;

8. Ódio e Autores Criminosos (no inglês são Criminal Actors, traduzi livremente);

Existem importantes pontos de vista que devem ser observados pelos times de empresas de produtos. Só para citar alguns:

- Promoção de informações erradas/mentirosas;
- Criação de algoritmos com vieses;
- Funcionalidades que incentivam o vício do uso;
- Centralização da atenção dos usuários (sobretudo crianças);
- Superficialidade das relações sociais;

Algumas perguntas importantes que você, como PM, deveria sempre observar para fomentar práticas éticas no time e na empresa:

- Como produtos com informações e jornadas transparentes, com textos e formatos fáceis de entender?
- Como fazer um produto que incentive o acesso facilitado por pessoas que têm pouco ou nenhum conhecimento digital?
- Como fazer os usuários engajarem mais no produto, sem utilizar técnicas de gatilhos emocionais ou mentais?
- Como criar algoritmos neutros e livres de qualquer viés, seja de forma proposital e direcionada, ou por falta de atenção?
- Como criar serviços que não incentivem a superficialidade das relações?

Sempre devemos avaliar a ética digital a partir de uma camada mais macro, enxergando a interconexão entre pessoas, empresas e mercados. É aqui que o produto que você constrói é apenas um dos meios que influenciam a conduta ética das pessoas e da sua empresa, se misturando entre dezenas de outras formas, que muitas vezes nem fazem interface direta com o usuário.

Acabei. Mas quero ser sincero...

O conteúdo é infinito. Principalmente na época em que estamos vivendo. Você consegue encontrar facilmente qualquer conteúdo deste livro em poucos minutos no Google. Mas às vezes precisamos entender a linha de raciocínio de outras pessoas para criar a nossa própria forma de pensar. Pelo menos é assim que funciona comigo. Você precisa se comparar com você mesmo, para começar. Você tem a obrigação de saber se você hoje é melhor que ontem. Essa é uma lição fundamental que você precisa aprender a fazer todos os dias. Outro ponto é se comparar com os outros. Isso é necessário. É um segredo importante fazer isso com regularidade, mas de forma saudável. Você precisa saber quais das suas habilidades precisam ser melhoradas. Você não consegue fazer isso se comparando apenas com você mesmo. Você precisa ler, ouvir, ver outras pessoas fazendo para entender se a sua forma de pensar e executar está boa ou ruim.

Eu migrei de desenvolvimento e gestão de pessoas para a área de produtos porque eu conhecia vários Product Managers que usavam seu "poder" da forma errada. Eu ficava embasbacado sobre como eles não enxergavam as possibilidades do próprio produto e não usavam de maneira eficaz a autonomia que possuíam para ajudar o time, o negócio, os usuários e o produto em si. Eu achava que poderia fazer melhor. E deixando a modéstia de lado, sim, consegui fazer melhor do que muitos PMs e até Diretores de Produtos que conheci no decorrer da minha carreira. Contudo, quando comecei a exercer o papel e as responsabilidades, percebi que essa posição não era nada do que eu havia imaginado que seria. Era bem pior.

As pessoas querem poder (no sentido de ter autoridade, em vez de ser no sentido de ser agente de mudança) para decidir as coisas. Ser PM é um caminho fácil, mas mentiroso, de se conseguir isso. O que as pessoas querem é se sentirem importantes e acham que seguindo uma carreira de PM isso vai acontecer. Para começar, a palavra "poder" leva muito mais significado do que simplesmente ter autoridade. **Poder** quer dizer que você possui **possibilidades** de abrir portas.

Antes de me tornar PM eu coordenava times técnicos de produto. Embora eu pudesse influenciar muito positivamente o trabalho do time, desbloqueando problemas, adiantando respostas ou facilitando o ambiente de trabalho, eu percebi que se eu estivesse exercendo um papel onde as demandas surgem, que geralmente é perto de quem decide a estratégia, eu poderia influenciar decisões que fariam um bem para o time e para o que estávamos construindo. Percebi que sendo PM eu poderia tornar MUITO mais fácil a vida de todos envolvidos na cadeia de construção de produto, mas nem sempre.

Fiz essa crítica apenas para dizer que você, PM, exerce sim um papel muito importante na cadeia de construção do produto e na entrega de valor para o negócio e o seu produto é um dos transportes importantes usado pela empresa para entregar valor e gerar resultado, mas não é a coisa mais importante e nem o único meio.

Você verá vários pedestais construídos pelo caminho. Ignore-os. Atenha-se ao usuário. Atenha-se aos dados do negócio. Potencialize o valor dos resultados que o time entrega. Seja um diplomata perante as outras áreas da empresa. Se você fizer isso, com certeza você vai se destacar como um líder e alguém confiável para dar um próximo passo.

EXTRA: Perguntas para entrevistas de PMs

Artigo publicado em Março de 2020 no meu blog [83].

Já participei de várias entrevistas e processos seletivos para a responsabilidade de Product Manager. Uma certeza que eu posso dar para você é: todos os processos serão diferentes. Tem empresas que fazem um processo mais demorado, envolvendo sessões com RH, depois com a pessoa que será o seu gestor, depois com seus pares, depois com o time que trabalhará com você e provavelmente outras áreas que você terá um contato mais próximo. Outras empresas fazem só uma entrevista com o RH e o seu futuro gestor. Já outras pedem para que você faça um case de desafio específico para analisar sua comunicação, visão de negócio e de produto. Embora todas sejam abordagens válidas, nenhuma consegue mapear 100% o perfil do candidato. Por isso, vai depender muito do perfil e cultura da empresa.

Entender qual o perfil da empresa é importante para saber quais os pontos que provavelmente serão abordados na entrevista e quais os assuntos que você deverá se preparar melhor. O conteúdo da entrevista de uma empresa que tem uma cultura de data-driven será bastante diferente de uma empresa que tem uma cultura mais ligada a negócios, ou da que tem uma cultura mais centrada em crescimento. Essa dica é importante para você, enquanto candidato(a), entender se faz sentido entrar nessa empresa. No final, não é só a empresa que te escolhe, você também precisa escolher a empresa.

Eu já fui negado em várias entrevistas. Em uma delas, a justificativa foi de que eu não tinha "Fit Cultural". Sem problemas, concordo muito em contratar pessoas que tenham essa ligação íntima com a cultura da empresa. O problema é que a pessoa (um Product Manager) que me entrevistou, fez uma entrevista que durou apenas 15 minutos... por telefone. Eu não sei qual o segredo da psicologia moderna essa pessoa usou, mas como ela entendeu que eu não tinha o "fit cultural" necessário para trabalhar lá, se ela nem olhou no olho, se ninguém mais conversou comigo, se ela não me fez perguntas suficientes? Durante muito tempo fiquei remoendo achando que o problema estava comigo. Nunca saberei.

Nas entrevistas, por mais técnicas que sejam, é importante haver uma sessão de perguntas e respostas. Esse momento servirá para que você, sendo entrevistador ou entrevistado, conheça um pouco mais sobre o outro lado, procurando se conectar de forma mais humana com a pessoa.

Criei essa lista de perguntas que podem servir para ajudar a guiar as suas entrevistas, tanto para as que você conduzirá, quanto para aquelas que você será entrevistado.

Qualquer nova ideia, por favor, fale comigo (@diegoeis no twitter) para atualizarmos a lista.

Sobre Negócio ou mercado

- Como você explica nosso modelo de negócio com as informações limitadas que você sabe agora?
- Como você lida com conflitos com a área de negócios da empresa?
- Como você resolve conflitos de priorização entre as áreas?
- Como você calcula o retorno que a progressão de melhoria de produto trará para o negócio?
- Do seu ponto de vista, qual o principal desafio que a nossa empresa poderá enfrentar nos próximos 1 ou 2 anos?
- Quem são nossos concorrentes?
- Qual o grande desafio do nosso mercado atualmente?
- Qual empresa concorrente está resolvendo bem esse desafio?
- Como você descreveria nosso negócio para alguém comum (sua mãe, irmão, amigo, etc)?
- O que você não gosta do nosso produto?
- Me explique um resultado de sucesso de produto que você teve no passado.
- Como você convence os stakeholders e C-Level a não executar uma má ideia?
- Como você sabe que essa é uma má ideia?

Parte Técnica ou hard skill

- Quais os papéis e responsabilidades de um PM?
- Qual seu processo de elaboração de visão do produto?
- Como você define uma proposta de valor para o produto?
- Quem é o dono do produto?
- Como você usa dados para tomar decisões?
- Por que é errado basear decisões de produtos apenas em entrevistas com usuários?
- Como você mede a performance do time para entender quantas tarefas podem ser colocadas na esteira de desenvolvimento?
- Como você mede a qualidade do que foi entregue?
- Você acha que precisa ter QA no time?
- Se você entra em uma empresa que já tem uma forte cultura de produtos, como você expõe suas ideias e deixa sua marca?
- Quais os critérios você usa para priorizar bugs?
- Quais os critérios que você usa para priorizar o backlog?
- Como você identifica e (in)valida oportunidades?

- Qual o trabalho do PM que você menos gosta? E o que mais gosta?
- Se você pudesse delegar uma tarefa que menos gosta de PM, qual seria? E para quem delegaria?
- Qual a tarefa que você julga mais importante no papel de PM?
- Qual a relação que o PM deve ter com o Agilista?
- Qual a relação que o PM deve ter com o Dev?
- Qual a relação que o PM deve ter com o Designer?
- Quando é necessário fazermos um redesign no produto?
- Cite três métricas de vaidade e por que devemos evitá-las?
- Me explica o processo de criação de uma feature do começo ao fim?
- Qual a diferença entre gestão e liderança?
- Por que o PM não gere o time de desenvolvimento?
- Quais as ferramentas você usa para analisar dados quantitativos?
- (pegadinha) Por que fazer entrevistas com usuários é ruim?
- Quais métricas você monitora para medir o sucesso do PRODUTO X ou de uma feature do PRODUTO X (exemplo: kindle, twitter, facebook)
- Como você calcularia a relação de rentabilidade/resultado com performance de tempo de carregamento (em casos como e-commerce)?
- Consegue me explicar, com exemplos, o que é Network Effect?
- Como o Network Effect seria aplicado no nosso Produto?
- Consegue desenhar a estrutura de rede/plataforma do Produto X (twitter, facebook, etc);
- Me descreva, o máximo que conseguir, o que acontece quando você digita uma URL no browser e pressiona enter;

Cunho pessoal ou soft skill

- Quais os seus valores/princípios pessoais?
- O que você faz no seu tempo livre? Qual seu hobbie?
- Qual seu livro não técnico predileto?
- Qual sua banda predileta?
- Sempre morou nesta cidade?
- Como você se vê daqui a 5 anos?
- Qual a decisão mais difícil que você já tomou na sua vida pessoal?
- O que você precisa do seu chefe para executar bem seu trabalho?
- Como você diz não para as pessoas?
- Como você prioriza seu tempo?
- Você tem projetos pessoais paralelos?
- Quais pontos você deve melhorar?
- Quais fontes de conteúdo sobre produto você lê?
- Você mantém um blog ou cuida de algum evento?

Sobre amenidades e perguntas gerais

- Qual o seu produto predileto? Por que?
- O que você mudaria no seu produto predileto?
- Me diga um produto muito ruim e como você poderia melhorá-lo.
- Se você não fosse PM, o que você seria?
- Se você pudesse escolher um país para morar, qual seria e por que?
- Você tem investimentos na Bolsa ou em Renda Fixa?
- O que você achou do novo plano de previdência?
- Qual será o impacto dos carros autônomos?
- O que você acha dessa polarização que existe no mundo, principalmente ligado à ideologia política?

- Me fale um vantagem do sistema capitalista.
- Me fale uma vantagem do sistema socialista.
- O que você acha de Renda Básica Universal?

Perguntas para se fazer quando entrevistado

- Quais os valores e princípios da empresa?
- Qual a proposta de valor do produto digital da empresa?
- Por que a sua empresa existe?
- O que sua empresa faz para entregar a proposta de valor? (Demonstração tangível do porque)
- Qual o budget de treinamentos?
- Como sua empresa entrega valor?
- Por que sua empresa existe?
- Por que ela é importante?
- Por que as pessoas deveriam se importar?
- Por que as pessoas deveriam ser seus usuários e clientes?

Referências
MERRYWEATHER, Ellen. The Ultimate List of Product Manager Interview Questions. *Product School*, 2021. Disponível em: https://www.productschool.com/blog/product-management-2/interview/the-ultimate-list-product-manager-interview-questions. Acesso em 26 set. 2022.

QUORA. *What are frequently asked questions in product manager interviews?* (s. d.). Disponível em: https://www.quora.com/What-are-frequently-asked-questions-in-product-manager-interviews?share=1. Acesso em 26 set. 2022.

SEMICK, Jim. 10 Great Questions Product Managers Should Ask Customers. *ProductPlan*, c2022. Disponível em: https://www.productplan.com/questions-product-managers-ask-customers. Acesso em 26 set. 2022.

VERSAW, Rob. Five Interview Questions To Ask Every Product Manager Candidate. *Forbes*, 2017. Disponível em: https://www.forbes.com/sites/forbestechcouncil/2017/11/02/five-interview-questions-to-ask-every-product-manager-candidate/#62b3324e2e45. Acesso em 26 set. 2022.

Sobre o autor

Trabalho com tecnologia e gestão desde 2001. Tive minha própria empresa durante seis anos, mas senti que faltava alguma coisa na minha bagagem e decidi ir para o mercado, trabalhar com produtos de diferentes empresas. Desde então, já coordenei times, projetos e produtos em diversas empresas. Participei de eventos, escrevi livros e fui mentor de programadores, designers e Product Managers.

Até o dia 30 de setembro de 2022, eu atuava como Diretor de Produtos em Real Estates, na OLX Brasil. Antes disso, eu atuava como Diretor de Produtos na Sympla. Passei pela Jüssi como Diretor de Produtos Digitais, uma das maiores e melhores consultorias de tecnologia e marketing do Brasil. Antes da Jüssi, fui Product Manager no Banco Neon e na NuInvest, além de ter atuado na Locaweb como Tech Team Lead.

Tive uma jornada de carreira que me possibilitou entender o processo de construção de produtos a partir de várias perspectivas. Por causa dessa amplitude de responsabilidades, consegui dominar uma visão ampla da construção e dos desafios de construir um produto, me deixando mais apaixonado por esse tema. Atualmente, foco meus aprendizados em estratégia de negócio voltada à construção de serviços como plataforma, o que já nem é uma tendência no mundo, mas que aqui no Brasil ainda estamos engatinhando nesse assunto.

Agradecimentos

Para o Pedrinho, meu filho, que me deixou escrever este livro enquanto ele dormia.

Ajudaram na revisão

Não se escreve um livro sozinho. Nunca. Para não escrever uma visão unilateral, é necessário pedir para que pessoas mais inteligentes que você avaliem e critiquem o seu trabalho de uma maneira que te empurre para limites cada vez mais longe.

Elas me ajudaram a revisar este livro, validando e corrigindo minhas ideias com suas opiniões. São elas:

- Silvia Silva;
- Gustavo Bittencourt;
- Hugo Baraúna;
- Igor Costa;
- Pablo Silva;
- Raphael Albino;
- Reinaldo Bazzeo;
- Mônica de Lima;

Sem essa rede de apoio, não conseguiria ter tido a segurança em expor algumas ideias escritas aqui.

Fontes de aprendizado

A minha linha de raciocínio sobre produtos digitais gira em torno da ideia e da forma de trabalhar de algumas pessoas bem conhecidas do mercado. Elas falam bastante sobre responsabilidades dentro da área de produtos, métricas e indicadores, frameworks e métodos. Esse livro foi a forma que eu conectei todos os pontos do que aprendi com essas pessoas:

- Stephen Vargo;
- Robert Lusch;
- Simon Sinek;
- Jim Collins;
- Sarah Tavel;
- Dave Snowden;

Sua opinião

Gostaria muito que você me desse a sua opinião sobre como foi ler esse livro. Eu sou só um profissional normal, que gosta bastante de tecnologia e produtos digitais. Por isso, é ótimo ouvir a opinião de outras pessoas sobre as ideias e os assuntos abordados. Você pode me encontrar mais facilmente no meu e-mail (diegoeis@gmail.com) e no X (@diegoeis). Aguardo sua mensagem!

1. MKRTCHYAN, Rafayel. The History and Evolution of Product Management (Part 2). *Agile Insider* (Medium), 2018. Disponível em: https://medium.com/pminsider/the-history-and-evolution-of-product-management-part-2-9c987fdc4ac. Acesso em 6 out. 2022.↩

2. CAGAN, Marty. eBay's Secret Weapon. *Silicon Valley Product Group* , 2005. Disponível em: https://svpg.com/ebays-secret-weapon. Acesso em 21 set. 2022.↩

3. TAKEUCHI, Hirotaka; NONAKA, Ikujiro. The New New Product Development Game. *Harvard Business Review*, 1986. Disponível em: https://hbr.org/1986/01/the-new-new-

product-development-game. Acesso em 21 set. 2022.↵

4.   THE   2020   Scrum   Guide. *Scrum Guides*, 2020.   Disponível   em: https://www.scrumguides.org/scrum-guide.html. Acesso em 21 set. 2022.↵

5.   PRODUCT   Requirements   Document. *ProductPlan*, c2022.   Disponível   em: https://www.productplan.com/glossary/product-requirements-document. Acesso em 21 set. 2022.↵

6.   FRANCIS, Abey. Porter's Generic Strategies – Differentiation Strategy. *MBA Knowledge Base*, 2014. Disponível em: https://www.mbaknol.com/strategic-management/differentiation-strategy. Acesso em 21 set. 2022.↵

7.   COMPLEXITY theory and organizations. *In*: *Wikipédia*: a enciclopédia livre. Disponível em: https://en.wikipedia.org/wiki/Complexity_theory_and_organizations. Acesso em 21 set. 2022.↵

8.   BOONE, Mary E.; SNOWDEN, David J. A Leader's Framework for Decision Making. *Harvard Business Review*, 2007. Disponível em: https://hbr.org/2007/11/a-leaders-framework-for-decision-making. Acesso em 22 set. 2022.↵

9.   WHAT is Project Management? *Project Management Institute*, c2022. Disponível em: https://www.pmi.org/about/learn-about-pmi/what-is-project-management. Acesso em 22 set. 2022↵

10.   CBS   NEWS. *Yahoo! To Buy Broadcast.com*. 31 mar. 1999. Disponível em: https://www.cbsnews.com/news/yahoo-to-buy-broadcastcom. Acesso em 26 set. 2022.↵

11.   JOHNSON, Tom. That's AOL folks! *CNN Money*, 2000. Disponível em https://money.cnn.com/2000/01/10/deals/aol_warner. Acesso em 22 set. 2022.↵

12.   MORRIS, Rhett. The First Trillion-Dollar Startup. *Tech Crunch*, 2014. Disponível em: https://techcrunch.com/2014/07/26/the-first-trillion-dollar-startup. Acesso em 22 set. 2022.↵

13.   LOCAWEB tem planos para crescer via aquisições. *BizNews/br*, 2020. Disponível em: https://www.biznews.com.br/economia/locaweb-tem-planos-para-crescer-via-aquisicoes. Acesso em 22 set. 2022.↵

14.   TOLEDO, Letícia. Locaweb completa um ano na Bolsa com alta de 600% e desafio de integrar   seis   aquisições. *InfoMoney*, 2021.   Disponível   em: https://www.infomoney.com.br/negocios/locaweb-completa-um-ano-de-bolsa-com-alta-de-600-e-desafio-de-integrar-seis-aquisicoes/. Acesso em 22 set. 2022.↵

15.   EMPRESAS "unicórnios" chinesas superam pela primeira vez em número as dos EUA. AFP,   2019. *In*:   *Uol*,   2019.   Disponível   em: https://economia.uol.com.br/noticias/afp/2019/10/21/empresas-unicornios-chinesas-superam-pela-primeira-vez-em-numero-as-dos-eua.htm. Acesso em 22 set. 2022.↵

16.   SOFTBANK lança fundo de US$ 5 bilhões para startups na América Latina. *Exame*, 2019. Disponível em: https://exame.abril.com.br/pme/softbank-lanca-fundo-de-us-5-bilhoes-para-startups-na-america-latina. Acesso em 22 set. 2022.↵

17.   PORCIDES, Daniel. Softbank lidera investimentos milionários em startups brasileiras. *AAA Inovação*, c2019. Disponível em: http://blog.aaainovacao.com.br/softbank-investimentos-startups. Acesso em 22 set. 2022.↵

18.   LEVINGSTON, Ivan. Europe to Surpass $100 Billion in Startup Funding This Year. *Bloomberg*, 2021. Disponível em: https://www.bloomberg.com/news/articles/2021-12-07/europe-to-surpass-100-billion-in-tech-startup-backing-this-year. Acesso em 22 set. 2022.↵

19.   GUIA   Salarial   2020. *Robert Half*, 2019.   Disponível   em: https://www.roberthalf.com.br/sites/roberthalf.com.br/files/documents_not_indexed/robert-half-2020-guia-salarial_0.pdf. Acesso em 22 set. 2022.↵

20.   PANORAMA de Salários em Tecnologia 2018. *Revelo*, 2018. Disponível em: https://s3-sa-east-1.amazonaws.com/mktcme/reports/Panorama+de+Sal%C3%A1rio+2018+-+Revelo.pdf. Acesso em 22 set. 2022.↵

21.   MOUTINHO, Laura. Gympass demitiu cerca de 400 funcionários devido a crise do c o r o n a v í r u s . *Suno*,   2020.   Disponível   em: https://www.sunoresearch.com.br/noticias/gympass-demitiu-cerca-de-400-funcinarios-devido-a-crise-do-coronavirus. Acesso em 22 set. 2022.↵

22.   FONSECA, Mariana. Por novo coronavírus, startups Gympass e MaxMilhas cortam e q u i p e s . *Pequenas Empresas & Grandes Negócios*, 2020. Disponível em:

https://revistapegn.globo.com/Startups/noticia/2020/04/por-novo-coronavirus-startups-gympass-e-maxmilhas-cortam-equipes.html. Acesso em 22 set. 2022.↵

23.   FURLAN, Flávia. C6 Bank demite cerca de 60 funcionários em meio à parada da economia. *Valor Investe*, 2020. Disponível em: https://valorinveste.globo.com/objetivo/empreenda-se/noticia/2020/04/03/c6-bank-demite-cerca-de-60-funcionrios-em-meio-parada-da-economia.ghtml. Acesso em 22 set. 2022.↵

24.   OLIVEIRA, Giovanna. Nubank registra prejuízo líquido de R$ 312,7 milhões em 2019. *Suno*, 2020. Disponível em: https://www.sunoresearch.com.br/noticias/nubank-prejuizo-liquido-312-milhoes-2019. Acesso em 22 set. 2022.↵

25.   PINHEIRO, Vinícius. Por que o Nubank cresce, mas ainda dá prejuízo? *Seu Dinheiro*, 2019. Disponível em: https://www.seudinheiro.com/2019/nubank/por-que-nubank-cresce-mas-ainda-da-prejuizo. Acesso em 22 set. 2022.↵

26.   VENTURA, Felipe. Nubank aumenta base de clientes mas dobra prejuízo para R$ 139 milhões. *Tecnoblog*, 2019. Disponível em: https://tecnoblog.net/304912/nubank-aumenta-base-clientes-dobra-prejuizo-1-semestre-2019. Acesso em 22 set. 2022.↵

27.   CAUTI, Carlo C6 Bank registra prejuízo de R$ 186,903 milhões em 2019. Suno, 2020. Disponível em: https://www.suno.com.br/noticias/c6-bank-registra-prejuizo-2019. Acesso em: 24 set. 2022.↵

28.   C6 AUMENTA capital em R$ 525 milhões para crescer em crédito. *Forbes*, 2020. Disponível em: https://forbes.com.br/forbes-money/2020/08/c6-aumenta-capital-em-r-525-milhoes-para-crescer-em-credito. Acesso em 22 set. 2022.↵

29.   TWITTER registra lucro pela primeira vez em 12 anos. *Olhar Digital*, 2018. Disponível em: https://olhardigital.com.br/noticia/twitter-registra-lucro-pela-primeira-vez-em-12-anos/73978. Acesso em 22 set. 2022.↵

30.   ROWLEY, Jason D. The Q2 2019 Global Venture Capital Report: A Market Gone Sideways. *Crunchbase*, 2019. Disponível em: https://news.crunchbase.com/news/the-q2-2019-global-venture-capital-report-a-market-gone-sideways. Acesso em 22 set. 2022.↵

31.   GENTRIFICATION of San Francisco. *In*: *WIKIPÉDIA*: a enciclopédia livre. Disponível em: https://en.wikipedia.org/wiki/Gentrification_of_San_Francisco. Acesso em 22 set. 2022.↵

32.   SINEK, Simon. How great leaders inspire action. *TED*, 2010. Disponível em: https://www.ted.com/talks/simon_sinek_how_great_leaders_inspire_action. Acesso em 22 set. 2022.↵

33.   BOWER, Joseph L.; CHRISTENSEN, Clayton M. Disruptive Technologies: Catching the Wave. *Harvard Business Review*, 1995. Disponível em: https://hbr.org/1995/01/disruptive-technologies-catching-the-wave. Acesso em 22 set. 2022.↵

34.   CHRISTENSEN, Clayton M.; RAYNOR, Michael E.; MCDONALD, Rory. What Is Disruptive Innovation? *Harvard Business Review*, 2015. Disponível em: https://hbr.org/2015/12/what-is-disruptive-innovation. Acesso em 22 set. 2022.↵

35.   JOHNSON, Joel. You don't own your Kindle books, Amazon reminds customer. *NBC News*, 2012. Disponível em: https://www.nbcnews.com/technolog/you-dont-own-your-kindle-books-amazon-reminds-customer-1c6626211. Acesso em 23 set. 2022.↵

36.   LaFRANCE, Adrienne. When Amazon Dies. *The Atlantic*, 2015. Disponível em: https://www.theatlantic.com/technology/archive/2015/10/when-amazon-dies/409387. Acesso em 23 set. 2022.↵

37.   SALLA, Fernanda. Quem define as classes sociais no Brasil? *Super Interessante* (web), 2018. Disponível em: https://super.abril.com.br/mundo-estranho/quem-define-as-classes-sociais-no-brasil-2. Acesso em 23 set. 2022.↵

38.   JALONEN, Harri. Social media as a 'service' for value co-creation by integrating sponsoring companies, sports entities and fans. *World Journal of Nuclear Science and Technology*, v. 11, n. 1, pp. 2381-2388, 2017. Disponível em: https://publications.waset.org/10005988/pdf. Acesso em 23 set. 2022.↵

39.   ANDERSON, Chris. The Long Tail. *Wired*, 2004. Disponível em: https://www.wired.com/2004/10/tail. Acesso em 23 set. 2022.↵

40.   LIBERT, Barry; WIND, Yoram (Jerry); BECK, Megan. What Airbnb, Uber, and Alibaba Have in Common. *Harvard Business Review*, 2014. Dispnível em: https://hbr.org/2014/11/what-airbnb-uber-and-alibaba-have-in-common. Acesso em 23 set. 2022.↵

41.　FOX, Justin. At Amazon, It's All About Cash Flow. *Harvard Business Review*, 2014. Disponível em: https://hbr.org/2014/10/at-amazon-its-all-about-cash-flow. Acesso em 23 set. 2022.↩

42.　CHOUDARY, Sangeet P. The Platform Manifesto. *Platform Revolution*, c2022. Disponível em: http://platformed.info/the-platform-manifesto/. Acesso em 23 set. 2022.↩

43.　BELL MK. Massa crítica - ponto crítico. *YouTube*, 19 fev. 2015. Disponível em: https://www.youtube.com/watch?v=euk4Sj5Cx2w. Acesso em 23 set. 2022.↩

44.　ZIMMERMAN, Whitney. The Network Effects of Uber's Master Plan. *HackerNoon*, 2016. Disponível em: https://tinyurl.com/uber-networkeffects. Acesso em 23 set. 2022.↩

45.　MOSS, Matthew. Deming 101: Theory of Knowledge and the PDSA Improvement and Learning Cycle. *The Deming Institute*, 2013. Disponível em: https://blog.deming.org/2013/12/deming-101-theory-of-knowledge-and-the-pdsa-improvement-and-learning-cycle. Acesso em 23 set. 2022.↩

46.　IDEO. (Site institucional). History. Disponível em: https://designthinking.ideo.com/history. Acesso em 23 set. 2022.↩

47.　GIBBONS, Sarah. Design Thinking 101. *Nielsen Norman Group*, 2016. Disponível em: https://www.nngroup.com/articles/design-thinking. Acesso em 23 set. 2022.↩

48.　TORRES, Teresa. Why This Opportunity Solution Tree is Changing the Way Product Teams Work. *Product Talk*, 2016. Disponível em: https://www.producttalk.org/2016/08/opportunity-solution-tree. Acesso em 23 set. 2022.↩

49.　DOHERTY, J. **OUTCOME BASED ROADMAPS : Unleash the Power of a Shared Vision and Purpose.** Disponível em: https://medium.com/swlh/outcome-based-roadmaps-unleash-the-power-of-a-shared-vision-and-purpose-851401c7aa54. Acesso em: 8 nov. 2022.↩

50.　DOHERTY, Jason. Outcome Based Roadmaps: Unleash the Power of a Shared Vision and Purpose. *The Startup* (Medium), 2019. Disponível em: https://medium.com/swlh/outcome-based-roadmaps-unleash-the-power-of-a-shared-vision-and-purpose-851401c7aa54. Acesso em 23 set. 2022.↩

51.　Link para a conversa de Diego Eis com Jason Doherty no Medium: https://medium.com/@climberjase/interesting-approach-8fd39df49f40. Tradução do autor.↩

52.　QUINTERO, Sofia. Continuous Product Discovery — An Interview with Teresa Torres, Product Discovery Coach. *EnjoyHQ*, 2017. Disponível em: https://blog.getenjoyhq.com/continuous-product-discovery-an-interview-with-teresa-torres-product-discovery-coach/. Acesso em 23 set. 2022.↩

53.　CAGAN, Marty. Discovery vs. Delivery. *Silicon Valley Product Group*, 2015. Disponível em: https://svpg.com/discovery-vs-delivery. Acesso em 23 set. 2022.↩

54.　SUPERCELL. 100 Million Thank Yous. *YouTube*, 7 mar. 2016. Disponível em: https://www.youtube.com/watch?v=0sQAj9p_ppU. Acesso em 23 set. 2022.↩

55.　LAW, Vince. 4 Steps to Defining GREAT Metrics for ANY Product. *HackerNoon*, 2017. Disponível em: https://hackernoon.com/metrics-game-framework-5e3dce1be8ac. Acesso em 23 set. 2022.↩

56.　MARINOVA, Polina. Benchmark Partner Sarah Tavel: Startups Raising Mega-Rounds Face a 'Double-Edged Sword'. *Fortune*, 2018. Disponível em: https://fortune.com/2018/08/23/benchmark-sarah-tavel-investing/. Acesso em 23 set. 2022.↩

57.　SALJOUGHIAN, Parsa. How do you find insights like Facebook's "7 friends in 10 days" to grow your product faster? *Quora*, 2017. Disponível em: https://www.quora.com/How-do-you-find-insights-like-Facebooks-7-friends-in-10-days-to-grow-your-product-faster/answer/Parsa-Saljoughian. Acesso em 23 set. 2022.↩

58.　WORLD INFORMANT. Robert Sapolsky: Are Humans Just Another Primate? *YouTube*, 2 mar. 2011. Disponível em: https://www.youtube.com/watch?v=YWZAL64E0DI. Acesso em 23 set. 2022.↩

59.　WILSON, Fred. 30/10/10. *AVC*, 2011. Disponível em: https://avc.com/2011/07/301010. Acesso em 23 set. 2022↩

60.　BALFOUR, Brian. Don't Let Your North Star Metric Deceive You. *Brian Balfour*, 2018. Disponível em: https://brianbalfour.com/essays/north-star-metric-growth. Acesso em 23 set. 2022.↩

61. MARCHIOTTO, Andrea. Amazon Press Release. *Medium*, 2018. Disponível em: https://medium.com/@IndianaStyle/amazon-press-release-how-to-55d61188ecdd. Acesso em 26 set. 2022.↵

62. D'ONFRO, Jillian. Why Amazon forces its developers to write press releases. *Insider*, 2015. Disponível em: https://www.businessinsider.com/heres-the-surprising-way-amazon-decides-what-new-enterprise-products-to-work-on-next-2015-3. Acesso em 26 set. 2022.↵

63. GOTO CONFERENCES. Agile is Dead — Pragmatic Dave Thomas — GOTO 2015. *YouTube*, 14 jul. 2015. Disponível em: https://www.youtube.com/watch?v=a-BOSpxYJ9M. Acesso em 26 set. 2022.↵

64. AKITA, Fabio. Esqueça Metodologias "Ágeis" — (Rated R). *YouTube*, 18 jun. 2019. Disponível em: https://www.youtube.com/watch?v=xjjX3R2WuoM. Acesso em 26 set. 2022.↵

65. GOTO CONFERENCES. Agile is Dead — Pragmatic Dave Thomas — GOTO 2015. *YouTube*, 14 jul. 2015. Disponível em: https://www.youtube.com/watch?v=a-BOSpxYJ9M. Acesso em 26 set. 2022.↵

66. FABIO AKITA. The Definitive Guide for Organizations - Deconstructing the Spotify Model (Rated R). *YouTube*, 31 jul. 2019. Disponível em: https://www.youtube.com/watch?v=6S94h3xSbnI. Acesso em 26 set. 2022.↵

67. SCRUM UKRAINE. Marcin Floryan - From Principles to Practices - Agile Rock Conference. *YouTube*, 27 set. 2018. Disponível em: https://www.youtube.com/watch?v=QX2RN07P4Hg. Acesso em 26 set. 2022.↵

68. INFOQ. There is No Spotify Model. (Vídeo). Recorded at Spark the Change by Marcin Floryan. 2016. Disponível em: https://www.infoq.com/presentations/spotify-culture-stc. Acesso em 26 set. 2022.↵

69. Estrutura do exército brasileiro. Fonte: https://upload.wikimedia.org/wikipedia/commons/thumb/e/e0/Brazilian_Army_-CoOpTer_12 *Brazilian_Army-*_CoOpTer_12%2C5.png↵

70. KNIBERG, Henrik. Spotify engineering culture (part 1). *Spotify R&D*, 2014. Disponível em: https://labs.spotify.com/2014/03/27/spotify-engineering-culture-part-1. Acesso em 26 set. 2022.↵

71. LINDERS, Ben. Don't Copy the Spotify Model. *InfoQ*, 2016. Disponível em: https://www.infoq.com/news/2016/10/no-spotify-model. Acesso em 26 set. 2022.↵

72. CALEIRO, João P. Pobreza extrema sobe 11% no Brasil e atinge 7% da população. *Exame* 2018. Disponível em: https://exame.abril.com.br/economia/pobreza-extrema-sobe-11-no-brasil-e-atinge-7-da-populacao. Acesso em 26 set. 2022.↵

73. GAPMINDER. *Don't Panic — End Poverty*. (s. d.). Disponível em: https://www.gapminder.org/videos/dont-panic-end-poverty. Acesso em 26 set. 2022.↵

74. CERN. *Tim Berners-Lee's proposal*. c2008. Disponível em: http://info.cern.ch/Proposal.html. Acesso em 26 set. 2022.↵

75. BERNERS-LEE, Tim. Where Does the World Wide Web Go From Here? *Wired*, 2019. Disponível em: https://www.wired.com/story/tim-berners-lee-world-wide-web-anniversary. Acesso em 26 set. 2022.↵

76. INCENTIVO perverso. *In: WIKIPÉDIA*, a enciclopédia livre. Disponível em: https://pt.wikipedia.org/wiki/Incentivo_perverso. Acesso em 26 set. 2022.↵

77. KUO, Lily. China orders inquiry into 'world's first gene-edited babies'. *The Guardian*, 2018. Disponível em: https://www.theguardian.com/world/2018/nov/27/china-orders-inquiry-into-worlds-first-gene-edited-babies. Acesso em 26 set. 2022.↵

78. SNOW, Kate. Genetics Will Let Parents Build Their Baby. *ABC News*, 2006. Disponível em: https://abcnews.go.com/GMA/Technology/story?id=2626668&page=1.↵

79. SILVA, Victor H. Clearview AI ofereceu app de reconhecimento facial para 200 empresas. *Tecnoblog*, 2020. Disponível em: https://tecnoblog.net/327129/clearview-ai-ofereceu-app-de-reconhecimento-facial-para-200-empresas. Acesso em 26 set. 2022.↵

80. PRINGLE, Ramona. Controversial Clearview AI app could 'end privacy.' So, what now? *CBC*, 2020. Disponível em: https://www.cbc.ca/news/technology/clearview-app-privacy-1.5447420. Acesso em 26 set. 2022.↵

81. TARANTOLA, Andrew. Clearview AI leak names businesses using its facial recognition database. *Engadget*, 2020. Disponível em: https://www.engadget.com/2020-02-27-clearview-

ai-leak-businesses-facial-recognition.html. Acesso em 26 set. 2022.↵

82.   BRASIL. Presidência da República. Lei n. 13.709, de 14 ago. 2018. Lei Geral de Proteção de Dados Pessoais (LGPD). Disponível em: http://www.planalto.gov.br/ccivil_03/_Ato2015-2018/2018/Lei/L13709.htm. Acesso em 26 set. 2022.↵

83.   EIS, Diego. Perguntas para PMs em entrevistas. *diegoeis.com*, 2020. Disponível em: https://diegoeis.com/perguntas-para-pms-entrevistas. Acesso em 26 set. 2022.↵